De dochter van de imam

Hannah Shah

De dochter van de imam

Vertaald door Carla Benink

ARENA

Oorspronkelijke titel: *The Imam's Daughter*
© Oorspronkelijke uitgave: 2009 by Hannah Shah
© Nederlandse uitgave: Arena Amsterdam, 2009
© Vertaling uit het Engels: Carla Benink
Omslagontwerp: DPS, Amsterdam
Foto omslag: ersoy emin / Alamy
Typografie en zetwerk: CeevanWee, Amsterdam
ISBN 978-90-8990-136-1
NUR 302

Inhoud

Opmerking van de auteur

Dit is een waar verhaal, het is mijn geschiedenis vanaf mijn geboorte tot aan het heden. Sommige namen en plaatsaanduidingen heb ik veranderd om mijn identiteit te beschermen en eventuele wraakpogingen te voorkomen, en ook ter bescherming van anderen die wellicht kwetsbaar zijn. Ik ben me bewust van het risico, maar ik ben vastbesloten mijn verhaal te vertellen.

Ik draag dit boek op aan 'mijn kuikentje' – je bent mijn schat en ik
hou van je. Ik hoop vurig dat je een liefdevol leven zult leiden,
dat je leven is geworteld in liefde. Efeziërs 3:17

H.S.

&

Voor mama

De fundamentele zwakte van gewelddadigheid is dat het een neerwaartse spiraal is, die voortbrengt wat het wil vernietigen. In plaats van het kwaad te doen afnemen, wordt het kwaad vermenigvuldigd. Je kunt de leugenaar vermoorden, maar niet de leugen. Je kunt de hater vermoorden, maar niet de haat. Zo is het. Geweld met geweld bestrijden vermenigvuldigt geweld, maakt een sterrenloze nacht nog donkerder dan hij al is. Het duister kan het duister niet verjagen, dat kan alleen het licht. Haat kan haat niet verjagen, dat kan alleen liefde.

Dr. Martin Luther King jr

Geloof niets, monniken, alleen omdat iemand het heeft gezegd. Of omdat het traditie is, of omdat jullie zelf dachten dat het zo was. Geloof niet wat je leraar tegen je zegt alleen omdat je hem respecteert. Maar als je iets vindt wat bevorderlijk is voor het nut en welzijn van alle mensen, mag je het geloven en koesteren en je erdoor laten leiden.

Gautama Boeddha

Het grootste probleem van de wereld is dat idioten en fanaten altijd zo overtuigd zijn van hun eigen gelijk, en dat verstandige mensen zo vaak aan zichzelf twijfelen.

Bertrand Russell

Er is één woord dat ons bevrijdt van alle lasten en pijn van het leven, en dat woord is liefde.

Sophocles

Ons resten geloof, hoop en liefde, deze drie, maar de grootste daarvan is de liefde.

1 Korintiërs 13:13

1

Onze straat

Ik word wakker van het geluid dat mijn moeder maakt door met haar hand hard tegen de kelderdeur te slaan, boven mijn hoofd.

Nog maar even geleden rook ik overal om me heen de kruidig zoete geur van lavendel. Ik lag in een veld vol wuivende paarse lavendelbloemen. De zomerzon kuste mijn gezicht en boven me cirkelden grote witte duiven beschermend in de wolkeloze blauwe lucht. Ik was veilig. Ik was gelukkig. Misschien is dit wel het paradijs, dacht ik.

Boven me hoor ik de houten deur knarsend opengaan. Het licht klikt aan. Ik sluit mijn ogen wanneer het felle licht op mijn gezicht valt, een lichtbundel in het lege donker.

Voorzichtig open ik mijn ogen. Eerst zie ik niets. Ik zit al zo lang gevangen dat ik gewend ben geraakt aan de eenzaamheid, de honger en de duisternis. De grote witte duiven, mijn eenzaamheidsvogels, zijn gevlogen. Ik lig niet meer tussen de lavendel. Mijn mooie, magische fantasiewereld is verdwenen.

Er trippelt en glijdt iets over mijn voeten, een dier. Misschien is het een muis. Ik hoop niet dat het een rat is. Waar zijn mijn eenzaamheidsvogels nu ik ze nodig heb? Wanneer mijn ogen aan het felle licht gewend zijn geraakt zie ik de kale bakstenen muren van de kelder. Mijn gevangenis. Ik zit in de gevangenis. De gevangenis van mijn verschrikkelijke jeugd.

Ik kijk naar mijn halfblote lichaam. Ik zit onder de felrode schrammen en donkerblauwe plekken – de littekens van mijn afschuwelijke, schandelijke, van haat vervulde bestaan. Ik ril, maar niet van de kou. Ik ril van de beschamende, gruwelijke herinneringen.

'Je vader zegt dat het tijd is dat je eruit komt.'

Mijn moeder roept het naar beneden, in het Punjabi, met een strakke, emotieloze stem. Ze wil me zo niet zien. Ze komt nooit naar beneden om het naakte bewijs van het misbruik te zien. Want dan zou ze het moeten erkennen en vandaag zal ze weer de gemakkelijkste weg kiezen, de weg van de ontkenning, tegen beter weten in.

Ik zit met mijn rug tegen de koude stenen muur. Mijn gele broek en blouse zijn me achternagegooid en liggen naast me. Ik trek ze aan en kreun van de pijn in mijn verstijfde ledematen. Hoe lang heeft het deze keer geduurd? Twee dagen? Drie? Vier?

Ik heb geen idee.

'Schiet op!' roept mama. 'Je vader heeft bezoek!'

Ik loop de trap op, waarbij ik me moet inspannen om steeds een been op te trekken, en stap ten slotte vanuit de muffe kelder de keuken in. Mama heeft al een blad klaargezet met de traditionele Pakistaanse thee en koekjes.

'Ga je wassen en verkleden,' beveelt ze bars.

Ze kan het niet opbrengen naar me te kijken. Ik ben een beschamend stuk vuil, een obsceen geheim dat ons gezin in de kelder verborgen houdt. Ik voel me vreselijk schuldig. Ik wil zeggen dat het me spijt. Ik wil tegen mijn moeder zeggen dat ik heel veel van haar hou en dat ik wilde dat het zou ophouden en dat het niet door mij komt. Niet door mij! Het spijt me! Ik ben nog maar een kind! Maar ik voel me zo schuldig.

Ze stuurt me naar de badkamer om me te wassen. Daar bind ik een sjaal om mijn hoofd en stop er mijn vette, ongekamde haar zorgvuldig onder. Daarna overhandigt mama me ruw het blad met thee en geeft ze me een duwtje de gang in, naar de mannenkamer.

Als verdwaasd loop ik naar de kamer aan de voorkant van het huis. Ik hoor er geroezemoes van stemmen, ze spreken Punjabi. Ik klop aan en een stem roept me binnen. Op de gebloemde banken zitten enkele mannen die ik ken. Ze hebben allemaal een lange baard en dragen traditionele kleren: een wijde djellaba en een kapje op het hoofd. In het midden zit hun leider, de imam van onze moskee, mijn vader.

Ik kijk hem niet aan, maar sla mijn ogen neer. Zwijgend zet ik het blad met thee op tafel.

'Ha, daar is Hannan!' zegt een van de mannen. 'Mooi dat ze de gasten komt bedienen. En mooi dat ze niet is aangestoken door die verderfelijke buitenlandse manieren, zoals een heleboel andere meisjes. Hoe oud is ze nu, zeven?'

'Nee, ze is net zes geworden,' antwoordt papa.

Ik schrik van zijn vriendelijke stem en kijk hem aan. Heel even kijk ik recht in zijn ogen. Maar ik zie geen spoortje vriendelijkheid in zijn blik, alleen afkeer en walging.

Ik buig opnieuw mijn hoofd en loop zwijgend de kamer uit. Tranen prikken in mijn ogen en druppelen over mijn wangen. Ik ben, dat besef ik, vlak bij de hel.

***

Ik kan me niet veel herinneren van toen ik klein was. De beelden zijn onvolledig en vaag, met hier en daar een gekleurde vlek of een dofgrijze veeg. Misschien onderdruk ik herinneringen, en wie zou me dat kunnen verwijten? Maar de straat waarin we woonden, herinner ik me wel. Het was een leuke straat. Op straat had ik het naar mijn zin.

East Street in Bermford, in het noorden van Engeland, was mijn speelterrein. Twee rijen identieke, bakstenen victoriaanse huizen met aan het eind van de straat een park. De bomen waren krom en knoestig, en ik vond ze heel groot. Ze waren zo groot en zo oud dat ik me verbeeldde dat het monsters waren, met boze ogen en schrikaanjagende tanden. Wanneer we er verstoppertje speelden, wierpen de boommonsters hun kronkelige, dierlijke schaduwen over ons heen, wat ons spel ook een beetje griezelig maakte.

Behalve met mijn speelkameraadjes praatte ik met niemand over de boommonsters, zeker niet met mijn familie. Mijn familie lachte me uit om mijn fantasie.

In onze straat was het normaal dat we met elkaar praatten en bij elkaar naar binnen gingen. De deuren stonden open en niemand was bang voor diefstal. Ik mocht naar mijn vriendinnetje Amina wanneer ik wilde en ik mocht daar net zo lang blijven als ik wilde. Als ik langer dan een uur of vier wegbleef, kwam iemand me halen, mijn moeder of een van mijn broers. Maar voor een kind was het toch een soort vrijheid.

Ik kreeg er iets te drinken, vruchtensap of traditioneel gezette thee. Water met theebladeren erin werd aan de kook gebracht en dan werd er een even grote hoeveelheid melk bij gedaan, veel suiker en soms wat kardamom. Ze vroegen altijd of ik iets wilde eten: chocoladebiscuits of andere koekjes, of een bord curry met een *chapati*. Het was een typisch Aziatische straat in het begin van de jaren tachtig van de vorige eeuw, met een grote saamhorigheid, waar iedereen elkaar kende.

Mijn moeder kon heel goed koken – heerlijke, kruidige gerechten die weinig kostten. Voor haar chapati's gebruikte ze een speciaal soort meel, dat ze met water kneedde tot deeg. Een klodder zo groot als een vuist werd in een chapatipan uitgedrukt tot een platte, ronde koek en droog gebakken tot er donkere vlekken op zaten. Of ze maakte *paratha's* en dan bakte ze het uitgerolde deeg in een *tava*, een pan met een lange steel. Terwijl ze in de olie gaar werden, zwollen ze op als ballonnetjes van deeg.

We aten met onze handen en gebruikten de chapati of paratha als lepel. Mama gebruikte een mes alleen om groente te snijden. Ze maakte zelf samosa's, met gekruid gehakt of met aardappelen en doperwten. En ze maakte *pakora's* van gesneden uien en verse chilipepers in een deeg van kikkererwtenmeel, in gloeiend hete olie in een frituurpan. Als ze gaar waren, kwamen ze glanzend goudbruin bovendrijven.

Mijn lievelingsgerecht was mama's hete okracurry, met kerriepoeder, garam masala, paprikapoeder, groene pepertjes en tomaten uit blik. Niemand maakte die zoals zij. Mijn lievelingsontbijt was wentelteefjes. Dat is geen traditioneel Pakistaans gerecht, maar mama vond ze lekker en ik was er dol op. Heerlijk!

Tegenover ons woonde een Armeens gezin, dat bestond uit een moeder en haar zoon. Zij behoorden tot de weinige families in onze straat die geen Pakistaanse moslims waren. De Armeense vrouw probeerde met mama te praten, maar hun Engels was even slecht. Mama noemde haar 'tante', een traditioneel teken van respect, maar dat vond papa niet goed. Hij had alleen respect voor Pakistaanse moslims. Zelfs voor de Indiase moslims die om de hoek woonden, had hij niet echt respect.

De Armeense 'tante' bracht ons Armeense gerechten en als tegenprestatie bracht mama haar Pakistaanse lekkernijen. Gelukkig dacht de Armeense tante er wel aan dat ze ons geen varkensvlees moest brengen, want dat zou niet op prijs worden gesteld. Meestal waren het vegetarische eenpansgerechten met aubergines, aardappels en wortels in een zoute, pikante saus. Voordat we eraan mochten beginnen, prikte mama er met een vork in op zoek naar verdachte stukjes vlees. Als ze die niet vond, mochten we ervan eten.

Bij goed weer zette de Armeense tante een stoel in haar voortuin om met haar zoontje van de zon te genieten. Soms zat ze aardappels te schillen. Als we voorbijkwamen, maakten we een praatje met haar, maar we gingen nooit naar binnen. Ze moet hebben geweten dat ze bij ons niet welkom was en ze nodigde ons ook niet uit om bij haar te komen. Gelukkig kon ze niet weten dat onze ongastvrijheid te wijten was aan mijn vaders haat tegen blanken.

Een eindje verderop woonde nog een Armeens gezin: moeder, vader en dochter. Heel andere mensen dan onze Armeense tante. Wanneer zij ons zagen, gromden ze iets. Ze gingen naar een orthodox-christelijke kerk, maar dat zij christenen en wij moslims waren, leek niet het probleem te zijn. Ze gromden tegen iedereen, ongeacht hun geloof. Waarschijnlijk zeiden ze alleen maar iets in het Armeens, maar het klonk niet aardig. Het waren gewoon geen gezellige mensen.

Enkele huizen in onze straat werden verhuurd aan studenten en daar woonden allerlei soorten jongelui. Een jaar lang woonden er studenten uit Congo, Centraal-Afrika. In onze stad woonden vrij veel zwarte Afrikanen, maar de Congolezen waren de enigen in onze straat. Aan het eind van de straat woonde een blanke oude vrouw, in haar eentje.

De andere bewoners waren Pakistaanse moslims. In ons deel van de stad werden onze straat en nog één andere straat bewoond door bijna uitsluitend Pakistaanse moslims. In mijn tienerjaren woonden er zelfs nog meer Pakistaanse moslims dan toen ik werd geboren.

De volwassenen in onze straat kleedden zich bijna hetzelfde als de mensen in een Pakistaans dorp. Mannen en vrouwen droegen een *shalwar kamiz*: een wijde tuniek met een bijpassende broek. De kleding van de vrouwen was kleurrijk, de mannen droegen wijdere broeken in mannelijke kleuren: bruin, grijs of wit. Papa droeg altijd een witte shalwar kamiz en een *topi*, een traditioneel Punjab-kalotje.

Maar naar hun werk, meestal in een westerse omgeving, droegen de mannen westerse kleding. Wanneer ze hun eigen wereld verlieten, trokken ze een andere 'huid' aan. In de buitenwereld hadden ze een andere identiteit, als taxichauffeur, politieagent, technicus of winkelbediende, maar zodra ze terug waren in hun eigen straat, keerden ze terug naar hun leven in een Pakistaans dorp.

Geen van de vrouwen van de generatie van mijn ouders had een baan, maar sommige jonge vrouwen werkten op een kantoor of in een winkel, in elk geval tot ze trouwden. Wanneer zij naar hun werk gingen, droegen ze ook westerse kleren, maar ze zorgden er natuurlijk wel voor dat hun lichaam zedig was bedekt.

Vier huizen bij ons vandaan woonden mijn oudoom Kramat en

oudtante Sakina. Zij waren onze plaatsvervangende grootouders, want onze echte grootouders woonden in een dorp in Pakistan. Maar ik ging niet graag naar hen toe. Ik was bang voor oom Kramat, die er met zijn lange baard en borstelige wenkbrauwen nogal afschrikwekkend uitzag. Hij en tante Sakina roddelden over mijn ouders; ze mochten elkaar niet, maar ik wist niet waarom.

Oom Kramat en tante Sakina hadden drie volwassen kinderen: twee zoons, Ahmed en Saghir, en een dochter, Kumar. Ahmed was buschauffeur. Hij was de eigenaar van het huis dat werd verhuurd aan Afrikaanse studenten, maar hij en zijn vrouw woonden bij oom Kramat en tante Sakina. Net als Saghir en zijn vrouw, en Kumar en haar man. Dus in dat ene huis woonden vier echtparen, als één groot gezin. In onze straat was dat niet ongewoon.

De kinderen van oom Kramat en tante Sakina hadden zelf geen kinderen. Blijkbaar konden ze die niet krijgen. Sommige mensen in onze straat zeiden misprijzend dat het een straf van Allah was. Oom Kramat was niet erg godsdienstig, of in elk geval niet op de manier die in onze straat als normaal werd beschouwd. Soms ging hij een tijdlang niet naar de moskee. En hij rookte altijd, een heel onheilige gewoonte.

In de tijd van Mohammed werd er niet gerookt, dus heeft de Koran er geen oordeel over. Maar er staat wel: 'Richt jezelf niet eigenhandig te gronde' en 'Dood jezelf niet'. Omdat roken kanker veroorzaakt, interpreteren veel gelovige moslims die verzen als een rookverbod.

In de moslimgemeenschap wordt geluk of pech hebben vaak gezien als het gevolg van iemands morele of spirituele gedrag. Er werd dan ook gefluisterd dat oom Kramats ongelovige houding de reden was van de onvruchtbaarheid van zijn kinderen. Maar bij alle roddelpraat werd nooit aangevoerd dat Ahmed, Saghir en Kumar alle drie met een volle nicht of neef waren getrouwd – waarvan medisch is bewezen dat dit het risico op onvruchtbaarheid vergroot.

De kinderen van oom Kramat hadden allemaal reageerbuisbevruchting geprobeerd en dat werd ook weer als een overtreding beschouwd. Als Allah niet wilde dat je kinderen kreeg, mocht je je daar niet tegen verzetten. Dat moest je accepteren.

Bij de islam draait het in de eerste plaats om het je onderwerpen aan de wil van Allah. Een gelovige wordt een 'slaaf van God' genoemd. Het is een algemene misvatting dat het woord 'islam' vooral vrede betekent, want de vrede die wordt bedoeld, komt alleen voort uit onderwerping aan Allahs wil.

Mijn beste vriendin in onze straat was Amina. Ze had krullend donker haar, dat warrig tot op haar schouders hing. Ik vond niet dat ze mooi haar had en dat vond zij ook niet. Maar niemand gebruikte destijds producten om het haar steil te maken, dus moest ze het ermee doen. Amina had een zusje, Ruhama, en zij was de mooiste van de twee. Zij had golvend haar dat gemakkelijk in model was te brengen. Ze hadden allebei een blankere huid dan mijn zusjes en ik.

'Wat een mooi meisje is dat!' zei men over Ruhama. 'Wat heeft ze mooi haar, en wat een blanke huid!'

Steeds wanneer ik dat hoorde, nam ik aan dat een donkere huid veel minder mooi was.

In het huis van Amina was het veel gezelliger dan bij ons. Haar ouders baden niet op gezette tijden en hoewel Amina naar Koranles werd gestuurd, hoefde ze haast nooit in de Koran te lezen. De meisjes hoefden ook geen *hijab* te dragen, behalve wanneer ze voor Koranles naar de moskee gingen. Maar omdat mijn vader de imam was, moest ik altijd een hoofddoek om.

Amina, Ruhama en ik waren altijd aan het hinkelen. Met krijt tekenden we een hinkelperk op de stoep. De stoeptegels waren de vierkanten, daar schreven we de cijfers op. Het was een eenvoudig spel: gooi een steen, spring met één voet op een enkele tegel en met twee voeten op twee tegels naast elkaar. Als je een lijn raakt, in ons geval de spleet tussen twee tegels, ben je af. Dan is de volgende aan de beurt, die probeert verder te komen dan jij.

We telden van een tot honderd en probeerden de snelste te zijn.

Ruhama was er goed in, maar ik was veel minder behendig en geconcentreerd. Halverwege raakte ik afgeleid en begon te dagdromen. Mijn leven was niet altijd even gelukkig en mijn enige ontsnapping was een fantasiewereld.

Ik was het liefst in mijn eigen kamer of bij Amina. Ik was dol op lezen. Ik las een groot deel van de dag, of ik bedacht verhalen en maakte tekeningen. Meestal van een leuk huisje met een bloementuin eromheen. Mijn fantasiehuis. Met een kleine achtertuin, waar mama munt en koriander kweekte. In de achtertuin groeiden geen bloemen, daar had mama geen ruimte en geen tijd voor.

Mijn lievelingsdag van het jaar was 5 november, Guy Fawkesavond, wanneer vuren werden aangestoken. Dagen van tevoren verzamelde iedereen hout voor een groot vuur: afvalhout, afgebroken takken en oude kisten. Elk gezin kocht net zo veel vuurwerk als ze zich konden veroorloven. November is een koude maand, dus kleedden we ons warm aan met wollen sjaals en mutsen. Opgewonden gingen we 's avonds naar de vuurstapel om te wachten tot die werd aangestoken. Een heerlijk moment: de tintelende voorpret voordat er een enorme vlam sissend de lucht in schoot.

De mannen in de straat goten oude motorolie over de vuurstapel en dan waarschuwden ze ons dat we achteruit moesten gaan. Even later schoot er met een doffe knal een vlam omhoog en wierp gloeiende hitte over ons gezicht, terwijl het vonken regende in de donkere lucht. Daarna roosterden we aardappels en zoete spekjes boven het vuur, en warmden gezicht en handen terwijl we op de 'vuurtoffees' kauwden.

Het Armeense gezin van de overkant en de Afrikaanse studenten uit het huis van mijn oom kwamen ook. Het was de enige dag van het jaar waarop de straat eensgezind was, afgezien van mijn vader. Hij bleef met een misprijzend gezicht voor ons huis staan. Papa kon het niet aanzien als mensen plezier maakten.

Omdat Kerstmis en Pasen christelijke feestdagen zijn, mochten wij daar niet aan meedoen. Maar papa wist niet precies wat 5 november betekende, hij wist niets van de tradities of de geschiedenis van Engeland, het land dat zijn thuisland was geworden. Hij vond Engeland immoreel, een land bevolkt door ongelovigen, en was alleen geïnteresseerd in zijn geboorteland en de godsdienst die hij bij zijn geboorte had meegekregen.

Mijn vader beschouwde 5 november als een feestdag voor blanke Engelsen, niet voor ons, maar hij kon geen religieuze reden bedenken om ons te verbieden eraan mee te doen. Bovendien had iedereen er plezier in en zou hij op ontzettend veel tegenstand stuiten als hij dat zou proberen. Maar hij deed zelf nooit mee en hij liet zijn afkeuring duidelijk blijken.

Aan de ene kant kwam onze straat uit in West Albion Street. We hadden weinig reden om die kant op te gaan, want de school en het centrum van de stad lagen aan de andere kant. In West Albion Street stonden grote huizen met een grote tuin en een ijzeren hek eromheen. Op de oprijlanen stonden glanzende Land Rovers en Mercedessen, en de bewoners hadden woeste, rottweilerachtige honden. De kinderen van die huizen speelden met elkaar en vanwege de honden bleven wij er uit de buurt. Zij leefden in een heel andere wereld dan wij, en we wisten dat we nooit in hun tuin zouden spelen.

Aan het andere eind van de straat stond het huis van Jack, de jackrussellterriër. Hoewel hij een stuk kleiner was dan de rottweilers, was hij niet minder fel. Wanneer hij merkte dat je langs zijn huis liep, vloog hij als een ruwharige zwart-witte kanonskogel grommend en keffend naar buiten en als hij je te pakken kreeg, kon hij flink bijten.

Op een dag kwamen twee vriendinnetje van me terug uit de stad. Jack zag hen meteen toen ze onze straat insloegen. 'Jack! Jack!' riep zijn bazin, 'kom hier!' Maar Jack liet zich niet tegenhouden. Mijn vriendinnetjes renden zo hard mogelijk naar huis, maar een van hen, Saira, kon niet hard genoeg rennen. Jack haalde haar in en zette zijn tanden in haar been.

Toen we hoorden wat er was gebeurd, gingen mama en ik bij haar langs. Voorzichtig wikkelde Saira het verband van haar been om ons de wond te laten zien. Er zaten gaatjes waar Jack zijn tanden in haar vlees had gezet en de wond was gehecht. Het was erg dramatisch en ik was diep onder de indruk. Saira had zelfs een tetanusinjectie gekregen, voor het geval dat Jack haar had vergiftigd!

Saira's ouders waren boos. In onze buurt woonde een Pakistaanse moslim die politieagent was en als iemand van onze gemeenschap een probleem had, ging hij daarmee naar hem toe. De ouders van Saira vertelden hem dat Jack hun dochter had gebeten. Hij vond dat ze dat officieel moesten aangeven en hij beval de eigenares van Jack dat ze haar hond moest muilkorven. Maar dat deed ze niet.

De eigenares van Jack was die oude blanke vrouw, de laatste blanke Engelse in onze straat. Soms zat ze in de zon voor haar huis, maar we groetten haar nooit, omdat we zo bang waren voor Jack. Maar ze had haar eigen kennissen en hun leven had niets met het onze gemeen.

Tegenover haar huis stond een verwaarloosd vrijstaand huis met een dichtbegroeide tuin eromheen. Het zag er donker en geheimzinnig uit en mijn broers zeiden dat daar een boeman woonde. Dat geloofde ik, en ik durfde er bijna niet langs te lopen. Ik stelde me de boeman voor als een monster met een afschuwelijk verminkt gezicht, want waarom bleef hij anders altijd binnen? En hij moest blank zijn, omdat iemand een keer had gezegd dat hij de boeman had gezien en dat hij zo wit was als een doek. We vertelden elkaar angstaanjagende verhalen over de dingen die de boeman met ons zou doen als hij ons zou vangen. Zakir, mijn oudste broer, zei dat hij kinderen at als ontbijt.

Met het park met monsterachtige bomen, Jack de kwaadaardige jackrussellterriër en de boeman was dat de griezelige kant van de straat. Zodra ik daar de hoek om kwam, rende ik de straat in tot ik het 'veilige' deel bereikte.

Maar ook daar was ik absoluut niet veilig. Ik was nooit veilig, want mijn vader was de echte boeman.

2

Veel liefs voor Pakistan

Mijn ouders waren afkomstig van het platteland, hun voorouders waren boeren. Maar in Engeland leidden ze een stadsleven, omringd door stenen muren en asfalt. Er gingen maanden voorbij zonder dat ze verder kwamen dan ons huis, onze straat en de nabijgelegen moskee.

Mijn moeder hield van uitstapjes, maar ze had zes kinderen en een man om voor te zorgen. Ze moest wassen, strijken, koken en schoonmaken voor een gezin van acht personen en dat nam al haar tijd in beslag. Ze had het nooit kunnen volhouden zonder ooms, tantes en andere familieleden om haar heen. Ze had hen nodig, net als de buurtwinkels die de traditionele ingrediënten verkochten die ze altijd gebruikte: halal vlees, specerijen, okra en kikkererwtenmeel. Het kwam erop neer dat mijn ouders hun leven in een Pakistaans dorp hadden meegenomen naar East Street. Omdat onze gemeenschap zich beperkte tot maar één straat, was het leven daar zelfs beperkter dan in een Pakistaans dorp.

Mijn grootvader in Pakistan zou het in een stad nooit hebben uitgehouden. Wanneer hij een enkele keer naar Islamabad of een andere stad ging, wilde hij meteen weer naar huis. Maar mijn ouders waren het Pakistaanse platteland ontvlucht, door te emigreren waren ze uit de armoedeval ontsnapt. In een Engelse stad hadden ze stromend water, elektriciteit, gratis scholen en winkels waar je van alles kon kopen. Allemaal dingen die thuis ontbraken. Daar was een wc een gat in de grond. En een schoolopleiding lag voor de meeste dorpelingen ver buiten hun bereik.

Mijn vader, die was opgegroeid in een Pakistaans dorp, was tot zijn elfde naar school gegaan. Daarna was hij naar de medresse gestuurd, een religieuze school waar alleen de Koran wordt onderwezen. Mijn moeder had nog minder opleiding genoten. Zij had maar één jaar op de dorpsschool gezeten en kon nauwelijks lezen of schrijven. Thuis spraken we Punjabi of soms Urdu, nooit Engels.

Mijn vader was achter in de twintig toen hij naar Engeland kwam. Hij was boer geweest in de Punjab, een streek langs de grens tussen India en Pakistan. Wat zijn godsdienst betreft, was hij een deobandi-soennitische moslim, een versie van de islam die door een groot deel van de stammen in het noorden van India, Pakistan en Afghanistan wordt beleden.

In Engeland woonde papa eerst in een huurhuis in een stad in Lancashire, met een groep andere Pakistaanse mannen uit dezelfde streek als hij. Ze woonden met vijftien tot twintig man in een rijtjeshuis. Niemand van hen sprak Engels. Dat hoefde ook niet, thuis niet en evenmin op hun werk.

De mannen werkten in de textielfabrieken. Zodra het maar enigszins mogelijk was, hielpen ze elkaar met het kopen van een huis. Ze gaven hun geld bijna alleen uit aan eten en onderdak. Papa en de vader van mijn vriendin Skip spaarden jarenlang zo veel mogelijk geld en kochten samen een huis in mijn geboortestad. In een dorp in Pakistan had niemand een hypotheek, dus betaalden ze contant. Een jaar of twee later lieten ze hun vrouwen overkomen.

Mama en papa waren met elkaar getrouwd voordat hij naar Engeland ging. Het was een gearrangeerd huwelijk, volgens de gewoonte. Zij kwam uit een naburig dorp in een even arme streek. De meeste mensen die de kans kregen om naar het buitenland te gaan en daar een beter leven op te bouwen, grepen die met beide handen aan. In de straat van mijn ouders kwamen steeds meer Pakistaanse gezinnen wonen en de Engelse gezinnen trokken er weg.

Mijn vader had meteen al een afkeer van iedereen die niet tot de islam behoorde. Dat was in de jaren zestig en zeventig, de tijd van flowerpower, drugs en ongebonden liefde, van mannen met lang haar in vreemde kledij. Mijn ouders vonden dat allemaal even afkeurenswaardig, net als de 'respectloze' manier waarop kinderen met hun ouders omgingen. Ze hadden geen goed woord over voor het 'gebrek aan gemeenschapszin' van de Engelsen en vormden hun eigen Pakistaanse moslimgemeenschap in onze straat. Ze deden hun uiterste best om te voorkomen dat de Engelse cultuur onze gemeenschap binnen zou sluipen en die zou 'besmetten'.

Thuis was papa een afstandelijke man. Hij zat meestal afgezonderd zijn heilige boek te lezen, Koranverzen mompelend terwijl hij zijn *tasbih* – gebedskralen – door zijn vingers liet glijden. Een tasbih lijkt precies op een rooms-katholieke rozenkrans. Sommige bestaan uit houten, andere uit marmeren kralen. In totaal zijn het er negenennegentig, steeds vier dezelfde en dan een iets grotere, zodat je op de tast precies weet waar je bent.

Papa had zijn tasbih altijd in zijn hand, zelfs als hij op straat liep. Uit Pakistan liet hij kleine tasbihs komen voor mijn broers en mij. Toen ik vier was, leerde hij me hoe ik de kralen door mijn vingers moest laten glijden terwijl ik de negenennegentig namen van Allah zei. Het psalmodiëren van die namen – Irahma, de genadige; Rahim, de vergiffenis schenkende; Malik, de machtige – hoort je gevoel van heiligheid te versterken.

Voor mij waren het alleen vreemde klanken die ik niet begreep. Net als bij het psalmodiëren van de Koran leerde papa me wel de woorden, maar niet de betekenis ervan. Ik moest ze gewoon uit mijn hoofd leren, en dat deed ik om hem een plezier te doen. Maar toen ik al die negenennegentig namen uit mijn hoofd kon opzeggen, prees hij me daar niet eens voor, zelfs niet met een glimlach of een enkel woord. Als er bezoek was, moest ik ze opdreunen. Hoe minder hij me prees, hoe meer ik mijn best deed om het hem naar de zin te maken.

Papa's bestaan draaide om zijn idee van een zo godsdienstig mogelijk leven. Zijn belangrijkste taken waren vijfmaal per dag bidden en preken in de moskee. Vaak reisde hij naar Lancaster, Manchester of Birmingham om daar in een moskee een religieus feest bij te wonen. Hij had geen hobby's, naast zijn religieuze bezigheden keek hij televisie, maar dan wel het liefst naar een video van een geestelijke die lesgaf of van *qawwali*-muziek, een soort soennitisch gezang dat populair is in Pakistan. Zijn sociale leven bestond uit praten met zijn vrienden, meestal in de mannenkamer van ons huis.

Er waren wel halal restaurants in onze buurt, maar daar gingen mijn ouders nooit naartoe. Uit eten gaan hoorde niet bij hun cultuur, bovendien zou mijn vader er nooit op vertrouwen dat wat hij te eten kreeg echt halal was. Een heleboel mannen in onze gemeenschap leefden precies zoals mijn vader: heel eenvoudig en zuinig, en volkomen afgeschermd van de buitenwereld.

Papa was niet handig. Mijn broers en mama deden alle klusjes in huis. Als het licht het niet deed, al moest er alleen maar een lamp worden verwisseld, moest een van mijn broers dat in orde maken. Als zij het niet konden, belde papa oom Ahmed. Omdat papa de imam was, bevond hij zich op een hoger spiritueel niveau dan wij en hoefde hij zich niet te bekommeren om wereldse zaken, zoals het repareren van de verwarming. Een imam verdiende veel meer respect dan een buschauffeur of een klusjesman, dus Ahmed voelde zich verplicht om mijn vader te helpen. Papa deed Ahmed meer eer aan door zijn imam te zijn dan dat Ahmed hem eer aandeed door zijn klusjes te doen.

Mijn ouders probeerden elk jaar naar Pakistan te gaan. Toen ik drie was, mocht ik mee, terwijl mijn broers naar familie in onze straat gingen. Ik had toen nog geen zussen. We gingen naar Pindi Khan, een gehucht van lemen huizen in de Punjab, ingeklemd tussen de noordwestelijke grensprovincie en Kashmir.

Daar kwam mijn vader vandaan. Het was het regenseizoen en ik herinner me de groene velden eromheen en de rivier die door het dorp stroomde. In de droge tijd veranderden het gehucht en de omgeving in een woestijn. Pindi Khan ligt overal ver vandaan.

Iedereen is er familie van elkaar en behoort tot dezelfde stam. Neven en nichten, achterneven en achternichten, iedereen trouwt binnen de clan. Zo hoort het. Onderling trouwen is een onderdeel van het verdedigingssysteem van clans die voortdurend met elkaar overhoop liggen.

Het leven in Pindi Khan was heel eenvoudig. De mensen verdienden hun brood met de verkoop van graan, melk, vee, geiten en eieren. In plaats van machines gebruikte men dieren voor het ploegen, oogsten en zaaien. We reisden rond in een *tonga* – paard-en-wagen. De jongens gingen naar de medresse of de dorpsschool, de meeste meisjes gingen niet naar school. De medresse had meer geld en bood daarom een betere opleiding. In de dorpen hadden openbare scholen nauwelijks middelen van bestaan. De medresse stond onder leiding van de plaatselijke imam en bestond dankzij giften.

Mijn vader had een huis in dat dorp. Het was gebouwd van baksteen en omvatte een paar kamers rondom een patio. Het had een plat dak, waarop je kon slapen. Papa was van plan geweest ooit naar dat dorp terug te keren, dus had hij er steeds iets bij laten bouwen. Maar toen hij inzag dat we daar nooit zouden wonen, werd het een soort vakantiehuis.

Kort na onze aankomst in Pindi Khan zaten we een keer op de patio. Mijn ouders zaten te ontbijten. Het hek stond open en op het veld ertegenover zag ik een waslijn. Ik liep erheen en verdween achter de was die er hing te drogen. Even later merkte mama dat ik weg was en kwam ze me zoeken. Ik zat in het veld onder een van de koeien van onze kudde, ons melkvee.

Het leek alsof de koe me wilde beschermen, alsof ik haar kalf was. Mama riep een van haar schoonzussen en wees naar mij, en ze begonnen te lachen. Maar omdat ze bang waren dat de koe boven op me zou stappen, renden ze naar me toe en trokken me onder haar vandaan.

Een paar dagen later zaten we in het veld tussen grazende geiten. Ik speelde met een paar munten. Er kwam een geit naar me toe en ik hield hem een munt voor. Geiten eten alles, en deze likte de munt op uit mijn hand en slikte hem door. Het was een paisa, die nog minder waard is dan een penny. Mama vond het een grote grap en vertelde het voorval aan iedereen die het maar wilde horen. Niet alleen vonden ze het grappig dat de geit een munt had opgegeten, maar ook dat ik zo weinig wist van het dorpsleven in de Punjab dat ik een geit een munt had gevoerd.

Na onze terugkeer in Engeland was mama er duidelijk trots op dat ze haar dochter had meegenomen naar 'huis'. Iedere bezoeker moest het horen.

'Hannan is in ons dorp geweest. Ze voelde zich daar in Pakistan, een goed moslimland, helemaal thuis. Ze werd geadopteerd door een koe en heeft zelfs een geit een munt gevoerd!'

Wanneer mama niet haar handen vol had aan de huishouding, kon ze geestig zijn. Maar ik vroeg me af of ik me in Pakistan echt thuis had gevoeld. Ik kon het me niet herinneren. Mijn herinneringen aan het dorp waren vaag en ze waren vermengd met mijn moeders verhalen over haar jeugd in dat land.

Mama en haar vriendinnen hadden het vaak over vroeger. Mama schilderde het dorpsleven af als een heerlijk bestaan: de buren deelden elkaars huis, hielpen elkaar, werkten samen op het veld en kookten curry's en chapati's voor elkaar. Wanneer ze vertelde over de tijd dat ze daar was vertrokken en naar Noord-Engeland was gereisd, klonk er heimwee door in haar stem. Zij en haar vriendinnen deelden een romantische versie van het dorpsleven in hun geboorteland, waar iedereen tot dezelfde grote, gelukkige familie behoorde.

De brieven van tantes, ooms, neven en nichten werden door iedereen gelezen, en die gaven een realistischer beeld van het leven en de cultuur in Pakistan. Ooms vertrokken naar Dubai of Saoedi-Arabië op zoek naar werk, omdat ze in het dorp geen werk konden vinden. Een half jaar later kwamen ze met hun spaargeld terug en waren mannen van aanzien geworden. We werden op de hoogte gehouden van alle geboorten, huwelijken en sterfgevallen in de familie. Voor mij was dat allemaal niet zo belangrijk. Ik kende die mensen niet, dus voelde ik me niet bij hen betrokken.

Mijn ouders wilden dat we zo veel mogelijk leerden over Pakistan, ons 'vaderland'. We moesten in het Urdu geschreven boeken lezen over de postkoloniale verdeling van India, waarbij Pakistan een apart land werd. We moesten de biografie lezen van Mohammed Ali Jinnah, de man die toezicht had gehouden op de verdeling en de eerste gouverneur-generaal was geworden. Maar ik was slechts één keer in Pakistan geweest, toen ik drie was. Ik woonde in Engeland en voor mij was Engeland mijn vaderland.

Steeds wanneer we nieuws kregen over Pakistan, mompelden mijn broers: 'O god, wat zijn we blij dat we daar niet wonen!'

Dat zeiden ze dan wel in het Engels, zodat mijn ouders het niet konden verstaan. Ik was het helemaal met hen eens. Mijn broers beschouwden Engeland als een land van mogelijkheden. Om te beginnen hadden we er stromend water en elektriciteit en waren de wegen geasfalteerd, maar mijn broers beseften ook dat ze er veel vrijer waren dan in Pakistan.

Ze keken naar voetbal op tv, gingen op stap met hun vrienden, droegen westerse kleren en luisterden naar popmuziek. In Pakistan zou dat niet mogelijk zijn. Daar zouden ze op een medresse de Koran uit hun hoofd moeten leren, naar de moskee moeten gaan en op het land moeten werken. Onze neven in het dorp deden dat ook, en dat leek ons verschrikkelijk.

Toch woonden er mensen in onze straat die naar zo'n leven verlangden. We noemden hen 'paki's' – een woord dat we gebruikten voor mensen die zich vastklampten aan de oude manier van leven. Mijn zus Sabina werd een echte paki. Nadat zij een keer met mijn ouders mee naar het dorp was geweest, hield ze er niet over op.

'Ik vond het daar heerlijk,' zei ze tegen ons. 'Iedereen is er heel religieus.'

Pakistan heeft dit, Pakistan heeft dat. We konden het niet meer aanhoren. Soms noemden we haar in haar bijzijn een paki en daar was ze dan zelfs trots op. Maar als buitenstaanders ons paki's noemden, was dat racistisch bedoeld en werden we er boos om. We wisten dat het ook als een racistisch scheldwoord kon worden gebruikt, daar waren we allemaal wel eens het slachtoffer van.

Wij noemden een blanke een *gora*, maar dat is geen scheldwoord, dat betekent gewoon 'blanke'. Net als met het woord 'paki' gaat het erom wie het zegt en hoe het wordt bedoeld. Als mijn vader gora zei, was het een racistisch scheldwoord. Hij deed geen enkele moeite om te verbergen dat hij de blanken en hun levenswijze haatte. Hij zat thuis of in de moskee, en hij ging blanken zo veel mogelijk uit de weg.

Op tv zag ik wel eens een nieuwsbericht over Pakistan en dan zag het land er dor en droog uit, bestond het voor een groot deel uit een hete woestijn. Hoewel het niet meevalt daar als boer de kost te verdienen, is dat voor velen de enige manier om te overleven. Op het platteland hangt de rijkdom en status van een man meestal af van de grootte van zijn veestapel.

Maar sinds kort heeft status ook te maken met het aantal familieleden dat is geëmigreerd naar de Verenigde Staten, Engeland, of een ander Europees land. De mening van Pakistanen over het Westen is tegenstrijdig: aan de ene kant worden westerse dingen verafschuwd, aan de andere kant is het een pluspunt als je familie hebt die in het Westen woont en werkt.

Familie in het buitenland is zelfs een belangrijker statussymbool dan dat je de hadj hebt gemaakt, de islamitische bedevaart naar Mekka. Natuurlijk geldt de hadj als de echte maatstaf, maar een man met veel vee en met familie in het buitenland wordt toch hoger aangeslagen.

'Ali heeft het ver geschopt,' kan iemand zeggen. 'Zijn zoon is naar Engeland vertrokken, hij heeft daar een baan en is er getrouwd.'

Wat iemand in het buitenland ook doet, al is het pizza's verpakken in dozen, hij verdient genoeg om als belangrijk persoon naar huis terug te keren. Hij heeft meer geld dan wie dan ook in zijn dorp. Dus wanneer mijn ouders teruggingen naar hun dorp, werden ze er vorstelijk ontvangen. Emigreren is een van de weinige mogelijkheden om te ontsnappen aan de armoede op het platteland, waar generaties lang niets is veranderd.

Zoals veel emigranten hadden mijn ouders Pakistan verlaten om er ooit naar terug te keren. Ze waren niet voorgoed vertrokken. Ze wilden geld verdienen en dan weer naar huis. Maar na verloop van tijd schikten ze zich in hun nieuwe bestaan. Toch bleven veel mensen in onze straat zich verzetten tegen de Engelse cultuur en deden ze hun best om die zo veel mogelijk buiten de deur te houden.

Maar mijn vader had al wel gauw ontdekt dat het Engelse schoolsysteem veel beter was dan op het Pakistaanse platteland. Hij wist dat als hij in Engeland bleef, hij zijn kinderen naar Engelse scholen kon sturen en dat zijn zoons dan een veel grotere kans hadden om wat van hun leven te maken. Daarom bleef hij. Wat zijn dochters betrof, was dat niet belangrijk. Zij moesten trouwen en kinderen krijgen, meer niet. Maar zijn zoons moesten succes hebben in het leven.

Ik was hun vierde kind en oudste dochter. In het begin waren mijn broers blij met hun zusje. Zakir was de oudste en het lievelingetje van mijn moeder. Hij verdedigde me als ik op school of op straat werd gepest. Maar thuis mochten mijn vader en mijn broers net zo gemeen tegen me zijn als ze wilden, want ik was 'maar een meisje'.

Zakir was een betweter en hij werd beschouwd als de intelligentste van mijn broers. Hij was gek op voetbal, hij verzamelde stickers en tijdschriften over voetbal die hij ruilde met vrienden, en hij kreeg altijd zijn zin. Hij had altijd mazzel. Maar ik ergerde me aan hem omdat hij zo goed met mijn ouders kon opschieten.

Na hem kwam Raz. Hij was erg gelovig. Niet radicaal, wel spiritueel. Al van kinds af aan was de moskee het belangrijkste in zijn leven. Op school was hij geen goede leerling, maar hij had dan ook geen enkele belangstelling voor de normale vakken. Hij had alleen belangstelling voor de Koran, en daarna voor voetbal.

Daarna kwam Billy, mijn lievelingsbroer. Billy is eigenlijk zijn bijnaam, in het Punjabi betekent het 'kat'. Hij werd zo genoemd omdat hij zich zo soepel en katachtig bewoog. Hij was zachtaardig, zorgzaam en charmant. Met zijn donkere, knappe uiterlijk zou hij een heel aantrekkelijke man worden, voor wie meisjes als een blok zouden vallen. Billy probeerde thuis mee te helpen, maar daar stak mijn vader steeds weer een stokje voor. Het was geen jongenswerk.

Ik hield van Billy omdat hij de enige was die ooit aardig voor me was. Hij was ook de vredestichter in ons gezin. We maakten altijd ruzie over de tv-programma's die we wilden zien en hij probeerde ons om de beurt onze zin te geven.

Na mij kwamen nog twee meisjes. Eerst Sabina. Ze was net als Raz erg gelovig, maar zij was erg conservatief. Ze had al meteen een hekel aan de Engelse manier van leven en ze ging met tegenzin naar school. Ze meed jongens. Ze had weinig of geen blanke vriendinnen. Met haar natuurlijke voorkeur voor de traditionele Pakistaanse cultuur was zij de perfecte dochter, in tegenstelling tot mij.

Een paar jaar na Sabina werd Aliya geboren. Ze was een schattig meisje en papa's lieveling. Zij kon een potje bij hem breken. Ze zat vaak bij hem op schoot en stelde dan allerlei vragen, zoals: 'Wat gebeurt er als je bidt?' Tot mijn verbazing gaf hij dan antwoord.

In onze cultuur zijn meisjes minder gewenst dan jongens. We moeten voortdurend worden beschermd. Niet alleen voor ons bestwil, maar ook vanwege de eer van de familie. Als een dochter een misstap maakt, is dat een grotere schande voor de familie dan als een zoon dat doet. Ik heb vrouwen op straat nog nooit horen fluisteren over jongens die iets verkeerds hebben gedaan. Dat is ook lang niet zo erg. Ze fluisteren altijd over meisjes.

In onze straat draaide alles altijd om een manier om meer aanzien te verwerven, hoe je dat aanzien in stand kon houden en hoe je kon voorkomen dat je jezelf of je familie te schande maakte. De vrouwen waren geobsedeerd door eer en schande. Door naar hun roddels te luisteren, kwamen we erachter wat je wel of niet mocht doen en hoe de eer en de schande van een familie werden bijgehouden.

Toen ik werd geboren, werkte mijn vader niet meer in de fabriek, maar was hij de plaatselijke imam geworden. De geestelijk leider van onze gemeenschap. Als zodanig kreeg hij geen salaris, maar ontving hij bijdragen en giften van de gemeenschap.

We leidden geen luxueus leven. Onze kleren kwamen uit kringloopwinkels. Voordat mijn zusjes werden geboren, sliep ik bij mijn moeder, en daarna sliepen de vrouwen van ons gezin in dezelfde kamer en soms in hetzelfde bed. Net als veel Pakistaanse echtparen deelden mijn ouders geen slaapkamer. Papa sliep in de mannenkamer, mijn oudste broer had zijn eigen kamer en de twee andere jongens sliepen bij elkaar.

Mijn zusjes en ik droegen de traditionele shalwar kamiz. Die naaide mijn moeder op haar elektrische Singer-naaimachine, in de keuken wanneer wij op school waren. Andere vrouwen uit onze straat betaalden haar om kleren voor een trouwerij of een ander feest te maken. Als mama krap bij kas was, gebruikte ze dat geld om eten te kopen. Als ze genoeg geld had, kocht ze iets leuks voor ons. Ze kocht nooit iets voor zichzelf.

Mama vond het leuk om kleren te naaien, dan had ze het naar haar zin. Ze verheugde zich op elk nieuw ontwerp en was trots op het resultaat. Helaas wilde ze dat ik altijd knalgeel droeg. Dat stond me goed, zei ze. Ik vond het verschrikkelijk, maar dat zei ik niet, omdat ik dacht dat ze zich daar toch niets van aan zou trekken.

Kort na onze reis naar Pakistan kregen we een dikke, donkerbruine kat. Ons eerste huisdier. We noemden haar Billy. Toen hadden we onze broer Billy en onze kat Billy. We vonden het leuk met haar te spelen. Ik liet haar over mijn broers heen lopen terwijl ik haar lokte met een touwtje. Papa negeerde haar. Hij wilde haar niet in zijn buurt hebben, vooral niet wanneer hij de Koran las. Katten waren onreine dieren, zei hij, en we moesten haar buiten laten.

Op een dag zat Billy te miauwen en het leek alsof ze pijn leed. Ze was dikker dan ooit. Ik vroeg mama wat er met haar aan de hand was.

'Ach, niets bijzonders,' antwoordde mama. 'Ik denk dat ze kindjes krijgt.'

Ik was stomverbaasd. Ik dacht dat we haar te veel voer hadden gegeven. Mama zette Billy's mand in de keuken en de volgende paar dagen gaven we haar warme melk. Op een ochtend baarde ze acht jongen, maar binnen een paar uur waren er nog maar vier in leven. Heel verdrietig. Mama zei dat we er één mochten kiezen om te houden, en dat werd natuurlijk een heel gedoe.

'Ik wil deze!'

'Nee, die is veel leuker!'

'Nee, die! Hij heeft zijn oogjes open!'

Toen we er een hadden gekozen, moesten we voor de andere drie een tehuis zoeken. Gek genoeg besloten we het nieuwe poesje ook Billy te noemen. Dus toen hadden we Billy Een, Billy Twee en mijn broer Billy. Maar kort na haar bevalling werd Billy Een agressief. Eerst tegen Billy Twee en toen tegen ons. Ze krabde ons en werd heel wild.

Ten slotte besloten mijn broers, zonder iets tegen mij te zeggen, dat Billy Een weg moest. Ze namen haar mee in de auto en lieten haar ergens ver bij ons vandaan achter. Ik miste haar, maar niemand vertelde me wat ze met haar hadden gedaan. Niemand had me uitgelegd hoe ze zwanger was geworden en ik durfde er niet naar te vragen. In ons gezin werd dat soort vragen niet op prijs gesteld.

***

Van kinds af aan werd ik ondergedompeld in de godsdienst van mijn familie, de islam. Elke dag stond in het teken van de islam. Mijn vader leerde me de vijf zuilen van de islam, de basis van ons geloof. Iedereen die zich daaraan hield, was op weg naar het paradijs, zei hij. De vijf zuilen zijn: het uitspreken van de geloofsbelijdenis, geld geven aan de armen, vasten in de maand ramadan, de hadj, en vijfmaal per dag bidden.

Vanaf mijn derde verjaardag moest ik de Koran leren lezen. Het lezen van de Koran strekt een moslim tot eer en als je dat op een bepaalde leeftijd nog niet kunt, is dat een schande voor de familie. Een man in onze straat had nooit Arabisch leren lezen en dat was schandelijk. Hij kon de Koran dus niet lezen of citeren, want de taal van de Koran is klassiek Arabisch, de taal waarin het boek is geschreven.

Niet alleen moest ik de Koran leren lezen, maar ik moest dat doen in een taal die ik niet verstond of sprak, het Arabisch. Mijn ouders spraken Urdu en Punjabi, thuis spraken we meestal Punjabi. Mijn vader gaf Koranles aan alle kinderen onder de vijf in onze straat. Vijf dagen per week moesten we naar de voorkamer in ons huis, de mannenkamer, die ook dienstdeed als slaapkamer van mijn vader. En wee degene die tijdens zo'n les van mijn vader een fout maakte.

Aan een van de muren in die kamer hing een foto van de Kaäba, de heiligste plek van de islam. De Kaäba is een kubusvormig bouwwerk in Mekka, Saoedi-Arabië, het heilige land van de moslims. Het is ongeveer vijftien meter hoog en een meter of twaalf breed, en eroverheen hangt de *kiswah*, een zwarte zijden doek waarop verzen uit de Koran zijn geborduurd. Het is een eenvoudige granieten kubus, die volgens de overlevering door Abraham en Ismaël is gebouwd.

Papa vertelde ons dat de Kaäba wordt vereerd omdat het de bewaarplaats is van de eerste Koran, het boek waarin de profeet Mohammed het heilige woord van God heeft opgeschreven. Maar hij had ongelijk, want de Kaäba is leeg, afgezien van een zwarte meteoriet die de 'zwarte steen' wordt genoemd en is ingebed in de zuidoostelijke hoek. Dit is een voorbeeld van mijn vaders gebrek aan kennis van zijn geloof, van de islam. Maar als kind had ik natuurlijk geen idee van zijn onwetendheid en kon ik hem niet tegenspreken.

Aan de muur ertegenover hing een ingelijste spreuk met dikke gouden letters: MOHAMMED, VREDE ZIJ MET HEM. In het Arabisch natuurlijk. Hij hing boven een kast met een servies dat alleen bij speciale gelegenheden werd gebruikt, en twee glazen sneeuwbollen. De ene bol bevatte een sneeuwbui over de Kaäba, in de andere dwarrelde de sneeuw op de naam van de profeet Mohammed. We mochten er nooit mee spelen, dat was respectloos. Mijn vader zou daar erg kwaad om worden en dat konden we beter vermijden.

Op de bovenste plank van de kast stond een aantal Korans. Het is een teken van respect om het heilige boek op een hoge plaats te zetten. Elk boek was verpakt in een hoes, die mama had gemaakt van lapjes stof die ze van haar naaiwerk overhad. In die kamer stonden twee slaapbanken. Voor onze Koranlessen werden ze aan de kant geschoven en werd er een kleed op de grond gelegd waarop wij moesten zitten.

We zaten in een vierkant, twaalf kinderen, met papa aan het hoofd. Voor ieder kind stond een houten boekensteun om een Arabisch woordenboek of een vers uit de Koran op te zetten. Jongens en meisjes zaten door elkaar en we hoefden geen speciale kleren te dragen. Maar de lessen waren geen pretje. We moesten om de beurt naast papa gaan zitten en de les van die dag opzeggen. De plechtige sfeer in die kamer kwam niet overeen met de in de jaren zeventig van de vorige eeuw moderne bloempatronen op het behang, het vloerkleed en zelfs de banken.

Papa was heel streng. Niemand misdroeg zich. Hooguit fluisterde een van de kinderen eens iets tegen een vriendje en dan kreeg hij meteen een tik met de bezemsteel, die altijd klaarstond in een hoek. Papa hoefde hem niet vaak te gebruiken, het was al genoeg dat hij hem bij de hand had. Ook als we bij het opzeggen van de Arabische tekst een fout maakten, kregen we een tik. Papa had ons verteld dat de woorden in het Arabisch een speciale spirituele betekenis hadden, die in een andere taal verloren ging. Daarom waren de lessen niet in het Engels, een taal die we allemaal verstonden.

De letterlijke betekenis van de woorden werd niet uitgelegd, we moesten ze alleen maar perfect uitspreken. Ik herkende namen zoals Allah en Mohammed, maar verder had ik geen idee waar het over ging. Maar niemand maakte ooit bezwaar of vroeg om uitleg. Het kwam niet bij me op mijn vader ook maar één vraag te stellen, ik was te bang voor hem.

Eerst leerden we het klassieke Arabische alfabet. Het Arabisch wordt van rechts naar links geschreven en tussen de woorden is weinig ruimte. Vervolgens leerden we de verzen. Maar papa mocht ons de woorden niet leren schrijven, omdat het opschrijven van woorden uit de Koran gebrek aan respect toont. Een *ayah* – een vers – werd voor ons neergezet en dan moesten we de letters en de woorden die ze vormden in ons hoofd prenten. We moesten een zin soms wel een uur lang herhalen, tot papa tevreden was. En dan gingen we naar de volgende zin.

Ik kon de eerste soera – hoofdstuk – van de Koran perfect opdreunen toen ik vijf was. Ik was een van de eersten die dat had geleerd. Hoewel papa de andere kinderen voortdurend aanmoedigde, kon er voor mij geen complimentje af. Ik leerde die soera uit mijn hoofd om hem een plezier te doen, maar hij lachte niet tevreden en prees me met geen woord.

Eigenlijk verbaasde me dat niet. Papa had duidelijk laten blijken dat hij geen dochter had gewild. Toen we een keer met elkaar alleen waren, had hij tegen me gezegd dat ik een slecht, vervloekt meisje was. Dat het aan mij was te bewijzen dat ik niet slecht, waardeloos, dom en Allah onwaardig was.

Omdat mijn vader de imam was, werden mijn ouders beschouwd als de steunpilaren van onze gemeenschap. In onze straat was mijn vader een verheven man. Op buitenstaanders maakte hij een vriendelijke, zachtmoedige indruk. Hij praatte zo zacht dat hij bijna fluisterde, hij glimlachte veel en deed erg aardig. Hij gedroeg zich als een spirituele, vreedzame man, vooral in het bijzijn van mensen die niet tot onze gemeenschap behoorden. Dat was de kant die hij iedereen liet zien.

'Wat een aardige vader heb jij,' zeiden de mensen tegen mij.

Ze hadden geen idee hoe hij werkelijk was. Al op mijn vierde wist ik dat hij niet aardig was. Thuis was hij wreed en haatdragend, had hij woede-uitbarstingen en was hij gewelddadig. Hij sloeg mijn moeder, en niemand hoefde me uit te leggen dat dat niet deugde. Dat wist ik instinctief. Maar al wist ik dat hij niet aardig was, ik wilde net als ieder kind dat hij van me hield en trots op me was. Daarom deed ik in de Koranlessen zo mijn best. Jammer genoeg hadden al die onschuldige moeite en hoop geen enkel effect.

De mensen in onze gemeenschap noemden mijn vader hadji – een moslim die als pelgrim naar Mekka is geweest. Ze noemden mijn moeder de vrouwelijke vorm: hadjin. Ze zeiden van mijn vader dat hij nederig was, waarmee ze bedoelden dat hij vaak bad en de Koran las. Ja, als je het zo bekijkt, was hij nederig. De mensen beschouwden hem als een wijze leidsman en vroegen hem om raad.

Ze vroegen hem bijvoorbeeld of ze hun dochter moesten leren zich op een bepaalde manier te gedragen. Hij had altijd zijn antwoord klaar, hij aarzelde of twijfelde nooit. Hij wist altijd precies wat hij iemand moest aanraden en verwees daarbij vaak naar het heilige boek.

Steeds wanneer iemand hem om raad kwam vragen, besefte ik dat hij een bijzondere positie innam. Daardoor was ik ervan doordrongen dat ik geen verkeerde dingen mocht doen. Voor andere moeders was ik een rolmodel, ze hielden me scherp in de gaten. Als ik iets verkeerds deed, bracht dat onze hele gemeenschap in diskrediet, omdat mijn vader hun geestelijk leider was.

Ik zou mijn vader vreselijk te schande maken als ik, zijn dochter, me zou misdragen. Ik zou de hele straat te schande maken.

Dus had ik al bij voorbaat geen enkele kans, want ik was als rebel geboren.

3

Jane en Susan

Het leven van mij en mijn broers was een oefening in het tussen de regels door lezen. Regels werden niet nadrukkelijk gegeven. Door te luisteren naar wat er om me heen werd gefluisterd, moest ik erachter komen wat wel en niet mocht. Zelfs als er een blanke bij iemand op bezoek was geweest, werd daarover gefluisterd. We wisten allemaal hoe mijn vader dacht over de blanken en hun decadente manier van leven.

Papa ging voortdurend tekeer over *goray* – blanke mensen. Volgens hem waren blanken 'goddeloze, heidense ontuchtigen'. Ze dronken alcohol en waren seksueel bandeloos. Je hoefde alleen maar naar hun kleding te kijken om dat te weten. Vrouwen die hun lichaam lieten zien – armen, benen en zelfs hun borsten! – om mannen te verleiden. Mijn vader wilde niet dat zijn kinderen ook maar iets met goray te maken hadden.

In onze straat waren de vrienden van mijn broers Pakistaanse moslims, maar op school hadden ze ook blanke vrienden. Wanneer papa er niet bij was, hadden ze het over jongens met exotische namen zoals Tim, Andy en Peter. Maar ze brachten die jongens nooit mee naar huis. Ze wisten dat papa hen niet binnen zou laten. Toen Zakir een keer zijn blanke vriend Dave mee naar huis nam, liet hij hem met een smoesje voor het hek wachten.

De regel betreffende blanken hadden we te danken aan mijn vaders angst. In de eerste plaats geloofde hij dat het zijn religieuze plicht was buitenlanders af te wijzen. Inderdaad staat er in de Koran dat je geen vriendschap mag sluiten met joden of christenen (hoewel er ook positieve uitspraken over die bevolkingsgroepen zijn te vinden). In de tweede plaats was hij bang dat zijn familie door de Engelse leefwijze zou worden 'aangestoken' en dat we dan van het rechte pad af zouden raken.

Mijn moeder deelde die angst niet. Maar mijn vaders wil was wet, ze moest hem gehoorzamen. Ze wist dat we geen blanken in ons huis mochten toelaten, ook geen blanke kinderen.

Toen ik vier was, ging ik naar de kleuterschool. Daar sloot ik vriendschap met twee zusjes: Jane en Susan. Mama en ik liepen vaak een eind met hen mee naar huis, want ze woonden twee straten bij ons vandaan. Mama lachte tegen hen en maakte grapjes tegen hen. Soms bracht ze iets lekkers voor me mee, koekjes, chips of toffees, en dan zei ze dat ik ze met Jane en Susan moest delen – met blanke meisjes.

Thuis ging het er anders aan toe. Jane en Susan mochten wel in de achtertuin met me komen spelen, maar ze mochten niet binnenkomen. Als papa thuis was, mochten ze zelfs niet in de achtertuin. Arme mama moest heel voorzichtig zijn. Ze wilde niet ongastvrij zijn en gaf ons koekjes en limonade, en ze deed haar best om ons op ons gemak te stellen. Maar zij was opgegroeid in Pakistan en daar had ze geleerd dat ze haar man nooit mocht tegenspreken of zijn wensen mocht negeren. En dat gold dubbel voor de vrouw van een imam.

Jane was even oud als ik en mijn beste vriendin. Meisjes van die leeftijd sluiten nog geen vriendschap voor het leven, maar wij zijn heel lang met elkaar bevriend geweest. Jane blaakte van zelfvertrouwen, ze was geen stil kind zoals ik. Susan had prachtig golvend rood haar, Jane had steil bruin haar. Vanwege haar onopvallende uiterlijk noemden andere meisjes haar plagend *plain Jane*, maar ik vond haar haren veel mooier dan mijn dikke zwarte bos krullen. Jane trok zich niets van het geplaag aan en gaf iedereen kalm lik op stuk.

Op de kleuterschool zaten Jane en ik naast elkaar. Jane was een kletskous, ze ratelde aan een stuk door. Ik was geen leider, maar een volgeling. Ik was heel loyaal en kon eindeloos luisteren. We pasten perfect bij elkaar. Op mijn vierde waren mijn dagen op de kleuterschool met Jane een ontsnapping uit het verstikkende leven thuis. Als mijn vader er niet was geweest, had ik met een vriendinnetje zoals zij heel gelukkig kunnen zijn.

***

Mijn vader was in veel opzichten onvoorspelbaar, maar vooral wat zijn eten betrof. Hij gebruikte de maaltijden als een wapen om mama mee aan te vallen, zowel verbaal als fysiek. De eerste keer dat ik me dit kan herinneren, was toen ik vier was.

Mama diende in de achterkamer een currymaaltijd op. De voorkamer was voor papa en voor bezoekers, in de achterkamer keken we tv – het enige dat we als gezin samen deden. We praatten nooit veel met elkaar, dus dat deden we daar ook niet.

Mijn moeder gaf mijn vader een bord rijst met curry aan. Met een stukje chapati nam hij een hap en meteen werd zijn gezicht donkerrood.

'Het is niet gaar!' snauwde hij. 'Het is koud! Stom mens, ik kan dit niet eten!'

Hij gooide het bord met eten tegen de muur. Het bord brak, bruine klodders gleden over het behang. Papa stond op en begon tegen mama te schreeuwen. Ze deinsde angstig achteruit, maar dat maakte het alleen maar erger. Hij verweet haar schreeuwend dat ze probeerde weg te lopen terwijl hij aan het woord was. Ze smeekte hem kalm te worden, maar hij liep achter haar aan naar de keuken.

Ik bleef alleen achter en hoorde hoe hij haar sloeg en zij het uitgilde. Hij gaf haar een verschrikkelijke aframmeling, ik kon elke klap horen. Ik zat als verstijfd op mijn stoel en tranen stroomden over mijn wangen. Ik huilde van angst. Ik was doodsbang dat hij mama dood zou slaan.

Papa had mij nog nooit geslagen, dus was ik toen alleen bang om mama. Ze smeekte hem op te houden, maar hij ging er genadeloos mee door. Mijn moeder gilde zo hard dat ik zeker wist dat de buren het konden horen, maar papa was de imam en dus een heilige man. Zelfs als ze hoorden dat hij haar mishandelde, zouden ze nooit tussenbeiden komen of daar later iets van zeggen.

Eindelijk liep hij de keuken uit en ging naar zijn domein, de voorkamer. Ik sloop naar de keuken, die aan de achterkant lag. Ik wilde mama troosten en ik wilde dat zij mij troostte. Ze lag opgekruld op haar zij op de vloer. Ik wilde haar helpen opstaan, maar ze weerde me af. Mama schaamde zich omdat haar vierjarige dochtertje haar zo zag.

Toen mama ten slotte opstond, kon ze nauwelijks lopen. Maar ze wist dat het haar taak was de rommel op te ruimen. Ze knielde op pijnlijke knieën om de scherven op te rapen en gooide die met de grootste klodders rijst in de vuilnisbak. Vervolgens haalde ze met een sopdoek de kleverige spetters van het vloerkleed. Een poosje later kwam papa uit de voorkamer en deed alsof er niets was gebeurd.

Algauw kwam ik erachter dat dit het patroon van zijn gewelddadige gedrag was. Elke keer als hij mama had geslagen, deed hij daarna of zijn neus bloedde. Zij ruimde de rommel op en deed haar best om haar ellende en haar wonden voor ons te verbergen, terwijl papa en de buren deden alsof er niets aan de hand was. Dat was een van de dingen die me zo kwaad maakten: dat mama, door stilzwijgend de mishandelingen te ondergaan, mijn vader, de familie en onze eer probeerde te beschermen.

Het drong tot me door dat papa mama ongeveer één keer per maand op die manier mishandelde. De aanleiding kon van alles zijn: smakeloos eten, koude thee, slecht gewassen of gestreken kleren, het huis niet netjes genoeg om bezoek te ontvangen... Ik begon ook te beseffen dat er iets mis was met papa's relatie met ons gezin.

Maar een kind leeft altijd in hoop. Ik hoopte dat de situatie zou verbeteren en dat papa de liefdevolle, zorgzame vader zou worden die ik zo graag wilde hebben. Hij zou mama niet meer slaan, hij zou aandacht aan mij besteden en me in elk geval een beetje genegenheid tonen. Hij zou me ooit een keer een complimentje geven omdat ik de Koran zo goed kon opzeggen. Dan zou mijn leven goed zijn.

Als je te maken hebt met iemand die je misbruikt, geloof je algauw dat, als je maar goed genoeg je best voor hem doet, hij met het misbruik zal stoppen. Helaas is meestal het tegenovergestelde waar.

***

Toen ik vijf was, ging ik naar de lagere school. Ik was heel verlegen en deed in de klas nauwelijks mijn mond open. De leraren vonden me een lief meisje, maar veel te stil en verlegen. Dat was ik thuis ook. Wanneer er bezoek kwam, verstopte ik me. Ik bleef liever bij mama in de keuken dan met bezoekers te praten. Ik praatte zelfs bijna nooit met mijn broers. Het enige contact dat ik met mijn vader had, was tijdens de Koranles of wanneer hij me zo nu en dan nors een bevel gaf.

Ik ging graag naar school en deed erg mijn best. Dat kwam vooral omdat ik het op school veel prettiger vond dan thuis. De directeur heette Bill Hicks. Hij had een warrige bos krulhaar, een grote snor en fonkelende bruine ogen. Hij gaf gymnastiekles en was gediplomeerd voetbalscheidsrechter. In zijn vrije tijd floot hij wedstrijden voor een paar lokale voetbalclubs.

Elke morgen moesten we op school eerst met alle klassen bij elkaar komen in een grote zaal en dan ging meneer Hicks op het podium zitten om ons een verhaal te vertellen. Zijn stem was zo welluidend dat we hem zonder microfoon konden horen. Zijn verhalen gingen over van alles: zijn jeugd in het naburige Keighley, de keren dat hij als jongen ging vissen in de rivier, het voetballen met zijn vrienden, wandelingen met zijn vader over de heuvels en uitstapjes naar zee.

44

We luisterden altijd ademloos, ook al hadden veel van de kinderen dezelfde achtergrond als ik. De dingen waarover meneer Hicks ons vertelde, lagen buiten onze belevingswereld, wij deden dat soort dingen niet. Zijn jeugd en vooral zijn relatie met zijn ouders waren voor ons zo wezensvreemd dat het leek alsof zijn verhalen een heel andere wereld beschreven, maar dat maakte ze juist zo magisch en spannend.

De verhalen van meneer Hicks waren niet bedoeld om ons iets te leren. Ze boden ons een kijkje in een andere wereld, en misschien hoopte hij alleen maar dat we er iets van mee zouden nemen. Maar ik kon niet naar huis gaan en tegen mijn ouders zeggen: 'Waarom gaan wij niet eens vissen of wandelen, zoals meneer Hicks toen hij nog een jongen was? Of naar het strand? Waarom doen wij dat soort dingen niet?'

Het kwam niet bij me op hun dat te vragen, ik was veel te bang voor wat mijn vader zou zeggen. Bovendien deed in onze gemeenschap niemand dat soort dingen. Als ik erom vroeg, zouden ze me uitlachen of nog erger. Ik kwam tot de conclusie dat het leven zoals meneer Hicks het beschreef alleen was bedoeld voor blanken, niet voor ons.

Mijn ouders vertelden ons nooit verhalen over hun jeugd, ze speelden ook nooit met ons. Mama las ons het verhaal van de haas en de schildpad voor, dat was vertaald in het Urdu, maar dat deed ze om ons Urdu te leren, niet om ons te vermaken.

De enige zelfbedachte verhalen die mama ons vertelde, gingen over slechte meisjes. Ze liepen weg, logen, maakten ruzie met hun broers en zussen en luisterden niet naar hun ouders. Ze werden altijd betrapt en gestraft door anonieme monsters. Eigen schuld, zei mama.

Het waren zedenpreken, bedoeld om ons zo bang te maken dat we ons net zo voorbeeldig gedroegen als onze ouders en onze gemeenschap van ons verlangden. Het waren verhaaltjes voor het slapengaan en ze waren heel anders dan de spannende avonturen van meneer Hicks. Maar ik hoefde niet veel van dat soort angstaanja-

45

gende verhalen te horen, want dankzij mijn vader zou ik er zelf binnenkort de hoofdrol in spelen.

***

In de islam bestaat er geen formeel systeem om iemand in staat te stellen een heilige man of geestelijk leider te worden. Mijn vader was in onze gemeenschap niet degene die de beste opleiding had genoten, maar doordat hij als jongen de Koran uit het hoofd had moeten leren, was hij wel degene die de inhoud woordelijk kende. En dat was genoeg om hem geschikt te maken om onze imam te zijn.

Elke maandag tot en met vrijdag om half vijf 's middags kwam er een wit busje onze straat in rijden. 'Tijd voor de moskee!' schreeuwde de chauffeur in het Punjabi. Ik vond het vreselijk als ik die oproep hoorde. De moskee was koud, donker, vochtig en afschrikwekkend, en onze Koranlerares was een wrede vrouw. Ik was bang voor haar en ik haatte die lessen en ik wilde me het liefst verstoppen.

De moskee was een verbouwde gemeentelijke bibliotheek. De seksen werden er strikt gescheiden gehouden, met verschillende ruimten voor mannen en vrouwen. Een boogvormige doorgang leidde naar de mannenafdeling, een comfortabel vertrek met gebloemde vaste vloerbedekking. Een tweede boogvormige opening leidde naar de veel minder comfortabele vrouwenafdeling, met alleen een paar versleten kleden op de vloer. Als ik geluk had, mocht ik op een kleed zitten en anders werd het de betonnen vloer.

Het was er altijd steenkoud. De verwarming ging bijna nooit aan. Onze Koranlerares had een elektrisch kacheltje om zelf warm te blijven, maar daar hadden wij niets aan. Pas tegen het einde van de les was de temperatuur in het vertrek door onze gezamenlijke lichaamswarmte plus het beetje warmte van die ene gloeiende staaf tot net boven het vriespunt gestegen.

Onze gemeenschap had dit gebouw van de gemeenteraad gekocht. Het was het eigendom van onze gemeenschap geworden en het werd beheerd door een bestuur bestaande uit een twintigtal mannen, van wie de meesten welgesteld waren. Het is eervol als je geld schenkt aan een moskee. Het bestuur prijst de gulle gevers en de vrouwen van de bestuursleden zorgen ervoor dat hun namen bij iedereen bekend worden. Zo verkrijgt de gever aanzien in de gemeenschap.

Een deel van het geld was gebruikt voor de bouw van een wasruimte, waar de gelovigen zich voor de gebeden konden wassen. Voor de rituele reiniging – *wudu* – heeft een moslim stromend water nodig. Eerst was je je gezicht en je neusgaten, dan je oren, hals, nek en armen – eerst rechts, daarna links. Vervolgens was je je voeten, ook tussen je tenen, en je enkels. En ten slotte was je je handen.

Tijdens het wassen zeg je de *bismillah* – het belangrijkste gebed van de islam: 'Er is geen andere god dan God en Mohammed is zijn boodschapper.' We werden ook geacht de bismillah te zeggen bij het betreden of verlaten van een kamer, en voor het eten. Mijn vader onderwees de jongens, de meisjes gingen naar het vrouwenvertrek. Onze lerares was een strenge oude vrouw, we wisten niet hoe ze heette en durfden dat niet te vragen. We staken een hand op en wachtten tot ze naar ons keek. Onder elkaar noemden we haar 'de lerares'.

We trokken onze schoenen uit en knielden op de harde vloer, achter een platte bank. Zo moesten we het hele uur blijven zitten. De Koran lag op de bank, naast een boek met het Arabische alfabet. Als een van ons haar boeken was vergeten, kreeg ze stokslagen. De lerares was net zo streng als mijn vader. Hij had zijn bezemsteel, zij haar rotan stok.

Op een dag moest ik dringend naar de wc. Ik kon niet langer wachten. Ik stak mijn hand op.

'Wat is er, kind?' snauwde de lerares.

'Mag ik alstublieft naar de wc?'

Ze werd woedend om mijn 'gebrek aan zelfbeheersing'. 'Kom hier, kind. Je had thuis moeten gaan.'

Ze pakte haar stok en gaf me een tik op mijn handpalm, die een vurige rode streep naliet. Ze had me vernederd in het bijzijn van mijn vriendinnen en ik begon te huilen. Ten slotte mocht ik naar de wc, maar daarna waren de anderen zo bang dat sommigen in hun broek plasten in plaats van toestemming te vragen om naar de wc te gaan. Dat was nog erger. De lerares merkte het altijd en dan kregen ze slokslagen omdat ze het in hun broek hadden gedaan.

We moesten allemaal een vers uit de Koran leren, in het Arabisch, en dat net zo lang herhalen tot we het perfect konden opdreunen. Als de dochter van de imam mocht ik nooit een les overslaan. Ik haatte die lessen en de lerares, ik wilde er nooit naartoe.

Op een dag verstopte ik me toen ik de man in het busje hoorde roepen, onder mijn bed. Ik durfde nauwelijks adem te halen en mijn hart klopte wild. Mijn opstandigheid joeg me angst aan. Uiteindelijk kwam papa de kamer binnenstormen en trok me onder het bed vandaan.

'Wat ben je aan het doen?' schreeuwde hij. '*Masjid ki gari aiya*! Het is tijd voor de moskee. Stap in het busje!' Ik verzette me niet langer.

Een andere keer verstopte ik me in de kamer van Zakir. Ik dacht dat papa me daar niet zou vinden. Maar hij vond me natuurlijk wel en toen was hij nog bozer. De volgende keer verstopte ik me in de kleerkast. Ik hoorde allerlei deuren dichtslaan voordat hij de kleerkast opende en probeerde me vast te grijpen. Ik dook langs hem heen en rende de trap af en naar het busje.

Niet alle ouders dwongen hun kinderen naar de moskee te gaan. Amina en Ruhama ontsnapten eraan door te zeggen dat ze hoofdpijn hadden. Hun ouders waren minder streng en wonden zich daar niet over op. Ik was vreselijk jaloers op hen. Maar mijn vader zat voor in de bus en hield streng in de gaten wie er meeging. Als Amina en Ruhama voor de tweede keer ontbraken, ging hij met hun ouders praten.

Omdat mijn vader de imam was, vond hij dat hij één was met de moskee. Ik besefte dat ik me, door me te verstoppen, niet alleen verzette tegen de moskee, maar ook tegen hem. En dat kon hij niet verdragen. Mijn verzet moest worden gestraft.

4

Een hulpeloos kind

Hoewel mama maar een heel klein beetje Engels sprak, was het meer dan papa. Ze kon dingen zeggen zoals:

'Dag. Hoe gaat het met je?'

'Hoe gaat het met je kinderen?'

'Hoe gaat het met je moeder?'

Ze kon alleen oefenen wanneer ze me van school haalde. Ze kon de andere moeders een klein beetje verstaan en door haar schouders op te halen of te knikken wist ze zich te redden. Met de moeder van Jane en Susan deed ze haar best om met glimlachen goed te maken wat ze niet kon zeggen.

Het was niet nodig dat ze Engels leerde, want ze verliet onze straat alleen om mij van school te halen en om naar de supermarkt te gaan. En zelfs daar hoefde ze haar aankopen alleen maar in een karretje te leggen en te betalen. Maar ze wilde dolgraag Engels leren. Ze wilde dolgraag met de andere moeders een praatje kunnen maken. Ze wilde van gedachten kunnen wisselen met de Armeense vrouw aan de overkant van onze straat. Ze wilde dingen leren, in tegenstelling tot mijn vader.

Wanneer we op tv naar *EastEnders* of *Coronation Street* keken, probeerde ze de woorden van de acteurs na te zeggen. Ze kon verschillende accenten onderscheiden en imiteren: het Cockney van de EastEnders en de volkstaal van Manchester als ze Corrie nadeed.

Ricky en Bianca van de EastEnders deed ze het beste. Ricky was automonteur, hij werkte voor een van de gebroeders Michell, de goedmoedige schurken die werden gespeeld door Steve McFadden en Ross Kemp. Hij riep altijd om zijn vrouw: 'Bianca! Bianca!'

Mama sprak haar naam net zo uit als hij, met een neusklank in plaats van de c. We moesten altijd lachen als mama 'Bianca! Bianca!' riep, met dat mengsel van plattelands-Punjabi en het accent van East End, maar dat vond ze niet erg. Ze vond het zelfs leuk om ons aan het lachen te maken. Eigenlijk was ze een heel grappige vrouw.

Op een dag deelde meneer Hicks ons mee dat een lerares had aangeboden om bij gezinnen waar Engels een probleem was thuis les te komen geven. Ze heette Edith Smith, en op school hielp ze kinderen die moeite hadden met lezen. Ik stelde mama aan haar voor en in een opwelling vroeg mama of ze bij ons thuis wilde komen om haar Engels te leren.

Voor zover ik weet, was Edith Smith de eerste blanke Engelse vrouw die bij ons thuis mocht komen. Mama had een tijdstip afgesproken waarop ze zeker wist dat papa in de moskee was. Hij ging elke middag naar de moskee en op vrijdag, de islamitische heilige dag, de hele dag. Edith was broodmager en zo lang dat ze boven ons uit torende. In ons gezin zijn we allemaal klein van stuk. Edith had bruin krulhaar, ze had een bril met een stalen montuur en droeg altijd een gebloemde rok met een blouse. Ze zag eruit als een typisch Engelse schooljuffrouw, maar ze was helemaal niet streng of bazig. We vonden het leuk dat ze kwam.

Bij haar eerste bezoek lachte ze tegen me en aaide over mijn hoofd. 'Hallo, Hannan. Hoe gaat het met je?'

Ik keek omhoog naar haar gezicht en antwoordde met een verlegen lachje: 'Hallo.'

Ze had een zak snoepjes bij zich en deelde die uit. Ze smaakten erg lekker. De eerste Engelse les was in de achterkamer. Ik wilde erbij zijn, omdat ik nieuwsgierig was en ook omdat ik wist dat het gezellig zou worden. Al heel gauw deed mama vrolijk lachend haar best om Engelse woorden correct uit te spreken.

Na een tijdje bood mama Edith een kopje thee aan. Maar mama's idee van een kopje thee was rijst met curry en chapati's, koekjes en fruitsalade van appels, peren en watermeloen. Voor de beleefdheid nam Edith een paar hapjes van de curry, maar haar gezicht werd steeds roder. Plotseling greep ze haar glas water en dronk het in één teug leeg. Ik vermoedde dat ze op een stukje chilipeper had gebeten.

Het voorval was mama blijkbaar ontgaan, want de volgende keer zette ze Edith opnieuw rijst met curry voor. Ik haalde meteen een karaf water voor de arme vrouw en ik telde hoeveel happen ze kon nemen voordat ze naar haar glas greep!

Uiteindelijk drong het tot mama door dat mevrouw Smith niet bepaald dol was op rijst met curry, en ze vond het heel grappig dat Edith er steeds uit beleefdheid iets van had gegeten terwijl haar mond in brand stond. Ze vertelde het al haar vriendinnen, die er allemaal om moesten lachen. Ik moet eerlijk bekennen dat ik er ook om lachte. Hoe kon iemand de curry's van mijn moeder niet lekker vinden? Wat aten blanke mensen dan thuis? Waarschijnlijk hamburgers, frieten en pizza's, net als de EastEnders.

Natuurlijk zei mama niet tegen papa dat mevrouw Smith bij ons thuis kwam om haar Engels te leren, en ze kon erop vertrouwen dat de andere vrouwen in de straat haar niet zouden verraden. Ook zij hadden dingen in hun leven die ze voor hun man verzwegen, en ze hadden een stilzwijgende afspraak dat ze elkaars geheimen zouden bewaren. Mijn moeder behoorde wat dat betrof tot een soort zusterschap.

Bij elk bezoek leerden mama en mevrouw Smith elkaar beter kennen. Blijkbaar begrepen ze elkaar uitstekend, al moesten ze soms zoeken naar woorden. Als ze die niet konden vinden, gebruikten ze gebarentaal. Ze lachten veel en plaagden elkaar alsof ze vriendinnen waren.

Wanneer het tijdstip van de Engelse les naderde, liep mama vrolijk op te ruimen en legde ze haar schrift alvast klaar. Ze verstopte dat schrift onder de stoffen hoes die ze over haar naaimachine deed, want ze was bang dat papa het zou vinden en erachter zou komen wat ze uitvoerde. Papa kwam alleen in de keuken wanneer hij zich wilde wassen voordat hij ging bidden, en dan keek hij nooit om zich heen. Hij beschouwde de keuken als het domein van vrouwen.

Meestal zag mama er moe en zorgelijk uit. Ze was geen opgewekte vrouw, wat niet vreemd is als je denkt aan het leven dat ze leidde. Mevrouw Smith was als een straaltje zon dat ons huis en mama's leven binnenviel. Ze leerde mama het alfabet, zodat ze haar naam in het Engels kon schrijven. Ze leerde haar schrijven, daar kwam het op neer. Daarna begon ze met een boek met daarin 'a is van appel, b is van bal, c is van cent' enzovoort.

Ten slotte voerden ze een gesprekje.

'Hoe gaat het met je?' vroeg mevrouw Smith.

'Goed, dank je,' antwoordde mama.

In het begin klonk mama stijfjes en was ze nauwelijks te verstaan, en ik zag dat ze zich niet op haar gemak voelde en zich schaamde. Maar Edith moedigde haar aan en algauw ging het een stuk beter.

'Hoe heb je geslapen?'

'Ik heb goed geslapen.'

'Hoeveel kinderen heb je?'

'Ik heb zes kinderen.'

'Ben je getrouwd?'

Mama glimlachte verlegen. Wat een rare vraag! Natuurlijk was ze getrouwd. Hoe kon ze anders zes kinderen hebben?

'Ja, ik ben getrouwd.'

'Naar welke school gaan je kinderen?'

Enzovoort. Daarna mocht mama mevrouw Smith vragen stellen.

'Ben je getrouwd?' vroeg ze.

'Ja, ik heb een man,' antwoordde Edith.

Maar toen legde ze uit dat ze niet echt een man had. Ze begon-

53

nen allebei te lachen. Edith was een jaar of veertig, en in onze cultuur was een vrouw die op die leeftijd nog niet getrouwd was een rariteit. Het eerste wat een Pakistaanse vrouw werd gevraagd, was: 'Ben je getrouwd?' en als ze ontkennend antwoordde, was de volgende vraag: 'Waarom niet?'

Maar zo ver ging mijn moeder niet. Bij een vrouw met dezelfde achtergrond als zij zou ze niet hebben geaarzeld, maar ze zou mevrouw Smith veel beter moeten kennen om haar zo'n persoonlijke vraag te durven stellen. Helaas zou ze niet de gelegenheid krijgen om mevrouw Smith beter te leren kennen.

Wanneer mevrouw Smith weg was, hielp ik mama met het oefenen van het Engelse alfabet en getallen, en daarna maakten we in het Engels een praatje. Na haar lessen was mama een stuk vrolijker dan anders. Ze was een intelligente vrouw, maar ze had nooit de kans gekregen om te leren. Ze was een gekooide vogel, die dolgraag wilde vliegen.

Alles ging goed tot papa een keer vroeger thuiskwam uit de moskee. Zoals gewoonlijk zaten mama, mevrouw Smith en ik in de achterkamer. Mijn broers waren ook thuis, maar mama had hun gevraagd de bezoekjes van mevrouw Smith voor papa te verzwijgen.

We hoorden de voordeur open- en dichtgaan. Dat was vreemd, want het was een ongewone tijd voor bezoek. Mama verstijfde. Even later kwam papa de kamer binnen. Hij ging op de bank zitten en eerst zag hij niet wie er was. Maar toen keek hij op en zag een blanke Engelse vrouw in zijn huis zitten. Hij trok een gezicht als een donderwolk, maar hij zei niets.

'Hallo,' zei mevrouw Smith met een vriendelijke glimlach.

Hij keek haar nors aan en ging de Koran lezen. Mevrouw Smith probeerde de les voort te zetten, maar de sfeer in de kamer was bedreigend geworden. Mama keek doodsbang en lachte niet meer.

Toen de les was afgelopen, liet mama Edith uit en ging meteen naar de keuken. Maar papa sprong op en liep achter haar aan. Hij begon meteen te schreeuwen.

'Hoe kom je erbij om die gori binnen te laten? Een vuile gori ongelovige! In mijn huis! Hoe durf je!'

Gori is de vrouwelijke vorm van gora. Ik hoorde de doffe stomp waarmee hij haar begon te slaan. Mama slaakte een kreet van pijn en begon te huilen. Maar papa toonde geen genade, hij sloeg haar opnieuw bont en blauw.

Ik weet niet precies waar hij haar sloeg, maar waarschijnlijk alleen op haar lichaam. Als hij haar in het gezicht sloeg, zouden de mensen dat zien en weten wat hij deed. In onze gemeenschap was het niet toegestaan dat een man zijn vrouw mishandelde. Een draai om de oren kon geen kwaad, om de vrouw onder controle te houden. Maar een aframmeling was oneerbaar. Als iemand ontdekte dat papa zich zo gedroeg, zou hij de familie te schande hebben gemaakt. Dat wist papa natuurlijk en daarom sloeg hij mama alleen op plaatsen die niemand te zien kreeg.

Mijn broers waren boven. Ik weet zeker dat ze mama's gegil konden horen, maar ze kwamen niet beneden. Ze probeerden mama zo veel mogelijk bij te staan, maar niet wanneer papa gewelddadig was. Waarschijnlijk dachten ze dat ze mijn vaders gezag in het gezin of in onze gemeenschap niet mochten aantasten.

In de achterkamer was ik misselijk van angst om mama. Nog maar een paar minuten geleden had ze vrolijk met mevrouw Smith zitten lachen om haar verschrikkelijke uitspraak. En nu werd ze om dat onschuldige genoegen door mijn vader afgetuigd. Ik kwam ook niet tussenbeide. Ik was pas vijf en ik was veel te bang om me ermee te bemoeien. Ten slotte stormde papa naar de mannenkamer om daar zijn woede te koelen.

Ik sloop naar de keuken om te zien hoe mama eraan toe was. Ze lag op de vloer hysterisch te huilen. Blijkbaar kon ze niet opstaan, want ze bleef wel een paar minuten liggen, trillend van ellende en pijn. Ik probeerde mijn dunne armpjes om haar heen te slaan, maar ze duwde me weg. Ze schaamde zich omdat ze was geslagen en haar dochtertje haar weer zo moest zien.

Ik wist niet wat ik moest doen. Ik wilde niets liever dan haar helpen, haar troosten en haar gelukkig maken, net zo gelukkig als nog maar heel kort geleden. Maar de enige manier waarop ik dat blijkbaar kon doen, was door papa te beletten haar nog een keer te slaan. Ik wist dat het niet lang zou duren voordat hij dat opnieuw zou doen. Maar hoe kon ik, een vijfjarig meisje, mijn vader iets beletten?

Ik weet nog dat ik mijn vader een slechte man vond. Hoe kon hij mama op deze manier behandelen, mijn zachtaardige, grappige moeder die nooit iemand kwaad deed? Papa had haar deze keer nog harder geslagen dan anders en ik wist zeker dat hij dat expres had gedaan. En hij wist waar hij haar moest raken zodat niemand het kon zien. Hij wist precies wat hij deed. Hij was een duivel.

Na weer een paar minuten hees mama zich aan het aanrecht overeind. Weer probeerde ze net te doen alsof er niets was gebeurd en zich normaal te gedragen. En weer zei niemand er iets van.

Een paar weken later hielp ik mama het eten op te dienen in de achterkamer. Het bleek dat papa weer een slechte dag had. Hij nam één hap, gaf een schreeuw en smeet zijn bord hard tegen de muur. Het brak met een klap in stukken en papa begon weer te brullen dat het niet te eten was.

'Maar wat is er dan mis mee?' vroeg mama zacht. 'Ik heb de curry van gisteren opgewarmd en gisteren vond je die lekker...'

'Hij is koud!' schreeuwde papa. 'Denk je dat ik koude curry wil eten?'

Hij vloog overeind en begon mama te slaan, midden in de kamer. Zonder erbij na te denken drong ik me tussen hen in.

'Je mag mama niet slaan!' riep ik. Ik hief mijn armen om hem tegen te houden. 'Hou op! Hou op! Laat mama met rust!'

Heel even bleef papa stomverbaasd staan en toen ging zijn woedende, haatdragende blik naar mij. Hij gaf me een stomp in mijn buik. Ik klapte voorover, maar ik bleef beschermend voor mijn moeder staan.

Achter me stond mama verstijfd van schrik om mijn daad. Papa probeerde me weg te duwen, maar ergens haalde ik de kracht vandaan om me aan mama vast te klampen. En toen begon papa mij te slaan, op mijn hele lichaam.

'Ga aan de kant!' brulde hij. 'In dit huis doe ik wat ik wil! Ik ben je vader! Doe wat ik zeg! Ga opzij!'

Ik huilde, maar ik bleef steeds maar hetzelfde herhalen: 'Je mag mama niet slaan. Je mag mama niet slaan. Je mag mama...'

Ten slotte pakte papa me vast en wierp me van zich af. Ik was klein en woog nog niet veel. Gelukkig kwam ik op de bank terecht. Zonder nog iets te zeggen stormde papa de kamer uit, naar de mannenkamer. Mama rende naar de keuken. Iemand in ons gezin had zich eindelijk verzet tegen de wreedaard, mijn vader. Iemand had mama eindelijk verdedigd, en ze was doodsbang voor de gevolgen.

Ik lag nog een hele tijd te huilen op de bank, doodsbang om wat ik had gedaan. Het was niet mijn bedoeling geweest. Ik was zonder nadenken voor mijn vader gaan staan om de voor mama bedoelde klappen op te vangen. Mijn lichaam deed overal pijn, ik durfde me niet te bewegen. Uiteindelijk viel ik in slaap, of misschien verloor ik het bewustzijn, overweldigd door de traumatische gebeurtenis.

Een poosje later werd ik wakker van het geluid van de televisie. Mijn broers zaten te kijken. Niemand besteedde ook maar enige aandacht aan mij of vroeg hoe het met me ging. Iedereen deed weer alsof er niets was gebeurd. Niemand heeft ooit iets gezegd over die eerste keer dat papa me sloeg en ik heb er nooit met mama over gesproken.

Ik had een van de ongeschreven regels van ons gezin gebroken, de regel die bepaalde dat niemand ooit iets mocht zeggen over papa's gewelddadige houding jegens mama en zeker niet tussenbeide mocht komen. Maar ik was nog maar vijf, ik had er niet bij stilgestaan en bedacht ook niet hoe het verder moest. Bij nader inzien was het accepteren van de 'normale' gang van zaken misschien wel de enige manier om te overleven, maar de normale gang van zaken betekende dat papa mama bleef mishandelen en dat kon ik niet langer accepteren.

Bovendien was er in de 'normale' gang van zaken al verandering gekomen. Met mijn instinctieve daad had ik de situatie voorgoed veranderd. Want vanaf dat moment keerde papa zich wanneer hij het eten niet lekker vond, tegen mij. En als het huis niet schoon genoeg was, sloeg hij mij. Ik werd het mikpunt van zijn agressie.

In het begin sloeg hij me ongeveer een keer per maand, maar langzamerhand gebeurde het vaker. Erger was dat mama op haar beurt niet ingreep. Ze was alleen maar blij dat hij haar niet meer sloeg. Elke keer als hij mij had geslagen, deed ze alsof er niets was gebeurd. Dat zij zich dat niet leek aan te trekken, dat zij zich niet om mij bekommerde, was voor mij het ergste.

Terwijl mijn vader me sloeg, schold hij me uit: 'Je bent stom, lui, waardeloos! Je bent een nutteloze, lelijke dochter!'

Het had geen zin me te verweren, want iedereen deed alsof hij mijn gehuil niet hoorde en niemand kwam me helpen. Na die eerste aframmeling heb ik nooit meer geschreeuwd. Zodra hij me begon te stompen, werd ik doodstil.

Het was een eenzame tijd. Niemand kwam voor me op. De enige manier waarop ik met de mishandeling kon omgaan, was door me terug te trekken in een andere wereld. Mijn fantasiewereld. Ik verbeeldde me dat ik de eenzaamheidsvogels, mijn magische, denkbeeldige redders, riep om me te komen halen. Met hun zachte witte vleugels tilden ze me aan weerskanten op en met kalme vleugelslagen gingen we de lucht in, terwijl ik me stevig vasthield aan hun veren.

De eenzaamheidsvogels waren enorme witte duiven en ze kwamen uit de hemel om me te redden. Als ze naast me zaten en me met hun wijze grijze ogen aankeken, kirden ze sussend: 'Oooh koela...' Dat was hun taal, maar ik had de gave om die te verstaan. 'Klim op me, klim op me...' zeiden ze dringend. 'Dan nemen we je mee...' Ze zakten door hun poten om me op hun rug te laten klimmen.

De eenzaamheidsvogels namen me mee naar een prachtig, zonnig veld met een zee van paarse bloemen, en wanneer we daalden rook ik de heerlijke geur van lavendel. De eenzaamheidsvogels zetten me neer in het lavendelveld, waar het stil, vredig en veilig was. Daar mocht ik rondrennen, lachen en spelen, daar was ik gelukkig en vrij. De witte duiven bleven bij me om over me te waken – alsof ze de liefhebbende, zorgzame ouders waren die ik moest ontberen. Ik speelde er in mijn eentje en dat vond ik fijn. In het lavendelveld waren geen mensen die me pijn konden doen.

Elke keer als papa me sloeg, reisde ik naar die andere wereld. Zo schermde ik mezelf af van alles wat er gebeurde. Zodra papa ophield, gaf mijn lichaam het op en viel ik in slaap, en dan droomde ik van mijn eenzame paradijs. Daar kon ik natuurlijk niet eeuwig blijven. Een tijdje later keerde ik altijd terug naar de echte wereld, waar mijn betraande gezicht en pijnlijke lichaam me herinnerden aan wat er was gebeurd. Dan werd ik overmand door ellende en pijn.

Uiteindelijk raakte ik eraan gewend dat mijn vader me mishandelde. Zodra hij begon te slaan, dacht ik: daar gaan we weer. Hoe lang zal het duren tot de volgende keer? Mijn lichaam was bont en blauw, maar niemand besteedde er aandacht aan. Bovendien droeg ik in het bijzijn van mijn broers altijd mijn shalwar kamiz.

Een paar keer zag Jane, toen we ons op school verkleedden voor gym, mijn blauwe plekken en vroeg ze ernaar. Ik antwoordde dat ik van de trap was gevallen. Ik schaamde me. Ik wilde niet dat mijn vriendinnetje me een raar kind zou vinden en niet langer met me zou willen omgaan. Ik was al eenzaam genoeg, ik wilde haar niet ook nog verliezen.

Thuis werd er niet over gepraat. Mama liet het toe, omdat zij zelf dan de dans ontsprong. In onze cultuur had ze trouwens toch al weinig kunnen doen, want het zou onze hele gemeenschap aangaan. Papa was de imam, hun eerbiedwaardige heilige man. Zouden ze haar hebben geloofd als ze had gezegd dat hij hun vijfjarige dochter sloeg? En zelfs als ze haar geloofden, zouden ze dan niet van mening zijn dat mama onze familie te schande had gemaakt door de mishandeling openbaar te maken?

In onze cultuur was de kans groot dat mama de schuld zou krijgen, dat het een schande zou worden gevonden dat ze zich ertegen verzette dat papa mij sloeg. Het is beter dat een vrouw in stilte lijdt dan dat ze de gemeenschap te schande maakt. Schande moet ten koste van alles worden vermeden. Alles, zelfs kindermishandeling, is beter dan schande. Voor mijn moeder was de eer van de familie waarschijnlijk belangrijker dan het geluk en welzijn van haar dochter.

In het begin sloeg papa me omdat ik volgens zijn verknipte manier van denken verkeerde dingen deed, met zijn eten of in huis. Maar na verloop van tijd sloeg hij me zonder reden, in een opwelling, volkomen onverwachts. En het zou nog erger worden. Het zou niet lang meer duren voordat hij vond dat een pak slaag niet langer genoeg was.

Voor zijn vijfjarige dochter had hij ergere dingen in petto.

5

Verloren onschuld

Jane en Susan waren de eerste vriendinnetjes die anders waren dan de mensen in onze straat. Kinderen zien wel welke huidskleur iemand heeft, maar ze vormen geen oordeel. Op de lagere school werd iedereen gelijk behandeld, ongeacht de kleur van zijn huid of zijn haar.

Ik vond dat mijn twee blanke vriendinnetjes een heerlijk leven hadden. Ze vertelden me over hun vakanties aan zee, reizen naar het buitenland en bezoeken aan familie in een ander deel van het land. Blijkbaar werden ze nooit door hun ouders geslagen en hoefden ze zich geen zorgen te maken over de eer van hun gemeenschap. En ze hoefden zich al helemaal niet af te vragen wat de regels waren. Jane en Susan leefden niet in duisternis en angst. Ik wilde net zo'n leven als zij.

Wanneer we na schooltijd naar huis liepen, vroeg hun moeder keer op keer of ik bij hen wilde komen spelen. Mijn moeder vond dat nooit goed. In het Punjabi zei ze dan tegen mij wat ik tegen de moeder van Jane en Susan moest zeggen.

'Zeg dat het je spijt, maar dat het niet kan. Zeg maar dat je een gevaarlijke weg moet oversteken om naar hen toe te gaan.'

'Maar dat kan ik best!' protesteerde ik dan. 'Ik kan die straat best alleen oversteken. Laat me alsjeblieft gaan.'

'Nee, dat kan niet. Zeg nu maar wat ik tegen jou heb gezegd.'

En dan bracht ik het smoesje over en zei Janes moeder glimlachend dat het misschien de volgende keer wél zou kunnen. Ik wist natuurlijk heel goed waarom mama me niet liet gaan. Als papa te weten zou komen dat ik bij mijn blanke vriendinnetjes thuis was geweest, zou hij kwaad worden. Volgens papa waren blanken onrein, goddeloos en immoreel. De kans bestond dat ze je varkensvlees lieten eten. Als een van ons ook maar een voet over de drempel zou zetten bij een gora, zouden we ten prooi vallen aan besmetting en zedenbederf.

Ik verzette me niet tegen mama, omdat ik wist dat papa de reden was. Maar één keer per week zei ik tegen haar dat ik naar Jane en Susan wilde. Ze bleef volhouden dat het niet mocht. Jane en Susan bleven het vragen. Zij begrepen absoluut niet waarom hun leuke bruine vriendinnetje niet bij hen mocht spelen.

'Kom toch bij ons!' drong Jane aan. 'Kom bij ons spelen. We hebben barbies en nog veel meer. En we kunnen ons zwempak aantrekken en in het zwembad spelen.'

Ik wist dat er van zwemmen geen sprake kon zijn. Om te zwemmen moest je je lichaam – armen, enkels en dijen – laten zien en dat was verboden. Dat zou papa beslist niet goedvinden, ook al was ik nog klein. Op school werd zwemles gegeven, maar mijn ouders hadden een briefje geschreven om te zeggen dat ik niet mee mocht doen. Eerst zeiden ze dat ik geen zwempak had. En dat ik last van mijn oren had, dat mijn oren niet nat mochten worden.

Ze dicteerden me dat briefje in het Urdu en ik moest het in het Engels vertalen. Mijn vader was wel zo verstandig dat hij niet met zoveel woorden zei dat ik niet mocht zwemmen omdat ik mijn lichaam niet mocht laten zien. Hij wist dat de leraren niet zouden begrijpen of accepteren dat dat ook voor kleine meisjes gold.

Toch probeerden de leraren een oplossing te vinden. Ze wilden niet dat ik een buitenbeentje was. Ze brachten een zwempak voor me mee en een badmuts om mijn oren te beschermen. Maar mijn ouders bleven bij hun weigering. Ze konden er geen reden meer voor opgeven en zeiden uiteindelijk gewoon nee. Toen gaven de leraren het op.

Dus ging ik niet mee. Wanneer de anderen gingen zwemmen, zat ik in de klas te tekenen. Soms bleef er nog iemand achter, iemand die verkouden was of zo. Maar die kinderen hadden een reden om achter te blijven, ik was dat rare kind dat niet mocht zwemmen.

Als ik wél was gegaan, hadden anderen natuurlijk mijn blauwe plekken gezien. Ik weet zeker dat dat voor mijn ouders ook een reden was om het te verbieden. Maar net als al het andere in ons leven werd ook die kwestie bedekt onder de mantel van wat volgens de islam *haram* was: verboden. En omdat mijn vader de imam was, waagde niemand het zijn oordeel over wat verboden was in twijfel te trekken.

Mama zei dat ik niet mocht zwemmen omdat niemand mijn lichaam mocht zien. Ze koos voor mijn vaders leugens, dat was de makkelijkste weg. Ook mijn armen en benen waren altijd bedekt. Tijdens de gymles droegen de andere kinderen een rok of een short, maar ik moest de broek van mijn shalwar kamiz aanhouden. Daar was ik ook weer dat rare kind.

Er zaten nog meer Pakistaanse moslimkinderen op mijn school en zij droegen ook een shalwar kamiz, maar ze mochten wel zwemmen. Sommige meisjes droegen in het zwembad een lange katoenen broek. Dus zoals veel van de regels van mijn vader was het zwemverbod grote onzin, het was alleen maar bedoeld om het bewijs van zijn mishandeling te verbergen.

Elke keer als papa me sloeg, schreeuwde hij dat ik een ongewenst kind was. Hij had nooit een dochter willen hebben en ik zou nooit goed genoeg zijn voor Allah, zijn god. De hemelpoort zou nooit opengaan voor zo'n waardeloos meisje als ik. Ik zou rechtstreeks naar de hel gaan.

Het duurde niet lang voordat mijn vader me daar zelf naartoe bracht.

Ongeveer een half jaar nadat hij was begonnen me te slaan, nam zijn mishandeling een andere vorm aan. Die dag had hij me al geslagen en me al zijn scheldwoorden naar het hoofd gegooid. Ik was naar mijn slaapkamer gegaan en lag te dromen in mijn zonnige Lavendelveld.

Plotseling ging de deur open en kwam mijn vader binnen. Dat was heel ongewoon. Papa kwam nooit in de slaapkamer van de vrouwen. Daar sliepen mama en ik. Ik kroop onder de deken om me te verstoppen en om te voorkomen dat ik nog een pak slaag kreeg. Hij staarde me aan met een uitdrukking van walging en nog iets op zijn bebaarde gezicht.

'Jij... Je bent slecht,' zei hij kalm. 'Je zult verbranden in de hel. Maar voorlopig moet het kwaad in je worden gestraft, uit je worden verdreven. Slaan is niet genoeg.'

Hij kwam naar me toe, mompelend dat ik een 'onreine, waardeloze verleidster was' en dat hij nooit een dochter had gewild. Naast het bed bleef hij staan. Ik deed mijn ogen stijf dicht en smeekte de Eenzaamheidsvogels me te komen halen. Ik voelde dat hij de deken pakte. Mijn lichaam verstijfde toen hij die van me af trok. En opeens trok hij ruw aan mijn kleren. Dat was de eerste keer dat mijn vader me seksueel misbruikte.

Terwijl hij dat deed, bleef hij herhalen dat hij me strafte. Het deed pijn, maar minder pijn dan de aframmelingen. Toch voelde het veel erger. Doodsbang vroeg ik me af wat er gebeurde. Wat was hij aan het doen? Ik besefte wel dat het verkeerd en heel slecht en onrein was.

Ik onderging mijn 'straf'. Wat kon ik anders doen? Ik was een klein meisje, in de war en doodsbang, en ik verlangde nog steeds naar zijn goedkeuring en liefde, al haatte ik hem omdat hij me die vreselijke dingen aandeed. Maar diep in mijn hart wilde ik nog steeds dat hij me liefhad zoals een vader dat hoorde te doen. Ik schikte me naar zijn wensen in de hoop dat hij dan toch nog van me zou gaan houden.

Maar liefde was niet iets waarmee papa zich bezighield. Integendeel, na afloop walgde hij nog meer van me. Ik had hem 'verleid' door me niet te verzetten, dus was ik de schuldige, de duivelse verleidster.

Toen hij eindelijk zijn kleren rechttrok, snauwde hij: 'Dit is je verdiende loon. Als je het ooit aan iemand vertelt, vermoord ik je. En dan ga je naar de hel, want Allah zal nooit toestaan dat zo'n onrein meisje als jij in het paradijs komt.'

Mijn vader was alleen geïnteresseerd in macht en gezag, en in het bevredigen van zijn eigen zieke begeerten. Hij besefte dat hij me volkomen in zijn macht had en dat bracht hem in een soort duivelse vervoering. Hij kon doen wat hij wilde. Hij wist inmiddels dat niemand mij zou verdedigen of hem zou tegenhouden.

Hij liet me achter op het bed, en ik voelde me schuldig en diep beschaamd. Ik geloofde wat hij zei. Als iemand maar vaak genoeg iets tegen je zegt, ga je dat geloven, vooral als het je vader is. En dat geldt dubbel als je vader de algemeen gerespecteerde imam is.

Papa kreeg al snel de smaak te pakken van deze vorm van misbruik. De week daarna gebeurde het weer. En de volgende week, en de volgende. Ik wist nooit wanneer ik hem kon verwachten en ik was er doodsbang voor. Ik leefde in een voortdurende staat van angst.

Na verloop van tijd was betasten voor hem niet genoeg. De eerste keer dat hij me verkrachtte, dacht ik dat ik zou worden doodgedrukt onder zijn gewicht. Ik loog tegen mama dat ik een bloedneus had gehad. De vraag hoe een bloedneus de lakens halverwege het bed kon bevuilen kwam niet bij haar op. Ze foeterde op me omdat ik het bed vuil had gemaakt en haar nog meer werk had bezorgd.

Algauw werden de verkrachtingen routine. Hij nam me mee naar de slaapkamer om me te 'straffen' en ik staarde naar het plafond en deed alsof het iemand anders overkwam. En ik wenste wanhopig dat de Eenzaamheidsvogels me zouden meenemen naar mijn fantasiewereld, waar de verkrachter, mijn vader, me niet zou kunnen vinden.

'Je bent slecht,' zei hij voortdurend. 'Dit is de enige manier om het kwaad uit je te verdrijven.'

Na elke verkrachting voelde ik me viezer en slechter. Ik verdween steeds vaker naar mijn fantasiewereld, maar zelfs dat kon me niet meer tegen de afschuw en de schaamte beschermen. Ik walgde van mezelf tot in het diepst van mijn ziel. Ik geloofde dat ik mijn 'straf' verdiende. Maar wanneer zou het genoeg zijn?

Het is nauwelijks te geloven, maar mama trok het excuus van mijn bloedneuzen nooit in twijfel. Ik kon toch niet elke week een bloedneus hebben en daarmee de lakens halverwege het bed bevuilen? Mama was niet in staat me te verdedigen wanneer hij me sloeg en ook nu kwam ze niet voor me op. Ze wilde de waarheid niet onder ogen zien, dan zou ze zich te diep hebben geschaamd. Ze ging nog liever dood. Het zou ons gezin hebben onteerd en te gronde hebben gericht.

Ik kon er met niemand over praten, ik kon bij niemand te biecht gaan. Mijn familie wilde het niet weten. Ik had geen band met mijn lerares op school. Ik had een paar vriendinnetjes, dat was alles. Omdat ik me op school toch al een buitenbeentje voelde, wilde ik mijn vriendinnetjes niets van mijn afschuwelijke situatie laten merken. Ik was vijf, bijna zes, en wist niet eens hoe ik die zou moeten beschrijven.

In plaats daarvan begon ik verhalen te verzinnen. Ik verzon een ander soort leven en hoopte dat dat werkelijkheid zou worden. Ik verbeeldde me dat ik een blank meisje was en dat ik bij Jane en Susan woonde, misschien was ik hun zusje. In mijn gekwelde geest waren blank zijn en een normaal leven leiden in een normaal, liefhebbend gezin met elkaar verbonden. Alleen Pakistaanse moslimmeisjes zoals ik leefden in de hel.

Sommige verhalen schreef ik op in een schrift, dat ik boven op de kleerkast verstopte. Ik schreef in het Engels zodat mijn ouders, zelfs als ze het vonden, het niet konden lezen. Engels was mijn geheime code, maar ook de taal van het gezin en de gemeenschap waartoe ik wilde behoren. Ik ontsnapte naar de wereld van de blanken omdat ik me niet kon voorstellen dat gruweldaden zoals die van mijn vader in de wereld van Jane en Susan voorkwamen.

Ik kon mijn vader niet tegenhouden en deed wat hij van me eiste, hoe afschuwelijk ik het ook vond. Het was een vicieuze cirkel. Hoe langer het misbruik doorging, hoe viezer ik me voelde en hoe meer ik vond dat ik mijn straf verdiende. En hoe langer mijn vader ermee wegkwam, hoe bruter en zieker hij zich ging gedragen. In veel islamitische gemeenschappen wordt een slachtoffer van verkrachting als de schuldige beschouwd, de vrouw die de man ertoe heeft gebracht zich aan seksuele uitspattingen te buiten te gaan. Zo gaf ook mijn vader mij er de schuld van, ik verleidde hem tot het misbruik.

Ten slotte had hij niet langer genoeg aan de haastige verkrachtingen in de slaapkamer. Of misschien was de verklaring voor de bebloede lakens niet langer voldoende. Hoe dan ook, hij besloot me ergens anders te martelen. Onder de keuken lag een kelder en de volgende tien jaar was dat mijn martelkamer.

Achter een deur en een paar krakende traptreden lager lag een donkere, vochtige bakstenen ruimte, ongeveer zo groot als een smal slaapkamertje. Kale bakstenen muren. Een kale bakstenen vloer. Geen lamp aan het plafond, alleen een vuile, kapotte schemerlamp die een zwak, spookachtig licht gaf. De kelder werd nergens voor gebruikt en er liepen muizen rond en wie weet wat nog meer. Mijn vader kon de deur op slot doen en met me doen wat hij wilde, op zijn gemak en zonder dat hij bang hoefde te zijn dat iemand hem zou storen.

Daar sloot hij me op, zonder eten en drinken. Daar hield hij me urenlang gevangen, soms dagenlang, naakt in de vochtige kou. Om warm te blijven had ik alleen de shalwar kamiz die ik aanhad wanneer hij me mee naar beneden sleurde om te worden 'gestraft'.

'Geen man zal je ooit willen hebben,' hoonde hij. 'Je bent een walgelijk, vies meisje. Kijk maar! Je zult nooit trouwen, want je bent een nutteloos, onrein, waardeloos meisje.'

Wanneer hij me had verkracht, liet hij me daar achter, alleen en rillend in het verstikkende donker. Muizen en onzichtbare andere dingen scharrelden om me heen terwijl ik ineengedoken tegen de muur zat. Het was een nachtmerrie die werkelijkheid was geworden. Ik wenste dat ik dood was en smeekte de Eenzaamheidsvogels me te komen redden. Ik droomde dat ze me zouden meenemen naar een land van edele prinsen en mooie prinsessen.

Ik verbeeldde me dat ik een van hen was. Iedereen in dat land was blank. Ze woonden in kastelen omringd door lavendelvelden, en ze hadden alles wat hun hartje begeerde. Iedereen was er gelukkig en alles was goed. Maar het lukte me niet om eindeloos in die magische wereld te blijven, uiteindelijk keerde ik steeds weer terug naar de kelder. Dat was het ergste. Dan wilde ik doodgaan, zodat er een eind kwam aan het donker en mijn lijden.

Soms ging mijn vader een middag preken in de moskee en liet hij mij achter in de kelder. Als hij de sleutel in de deur had laten zitten, bracht mama me iets te eten, een bord rijst met curry en een paar chapati's. Maar wanneer ze me boven aan de trap het bord overhandigde, sprak ze geen woord. Soms kwam ik half ontbloot de krakende treden op, maar ook dan zei ze niets en gaf ze me geen deken.

Ze keek me zelfs niet aan. Ze wilde niet zien wat overduidelijk was: dat haar man, de imam, haar zesjarige dochter misbruikte.

Ik heb niet één keer gevraagd of ze me eruit wilde laten. Ik wist dat ze te bang was voor papa om me te bevrijden. Toen hij haar een keer had betrapt toen ze me te eten gaf, was hij razend geworden en had haar geslagen. Terwijl hij haar in elkaar sloeg, had hij gebruld dat ze zijn 'straf' had onderbroken. Hoe kon hij me mijn duivelse streken afleren als zijn vrouw steeds tussenbeide kwam? Hij was de baas in huis en hij wist hoe hij zijn vervloekte dochter moest aanpakken.

Mama was doodsbang voor hem, maar een paar keer nam ze het risico en liet deur open staan om me te laten ontsnappen. Dan hoopte ze dat papa dacht dat hij zelf zo vergeetachtig was geweest.

Soms liet hij me dagenlang in de kelder zitten. Dan kon ik niet naar school, maar daarna zei ik tegen mijn lerares dat ik ziek was geweest. Ik moet er inderdaad bleek, ziek en uitgeput hebben uitgezien. Geen enkele leerkracht werd ooit wantrouwig of vroeg zich af wat er zich bij ons thuis afspeelde.

***

Jane en Susan bleven me uitnodigen om bij hen te komen spelen. Ze drongen er bij hun moeder op aan het mijn moeder te blijven vragen.

'Hannan moet een keertje komen,' zei hun moeder na schooltijd een keer tegen mijn moeder. 'De meisjes willen het dolgraag. We zouden het erg leuk vinden. Vindt u het niet één keertje goed?'

Mama glimlachte en zei 'Dank u', maar ze ging er niet op in. Ze maakte geen afspraak, ze gaf niet eens fatsoenlijk antwoord. Ze verschool zich achter haar gebrekkige Engels en dat werkte altijd. Op een gegeven moment nam ik me voor gewoon een keer weg te sluipen en naar hun huis te gaan. Ik wist waar ze woonden, want we kwamen er op weg van en naar school altijd langs. Als ik niet te lang wegbleef, zou mama denken dat ik bij iemand in onze straat speelde.

Op een zomermiddag glipte ik zonder iets te zeggen weg. Ik ging vaak naar Amina of iemand anders in onze straat, dus mama zou zich niet meteen afvragen waar ik was. Ik liep East Street uit naar de grote weg. Het was griezelig die drukke verkeersweg te moeten oversteken, en ik probeerde het een paar keer voordat het me lukte naar de overkant te rennen. Toen stond ik voor het huis van Jane en Susan.

Ze woonden in een groot, modern, vrijstaand huis. Wanneer we erlangs liepen, keek ik altijd vol bewondering naar de voortuin vol bloemen, die me deed denken aan het lavendelveld in mijn verbeelding. Ik liep over het pad langs het huis en zag Jane en Susan bij de schommel in de achtertuin. Toen ze me zagen aankomen, begonnen ze te gillen van blijdschap.

'Je bent gekomen! Wauw! Daar is Hannan!'

Ik keek om me heen en kon mijn ogen niet geloven. Hun achtertuin was nog mooier dan de voortuin, het leek wel een sprookjestuin. Er was een groot grasveld met perken vol bloeiende bloemen eromheen. Bij een vijvertje stonden een tafel en stoelen. Een eindje verderop was een ondiep zwembadje met plastic eendjes erin en emmers en schepjes ernaast op het gras.

Jane en Susan kwamen naar me toe rennen en trokken me mee naar het zwembad. Het was een warme, zonnige dag en ze droegen alleen een zwembroekje met een topje. In mijn shalwar kamiz kreeg ik het meteen benauwd. Hun moeder was in de keuken. Ze riep een groet door het open raam en kwam naar buiten met een schaal koekjes en glazen limonade om me te verwelkomen.

Eerst speelden we buiten en daarna namen ze me mee naar binnen om hun kamer te laten zien. We liepen door de keuken en naar boven. Hun moeder vond het helemaal niet erg dat ik binnenkwam. Tot mijn verbazing zag ik dat Jane en Susan ieder hun eigen kamer hadden, met een bordje op de deur met hun naam erop geschilderd. In elke kamer stond een hoog grenen bed waaronder je kon zitten, met een kist waarin ze hun speelgoed bewaarden. Voor mij was dat de doos van Pandora. Thuis had ik geen enkel stuk speelgoed.

Hun ouders letten erop dat ze ieder dezelfde dingen hadden. Ze hadden allebei een poppenhuis met houten meubeltjes. Ze hadden een doos met paardjes en barbiepoppen met een heleboel kleren. We speelden een hele tijd met de barbies, we kleedden ze aan, kamden hun haar en lieten ze rondrijden in hun auto. En we kamden ons eigen haar: het rode haar van Susan, het bruine van Jane en mijn pikzwarte krullen. Jane had allerlei plastic sieraden, haarborstels en haarspeldjes met bloemen op haar kaptafel liggen.

Opeens waren er twee uur voorbijgegaan, twee uur van stiekem geluk. Ik moest naar huis. Als ik nog langer wegbleef, zou mama me gaan zoeken en dan zou ze algauw ontdekken dat ik niet in onze straat was gebleven. Met tegenzin nam ik afscheid van Jane, Susan en hun moeder.

'Je mag terugkomen wanneer je wilt,' zei hun moeder. 'We vinden het leuk als je er bent. Jullie hebben zo gezellig met elkaar gespeeld dat je moet beloven terug te komen.'

'Dat beloof ik,' mompelde ik. 'Dank u wel.'

Ik wist niet of ik die belofte kon houden. Met lood in mijn schoenen liep ik naar huis, hopend dat niemand me zou zien. Onopgemerkt ging ik naar binnen – na het heerlijke huis van Jane en Susan was dat van ons een donkere, onheilspellende plek.

'Waar kom je vandaan?' vroeg mama meteen.

'Ik heb buiten gespeeld,' antwoordde ik zo onschuldig mogelijk.

Ik vermeed haar blik en begon de keuken op te ruimen. Ik wist dat ik haar moest helpen. Ze vroeg niet verder. We zeiden niet veel meer tegen elkaar. En ze was eraan gewend dat ik de straat op ging. De straat uit gaan, de grens naar het terrein van de goray oversteken, dat was verboden.

Mijn bezoek aan het huis van mijn vriendinnetjes was een rebelse daad. Ik vond het doodeng en gevaarlijk wat ik had gedaan en ik was opgelucht dat niemand me had gezien. Maar het was ook spannend en een soort bevrijding geweest. Die avond besloot ik dat het goed was wat ik had gedaan. Ik had de regels overtreden, maar het voelde goed. Het was mijn eerste stiekeme, opstandige daad, en ik nam me voor dat het niet mijn laatste zou zijn.

De volgende dagen dacht ik na over de verschillen tussen mijn leven en dat van Jane en Susan. Ik dacht aan al hun speelgoed, hun eigen kamers en de heerlijke tuin waarin ze mochten spelen. Waarom moest ik zo'n heel ander leven leiden dan zij? Waarom?

Ik vroeg me vooral af waarom zij zo'n lieve moeder hadden die mij bij hen thuis liet spelen, terwijl ik geen blanke vriendinnetjes mee naar huis mocht nemen. Hun moeder was geweldig: ze lachte en praatte met haar dochters alsof ze vriendinnen waren. Jane en Susan voerden gesprekken met hun ouders in plaats van alleen bevelen in ontvangst te nemen en te worden misbruikt. Nu ik hun huis had gezien, schaamde ik me voor ons huis. Ik had niets, helemaal niets, waarmee ze bij mij konden spelen.

Ik vermoedde dat hun ouders rijk waren. Wij konden ons de dingen die zij hadden niet veroorloven. Mijn ouders waren arm, dat stond vast. Maar mijn broers hadden wel speelgoed. Niet veel, maar ze hadden ieder een paar Star Wars-figuren en dat soort dingen. Ik had helemaal niets. Hoe kon ik vriendinnetjes vragen bij mij te komen spelen? Het was eigenlijk maar goed dat ik geen blanke meisjes mocht uitnodigen.

Toch vroeg ik me af waarom ik geen speelgoed had. Ik kon alleen bedenken dat dat kwam doordat ik was wie ik was. Ik was geen geliefde dochter, zoals Jane en Susan. Ik was geen vereerde zoon, zoals mijn broers. Ik was waardeloos en beschamend, iemand die mijn vader naar behoeven mocht misbruiken.

Ik verlangde naar net zo'n leven als dat van Jane en Susan en ik nam aan dat hun prettige bestaan te maken had met de kleur van hun huid. Ik legde geen verband met hun godsdienst, alleen met hun ras. Ze waren blank, dus christen, dacht ik. Maar ze gingen niet naar de kerk en praatten nooit over God. Ik verlangde niet naar hun religie, alleen naar hun ouders en hun gouden, zonnige leven.

Jane en Susan woonden in het lavendelveld, concludeerde ik. In de gelukkige, veilige wereld uit mijn dromen.

6

Onderwerping

Mama vond dat het tijd was dat ik een paar huishoudelijke taken van haar overnam. Ik moest leren koken, en daardoor moest ik veel meer tijd doorbrengen in onze ongezellige keuken. De muren waren lichtgeel geschilderd, de kastjes waren bekleed met houtfineer in de stijl van de jaren zestig, er lag een rode tegelvloer en het aanrecht was van roestvrij staal. In een hoek liep een dikke buis, en de keuken werd verlicht door een kaal peertje aan het plafond.

Tijdens de eerste kookles moest ik leren een ui heel fijn te snijden. Ik deed erg mijn best, maar ik had nooit eerder een mes gehanteerd en ik was nog erg onhandig. Ik sneed de ui in dikke plakken en deed die met olie en specerijen in een pan. Mama kwam kijken wat ik deed en werd opeens woedend.

'Heb je niet gehoord wat ik zei?' riep ze. 'Heb je niet opgelet toen ik het je voordeed? De uien moeten fijner gesneden worden, precies zoals ik het doe. Hoe kun je zo dom zijn?'

Ik schrok en schaamde me. Ik was eraan gewend dat papa zoiets zei, maar mama was nooit eerder gemeen tegen me geweest. Papa had een hekel aan me, mama niet. Zij was meestal aardig en zorgzaam voor me, al kon ze me niet tegen papa in bescherming nemen. In de keuken was ze echter een tiran. Ze deed alles op een bepaalde manier en werd boos als ik het anders deed. Ze kon me uitfoeteren om de kleinste dingen.

Ik was altijd bang dat ik iets verkeerd zou doen. Als er aan papa's eten ook maar iets niet naar zijn zin was, gebruikte hij dat als excuus om razend te worden. Daar was mama voortdurend bang voor en ze vierde haar stress bot op mij. Haar leven met papa was zo ongelukkig en triest dat ze iets van zijn brute manieren had overgenomen.

Wanneer ik in de keuken iets 'fout' deed, ging mama ervan uit dat ik mijn gedachten er niet bij had. Maar ik had gewoon geen aanleg voor koken. Zij wilde dat de chapati's zo rond waren als een bord en dat kreeg ik niet voor elkaar. Als ik een klomp deeg met een deegroller had uitgerold, was het resultaat nooit een perfect ronde chapati. De mijne waren altijd even wanstaltig.

Papa beval me voortdurend naar de keuken te gaan om iets te drinken of te eten voor hem te halen en hij had nog meer op mijn prestaties aan te merken dan mama. Wat ik ook klaarmaakte – kip, okra of een groentecurry – het smaakte allemaal even vies en ik was een waardeloos meisje. Mijn imperfecte chapati's gooide hij naar mijn hoofd.

'Wat is dit?' schreeuwde hij dan. 'Dit kan ik niet eten! Gooi weg! Ik wil ronde, zoals die van je moeder. Maak nieuwe chapati's en doe het deze keer goed!'

Ik was altijd bang dat hij me zou slaan of nog erger, dat hij me mee naar de kelder zou sleuren om me te 'straffen'. En ik kreeg het nog benauwder toen mijn jongere zusje Sabina oud genoeg was om in de keuken mee te helpen, want zij bleek een geboren kokkin te zijn. Zij kon perfecte currygerechten maken, net als mama, en perfect ronde chapati's.

Soms riep ze opscheperig: 'Kijk eens naar mijn ronde chapati's! Perfect rond, precies zoals papa ze wil hebben!' Dan bracht ze ze naar mijn vader, die ze smakelijk opat.

Ik kon niet gewoon mijn schouders ophalen en bij mezelf zeggen: een ronde chapati of een vierkante, wat maakt dat uit? Ik wilde het ook goed doen. Ik wilde mijn vader ook een plezier doen. Ik dacht dat een braaf moslimmeisje dat soort dingen moest kunnen.

Maar mij lukte het niet. Hoe meer kritiek mama op me had, hoe zenuwachtiger ik werd, en natuurlijk vergat ik dan weer het zout of bepaalde specerijen of wat ook.

Mijn broers gaven nooit commentaar op wat ik hun voorzette. Ze aten het gewoon op, met hun blik strak op het televisiescherm gericht. Ik was blij dat zij me in elk geval niet uitscholden en geen chapati's naar mijn hoofd gooiden. Dat was op zich al een compliment.

***

Op een middag toen ik bijna zeven was, keek ik op televisie naar een tekenfilm: *Button Moon*. Het ging over een maan die eigenlijk een enorme overhemdknoop was en waarop vreemde wezentjes woonden. Ik was dol op dat programma en ik moest net hard om een grapje lachen toen papa in de deuropening verscheen.

'Hou op!' zei hij bars. 'Ik wil je niet horen lachen, nooit. Ik wil je niet eens zien glimlachen. Want anders...'

Angstig hield ik mijn mond. Ik wist dat ik als ik iets terugzei, naar de kelder zou moeten. Maar op dat moment beloofde ik mezelf: ik zal lachen en glimlachen. Dat zal ik blijven doen, wat je me ook aandoet. Ik nam me voor dat ik mijn vader nooit zou toestaan me dat af te nemen. Dat deel van me zou hij nooit besmeuren of uitwissen. Lachen schonk me kracht en moed. Het was een deel van mijn ziel dat hij niet kon verduisteren of vernietigen.

Mijn vader was er wel in geslaagd alle vreugde uit mijn moeder te slaan. Ik had haar nooit in zijn bijzijn zien lachen. Maar op school zeiden ze dat het geen moeite kostte mij aan het lachen te maken. Daar lachte ik graag, waarschijnlijk omdat er thuis weinig te lachen viel. Buitenshuis was ik net een puppy die snakte naar aandacht en liefde, en daar lachte ik al heel gauw.

Zelfs een uitstapje van school naar de kerk was voor mij een feest. De kerk in Bermford was koud, kaal en zo groot als een kathedraal. Maar de dominee was een aardige man van in de dertig, in een zwart pak met een witte boord. Hij kwam naar onze school om godsdienstles te geven en bracht bijbelverhalen tot leven. Met zijn stem schilderde hij levensechte taferelen.

Op een dag vertelde hij ons een verhaal over het kindje Jezus. Andere keren kregen we te horen over Jozef en zijn magische mantel, Mozes en de brandende braamstruik, Daniël in de leeuwenkuil en Jezus die melaatsen genas. Onder het vertellen tekende hij met kleurstiften cartoonachtige figuren op een flap-overbord om het verhaal te illustreren. Hij was een talentvolle man, hij bracht de verhalen tot leven. Soms bracht hij zelfs poppen mee om ze uit te beelden.

En soms liet hij ons een verhaal opvoeren. Ik stak nooit mijn vinger op om mee te mogen doen, ik verstopte me achter in de klas terwijl anderen naar voren liepen om herders en schapen en zo te zijn. De dominee gaf les over het christendom, anderen kwamen naar school om ons over het hindoeïsme, de islam en andere godsdiensten te vertellen. De school was er trots op dat ze alle religieuze feesten vierden, zoals het moslimfeest Eid, het hindoefeest Divali en het joodse feest Chanoeka.

Maar de lessen van de dominee waren het leukst, en ik had de indruk dat zijn geloof hem inspireerde. Zijn enthousiasme was aanstekelijk, hij maakte van elk verhaal een vreugdevolle gebeurtenis. Een dienst in de kerk was lang niet zo spannend, ik weet nog dat ik daar een keer in slaap viel. Ook andere kinderen dommelden regelmatig in. Maar terwijl je in de moskee werd geslagen als je dat overkwam, schonk in de kerk niemand er aandacht aan.

Op een dag vertelde de dominee ons een verhaal over Jezus en aan het eind zei hij dat Jezus als profeet wordt genoemd in de Koran, net als Mohammed. Ik was stomverbaasd, want papa had het nog nooit over Jezus gehad. Ik nam me voor het papa te vertellen. Misschien zou hij het fijn vinden dat ik had ontdekt dat Jezus ook in de Koran stond en dat het christendom en de islam dezelfde profeten hadden.

'De dominee zei dat Jezus ook in de Koran staat,' begon ik hoopvol toen papa thuiskwam. Misschien zou hij me eindelijk eens een keer prijzen. 'Hij zei...'

'Waag het niet in mijn huis ooit die naam te noemen!' brulde mijn vader meteen. 'Doe dat nooit meer! Heb je me begrepen?'

Toen gaf hij me een harde klap met de rug van zijn hand, ik voelde zijn knokkels. De pijn maakte me duidelijk dat Jezus ook tegen de regels was.

Pas veel later in mijn leven ontdekte ik dat Jezus een van de belangrijkste profeten van de islam is, alleen draagt hij in de Koran de Arabische naam Isa. Misschien wist papa dat niet, of misschien haatte hij de christelijke versie van die naam. In elk geval legde hij me niet uit waarom hij Jezus haatte.

Maar ik bleef de lessen van de dominee volgen en ik bleef glimlachen om zijn verhalen. Mijn lach was het enige wat mijn vader me niet kon afnemen en dat stelde me in staat te overleven. Hij had me mijn onschuld en mijn kinderlijke liefde afgenomen en alles voor me bedorven. Hij had me mijn lichaam afgepakt en het misbruikt. Hij had met wrede woorden mijn ziel vermorzeld. Maar mijn lach kon hij me niet afnemen. Die kon hij niet vermorzelen.

***

Op een dag was ik met mijn broer Raz en mijn moeder in de stad. We gingen naar Morrisons, de supermarkt, en Raz en ik moesten haar helpen met de boodschappen. Dat was een wekelijkse taak en we hadden geen auto. Mama had een groen geruit boodschappenwagentje, van het soort dat oude mensen gebruiken, voor de zware spullen.

Vlak voordat we de winkel binnen gingen, kwam er een grote blanke man naar ons toe. Hij droeg een witte djellaba en een topi, hetzelfde 'uniform' dat mijn vader en de andere mannen in onze straat droegen. Een gora in die kleren was een vreemd gezicht. Hij had een lange, met henna rood geverfde baard en scherpe blauwe ogen.

Raz begroette hem met een mannelijke omhelzing en het bleek dat ze elkaar kenden uit de moskee. Het was de eerste keer dat ik een blanke moslim zag. Raz zei dat hij het geweldig vond dat die gora zich had bekeerd tot de islam, maar ik was verbaasd. Papa had nooit gezegd dat een blanke de moskee bezocht. Ik dacht dat blanken daar niet mochten komen. Ik dacht dat de toegang daar voor hen verboden was, net als bij ons thuis.

Ik vroeg me af waarom een blanke zijn eigen wereld had willen verlaten om over te stappen naar de onze. Later hoorde ik dat er nog meer bekeerlingen naar papa's moskee kwamen. Blank of zwart, iedereen was er welkom, mits ze moslim waren. Veel mensen in onze gemeenschap hadden vrienden daarbuiten. Mijn ooms praatten openlijk over hun goray vrienden. Blijkbaar was mijn vader de enige die buitenstaanders haatte.

Mensen van onze gemeenschap die 'buitenlandse' vrienden hadden, kregen geen uitbrander van mijn vader, maar werden wat dat punt betrof genegeerd. Mijn vader had zijn eigen hiërarchie. Eerst kwamen de Pakistaanse moslims, vooral geestelijk leiders zoals hij. Dan de Arabische moslims, dan de Aziatische moslims – uit India, Bangladesh enzovoort. Daarna kwamen de blanke ongelovigen en daarna de zwarten. Helemaal onderaan stonden de meest verwerpelijke mensen: de joden.

In Saudi-Arabië, het islamitische heilige land, komen Pakistaanse moslims op de tweede plaats, omdat ze geen Arabieren zijn. Dat wist mijn vader en dat accepteerde hij. De Arabieren uit Saudi-Arabië zijn rechtstreekse afstammelingen van de profeet Mohammed en dus het meest verheven. Daar had mijn vader zich bij neergelegd, zo was het nu eenmaal.

Dat in de moskee van mijn vader de mannen en vrouwen streng gescheiden werden, was geen voorschrift van het deobandisch-soennistische geloof van mijn ouders. In veel deobandi-moskeeën wordt gezamenlijk gebeden. De scheiding was een gebod van mijn vader, en in de moskee had hij het voor het zeggen.

Op vrijdag, de islamitische heilige dag, ging mijn vader de hele dag naar de moskee. Mama bleef thuis om speciale gerechten te koken: fijn gekruide rijstpudding en *halva*, een Arabische lekkernij gemaakt van gemalen sesamzaad en honing. Op vrijdag gingen we in bad en werd het huis bewierookt. Papa's beste kleren moesten in de voorkamer worden klaargelegd, perfect gewassen en gestreken. Als er ook maar iets niet klopte, zwaaide er wat voor mama en mij.

Soms was er op vrijdag een speciale bijeenkomst in een naburige moskee. Dan kwam er een *pir*, een geestelijk leider, uit Pakistan of Saoedi-Arabië, een preek houden of voorlezen uit de Koran. De moskeeën betaalden allemaal mee om een pir te laten overkomen en als zo iemand werd verwacht, was iedereen opgewonden. Maar alleen de mannen mochten naar hem gaan luisteren.

De vrouwen mochten naderhand de video van de gebeurtenis bekijken. De aanwezigheid van vrouwen in de moskee zou de mannen kunnen afleiden, vooral als er knappe vrouwen bij waren. De aanwezigheid van een vrouw, zelfs een vrouw in een boerka, was onverdraaglijk opwindend en daardoor ongewenst. Elk vleugje vrouwelijkheid kon mannen verhinderen zich volledig te concentreren op de Koran en daardoor afbreuk doen aan hun spirituele ervaring.

Het kwam blijkbaar niet bij mijn vader en de andere mannen op dat ze, in plaats van vrouwen uit de moskee te weren, iets zouden moeten veranderen aan hun eigen geile gedachten en bekrompen ideeën. Ook al gebiedt de Koran dat mannen zich evenals vrouwen zedig moeten gedragen, zij trekken zich daar blijkbaar niets van aan. Het komt niet bij hen op dat een vrouw ook kan worden afgeleid door de aanwezigheid van een man. De mannen hoefden niet thuis te blijven omdat de pir de vrouwen kwam voorlezen. In de wereld van mijn vader, de imam, was gelijkwaardigheid een onbekend begrip.

In onze gemeenschap had ieder kind een pir die voor dat kind bad om kracht in zijn of haar geloof en om toewijding aan de vijf zuilen van de islam. Soms bracht de pir een bezoek aan dat kind bij hem of haar thuis en dat was een grote eer. Het huis werd geschrobd en gepoetst en er werd een feestmaal klaargemaakt. Alle gasten wilden de hand of het gewaad van de pir aanraken, alsof dat ook eerbiedwaardige dingen waren.

Gezinnen betaalden een pir om voor hun kind te bidden. Het was geen vastgesteld bedrag, maar het was eervol om zo veel mogelijk te geven. Dus pirs hadden het veel breder dan de gezinnen die ze onder hun hoede hadden. Ze droegen mooie kleren en reden in een Mercedes. Iedere man kon verkondigen dat God hem had benoemd tot pir, maar een vrouw kon dat niet, dat sprak vanzelf.

Op mijn zevende kwam mijn pir me opzoeken. Hij was Pakistaan, maar hij woonde in Saoedi-Arabië. In zijn familie kwamen veel pirs voor. Toen hij ons huis binnen kwam, liep hij arrogant rechtstreeks door naar de achterkamer, waar mijn vader, moeder, zusje en tantes hem verwelkomden. De kamer stond propvol met vrouwen, die allemaal in de nabijheid van een pir wilden zijn en zijn gewaad wilden aanraken.

Hij ging op de vloer zitten en wij volgden zijn voorbeeld. Wat me opviel, was zijn zware geur. Hij rook naar bedwelmende, kruidige olie. Strenge moslims zijn van mening dat je alcohol ook niet op je huid mag doen, omdat alcohol haram is. Dus moet je halal aftershave gebruiken of geurige olie, die in Engeland moeilijk te krijgen is.

Ik werd bijna misselijk van de sterke geur die hij verspreidde. Hij begon Koranverzen op te zeggen en ik moest hem die nazeggen, regel voor regel. Hij zei dat ik die verzen elke dag moest opzeggen. Toen gaf hij mijn ouders twee geschenken. Het eerste was een *taviz*, een medaillon met een door hemzelf opgeschreven Koranvers erin, dat ik om mijn hals moest dragen. Gewone stervelingen mogen geen Koranverzen kopiëren, maar hij was een pir, dus mocht hij dat wel. Het tweede geschenk was een vel papier met een vers; mijn ouders moesten het versnipperen en het me in vloeistof laten opdrinken, zodat de heilige woorden mijn lichaam binnen zouden gaan.

Dat was het einde van de plechtigheid. Ik had mijn pir, mijn spirituele gids, ontmoet en voor mij was het feest voorbij. Papa en de pir verdwenen naar de mannenkamer om daar urenlang thee te drinken en te praten. Ik liet mijn blik door de kamer gaan op zoek naar mijn moeder. Was dit alles? Iedereen had zich druk gemaakt om het bezoek van deze heilige man en ik had me erop verheugd. Eindelijk werd er in ons gezin eens iets bijzonders voor mij gedaan. We droegen allemaal nieuwe kleren, zelfs ík was mooi aangekleed. We hadden het hele huis schoongemaakt en een feestmaal klaargemaakt, gerechten die we anders nooit aten. En de pir had maar een paar minuten aandacht aan me besteed.

De pir wilde in de mannenkamer eten, waar de vrouwen niet mochten komen. Zelfs op mijn speciale dag mocht er niet van die regel worden afgeweken. Dus op mijn feestje moest ik borden vol heerlijk eten van de keuken naar de mannenkamer brengen. Elke keer als ik op de deur klopte, namen mijn broers de borden van me over en deden de deur weer voor mijn neus dicht.

Toen de mannen hun eten ophadden, mocht ik bij de vrouwen in de achterkamer ook iets eten. Ik vond het lekker, maar ik voelde me bedrogen. De ontmoeting met mijn pir was op een teleurstelling uitgelopen. Als dat de beste traktatie was die mijn ouders in de eerste zeven jaar van mijn leven voor me hadden kunnen bedenken, hadden ze zich de moeite kunnen besparen. Een ontmoeting met mijn pir... Wat stelde dat nu helemaal voor? Ze hadden me een groter plezier kunnen doen door me bij Jane en Susan met hun barbiepoppen en poppenhuis te laten spelen.

Na afloop hing mama het medaillon om mijn hals en gaf ze me een glas sinaasappelsap met het versnipperde Koranvers erin, dat ik moest leegdrinken. Ik moest het natuurlijk niet wagen het sap door mijn tanden te zeven en de snippers eruit te halen.

***

Hoogtepunten in de moskee waren huwelijken. Een huwelijk duurde meestal drie dagen en bestond uit een hennafeestje, de registratie op het gemeentehuis en twee feesten: in het huis van de bruidegom en in dat van de bruid. Het belangrijkste onderdeel was de plechtigheid in de moskee. Als we de familie goed kenden, werden we uitgenodigd voor het hennafeestje, waarbij de handen en de voeten van de bruid en haar vriendinnen werden beschilderd met henna.

Met een tube henna – een traditionele, plantaardige verfstof – werden ingewikkelde patronen geschilderd: krullen, waaiers, spiralen, knoppen en bloemen. Nadat de henna was opgedroogd en afgebladderd, bleven er terracottakleurige patronen achter die weken konden blijven zitten.

Op hennafeestjes werd ook op de traditionele Pakistaanse manier gedanst – ongeveer zoals in Bollywoodfilms. Het was een sensuele manier van dansen en natuurlijk waren er nooit mannen bij. Vrouwen dansten met elkaar. In Afghanistan kennen ze ook zo'n dans en vroeger werd die daar door mannen en vrouwen samen gedaan, maar sinds de komst van de Taliban is dat verboden.

In de moskee moeten de mannen en de vrouwen de bruiloft gescheiden bijwonen. De bruid mag met haar moeder en een tante naar het mannenvertrek. Ze ziet er beeldschoon uit in een roze shalwar kamiz – de traditionele kleur voor een moslimhuwelijk is roze of rood – en glinsterende juwelen: gouden armbanden, gouden kettingen en lange gouden oorbellen. Op haar voorhoofd hangt een *tika* – een mooie gouden hanger.

Ze gaat op een podium naast de bruidegom zitten, die een westers pak draagt met een vest. Mijn vader leest de huwelijksverklaring voor, terwijl de andere vrouwen en meisjes in de vrouwenkamer zitten te praten. De meisjes mogen vrij rondlopen en met elkaar spelen, maar we mogen niet zingen of dansen.

De bruid mag niet glimlachen of gelukkig kijken. Als een bruid het waagt ook maar een beetje te stralen, krijgt ze een berisping van mijn vader. Ze moet verdriet tonen omdat ze het huis van haar ouders verlaat. Vaak kost het haar geen moeite verdriet te tonen, omdat huwelijken door de ouders worden geregeld en de bruid nerveus of zelfs bang is voor wat haar te wachten staat. Soms heeft ze haar bruidegom pas in het gemeentehuis voor het eerst ont-moet. Dus is het niet vreemd als een bruid bedroefd kijkt. De bruidegom mag kijken zoals hij wil.

Mijn vader vraagt beiden of ze met het huwelijk instemmen. Nadat ze ja hebben gezegd – de bruid moet het niet wagen te aarzelen of zich te vergissen – moeten ze ieder een bepaalde soera uit de Koran opzeggen. Na de plechtigheid doen de mannen zich te goed aan een feestmaal, terwijl het bruidspaar op het podium blijft zitten. Wanneer de mannen klaar zijn, gaan ze naar een ander vertrek en dan mogen de vrouwen eindelijk gaan eten.

Tijdens het eten gaan mensen naar het bruidspaar toe om geschenken te geven: kleren, spullen voor hun huis of een envelop met geld. Later, in het huis van de bruidegom, hangen de ouders van de bruid een slinger met geld om de hals van de bruidegom – een deel van de bruidsschat die ze moeten betalen. De bruidsschat wordt vóór het huwelijk door de wederzijdse ouders vastgesteld. Het is geen vast bedrag en naast geld kan er ook met kleren of vee voor familie in Pakistan worden betaald.

Een van de redenen waarom meisjes in Pakistan ongewenst zijn, is dat de ouders zo'n grote bruidsschat voor haar moeten betalen. Dat is de vloek van het systeem. Het verbaast me dan ook niet dat papa zo vaak tegen me zei dat hij geen dochter had gewild. Jongens werden meer gewaardeerd dan meisjes. Jongens waren welkom, meisjes waren een last. Ouders dankten God voor een jongen, maar niet voor een meisje.

Op een dag zag ik op televisie een documentaire over de behandeling van meisjes in Azië. Er werd gezegd dat in India en Pakistan meisjes soms zo duur werden gevonden dat ze meteen na de geboorte werden gedood. Ook in het dorp van mijn vader werd een meisje soms gedood alleen omdat ze een meisje was.

Ik had altijd gedacht dat mijn vader de enige man was die vrouwen haatte, maar toen viel het kwartje. Onze hele cultuur was tegen vrouwen. Ik werd erg boos, maar ik had ook het gevoel dat ze mij na mijn geboorte eveneens beter meteen hadden kunnen doden.

Weliswaar leefde ik nog, maar blijkbaar alleen om door mijn vader te kunnen worden misbruikt.

Maar niet iedere vader in onze gemeenschap was zoals de mijne. Een heleboel vaders hielden van hun kinderen, ook van hun dochters. Op straat voetbalden andere vaders met hun zoons of hielden ze soms een springtouw vast voor hun dochter. Abdul, de vader van Amina en Ruhama, was heel lief voor zijn dochters. Hij speelde tikkertje met ze in het park en hielp hen met hun huiswerk.

Wanneer Amina, Ruhama en ik verstoppertje speelden, deed hij soms mee en zocht hij ook mij als ik me moest verstoppen. Hij knuffelde Amina en Ruhama en kietelde hen tot ze begonnen te giechelen. Hij knuffelde of kietelde mij niet, maar hij deed altijd aardig tegen me. Wanneer ik bij hen thuis kwam, begroette hij me vriendelijk: 'Hallo, Hannan! Hoe gaat het met je? Hoe gaat het met je ouders?'

Mijn vader daarentegen praatte nooit met een kind. Pas toen mijn broers ouder waren, begon hij met ze te praten, maar dan ging het alleen over de moskee of over nieuws uit Pakistan of het Midden-Oosten. Er was geen sprake van hartelijkheid of genegenheid, en er werd nooit gelachen. Mijn vader knuffelde niemand, niet eens zijn vrouw.

Het enige fysieke contact dat ik met hem had, was in mijn gruwelijke nachtmerriescenario.

7

Het huis van mijn vader

Ik hoor hem voordat ik hem zie, mompelend in het Punjabi.

Ik bevind me weer in de kelder. Ik lig op de vloer. De schemerlamp verspreidt een spookachtig licht. Daaromheen is het zo donker en koud als een graf. Ik zie hem in het licht van de lamp. Ik ben doodsbang. Ik ben verstijfd van angst. Ik voel dat mijn hele lichaam zich spant en verstijft.

Ik ben acht en ik leef nog steeds in hoop. Hoop dat hij me zal bevrijden en ermee op zal houden. Hoop dat iemand me zal redden. Maar dat is nog steeds niet gebeurd.

Ik hoor schuifelende voetstappen, het geluid van sandalen op de stenen vloer. Hij komt naar me toe. Ik wil niet meer ademen, ik wil hem niet laten merken dat ik nog leef. Ik probeer mijn adem in te houden: een, twee, drie, vier... Ik tel in mijn hoofd en probeer of ik tot honderd kan gaan. Misschien denkt mijn vader dan dat ik dood ben en laat hij me met rust.

Ik wil niet meer leven. Ik verlang naar de koude omhelzing van de dood, die een eind zal maken aan de roofdierachtige, sadistische omhelzingen van mijn vader. Hij mag niet zien dat ik huil. Hij mag niet zien hoe ik lijd, of dat horen. Want daar zou hij van genieten. Hij wil niets liever dan mijn angst en verdriet en misplaatste schaamte zien en horen.

Dan zou hij constateren dat zijn 'straf' werkt.

***

Steeds wanneer ik uit die verschrikkelijke kelder kwam, voelde ik me walgelijk vies. Ik liet beschaamd mijn hoofd hangen en vermeed het mijn moeder aan te kijken. Op haar beurt ging zij dan plotseling heel hard aan het werk en smakte ze pannen op het fornuis. Zo deed ze net alsof ik er niet was, dat vermoeide, verslonsde meisje in verkreukte, vuile kleren boven aan die donkere, afschuwelijke trap.

'Mag ik douchen?' vroeg ik dan timide.

Ik had het gevoel dat ik tegen mama moest zeggen dat het me speet, omdat ik had toegestaan dat hij me dit aandeed. Dat het me speet dat ik niet goed genoeg was, dat ik slechte dingen had gedaan en papa ertoe had gebracht me opnieuw te straffen. Ik had het gevoel dat mama me terecht de schuld gaf en terecht boos op me was. Maar ik wist nooit wat ik dan moest zeggen, dus net als zij negeerde ik wat er was gebeurd en begroef het diep in mijn geheugen. Ik deed mijn best om normaal te doen. Wat kon ik anders?

'Mag ik douchen?' vroeg ik weer.

'Als je wilt,' antwoordde mama zonder naar me te kijken.

Ik liep achter haar smalle, gekromde rug langs naar de trap en de badkamer. Ik dacht dat ik haar schouders zag schokken en trillen omdat ze vreselijk moest huilen. Ik dacht dat ze het toch heel erg vond en net zo leed als ik. Zal ik teruggaan en kijken hoe het met haar is, dacht ik. Heeft ze echt verdriet om mijn slechte, onreine gedrag met papa in de kelder? Ik werd verscheurd door schuld en schaamte. Schuld en schaamte.

Maar misschien had ik het me verbeeld. Misschien zou mama juist boos op me worden als ik terugging.

Mijn vader deed alsof het heel normaal was. Wanneer hij uit de kelder kwam, trok hij een schone witte shalwar kamiz aan, door mama en mij perfect gewassen en gestreken, en ging naar de moskee. Misschien dacht hij dat God hem zijn zonden wel zou vergeven.

86

Maar dat soort zonden, dingen die hij mij aandeed... Die zonden kunnen nooit worden vergeven, in geen eeuwigheid.

***

Wanneer mijn vader me verkrachtte, waren mijn broers vaak thuis. Ze keken voetbal op tv of luisterden in hun eigen kamer naar muziek. Toen ze oud genoeg waren, kwamen ze zo min mogelijk meer thuis. Ze namen een baantje na schooltijd, in een krantenkiosk of een winkel. Hun vrije tijd brachten ze door met vrienden. Maar ik moest thuisblijven, mama helpen en de mannen bedienen. Wanneer papa me tenminste niet meenam naar de kelder.

Soms waagde ik het tegen mijn luie, verwende broers te klagen.

'Ik ben jullie slavin niet,' zei ik dan. 'Doe het zelf! Jullie hebben toch ook handen en voeten?'

Dan probeerde Billy me over te halen: 'Ik ben moe, Hannan. Alsjeblieft!'

Maar Zakir en Raz werden kwaad als ik niet deed wat ze zeiden en dreigden dat ze het tegen papa zouden zeggen. Als ze dat deden, gaf ik meteen toe. Papa zou razend worden als ik zijn zoons niet gehoorzaamde, en het dreigement van de 'straf' hing altijd in de lucht. Soms hielp Billy met de tafel afruimen of zelfs afwassen, en tegen mama en mij praatte hij altijd op vriendelijke toon.

'Toe nou, mam, je hoeft niet wéér te stofzuigen,' zei hij dan. 'Laat mij het maar doen.'

Maar mama stribbelde altijd tegen. Ze wilde niet dat Billy meehielp. Ze kende de regels van het huis. Soms hield Billy aan en was ze te moe om zich te verzetten. Als papa dat zag, gaf hij Billy ervanlangs omdat hij 'vrouwenwerk' deed. De jongens mochten net zomin de regels ontduiken.

Mijn vader moedigde de jongens aan om 'mannenwerk' te doen: in de moskee oproepen tot het gebed.

Allah is de grootste (viermaal)
Ik getuig dat er geen god is dan Allah (tweemaal)
Ik getuig dat Mohammed Allah's gezant is (tweemaal)
Haast u naar het gebed (tweemaal)
Haast u naar het welslagen (tweemaal)
Allah is de grootste (tweemaal)
Er is geen god dan Allah

Maar Billy had een hekel aan de oproep tot het gebed en hij liet zich niet door mijn vader koeioneren. Als we bezoek kregen, gingen de mannen met papa naar de voorkamer om door de vrouwen te worden bediend, maar Billy probeerde bij de vrouwen te blijven. Hij ging met mama en mij mee naar de keuken, praatte met ons en hielp een handje. Papa beschouwde dat als een klap in zijn gezicht, hij vatte het op als een belediging in het bijzijn van zijn vrienden.

Met drie broers en mijn veeleisende vader hadden mijn moeder en ik onze handen vol. De was doen vond ik het ergst. Dat gebeurde met de hand in de gootsteen, want we hadden geen wasmachine. We gebruikten een groot stuk groene zeep om de kleren schoon te wassen en daarna werden ze gespoeld. Witte spullen werden gebleekt, die moesten spierwit zijn.

Ik moest met de manden met wasgoed af en aan lopen en meehelpen met het vouwen van de lakens. Ik moest het ondergoed van de vrouwen verstoppen, dat mochten de mannen niet zien. Mijn broers kon het niets schelen, maar mijn vader werd woedend als hij een beha of een broekje zag liggen. Natuurlijk mochten wij zijn vuile ondergoed en dat van mijn broers wel zien, want dat moesten we wassen. Ik moest ons ondergoed in onze slaapkamer te drogen hangen, waar papa het niet kon zien.

Op een schooldag was mijn dagindeling als volgt: om zeven uur stond ik als eerste op, ging naar beneden en zette op de traditionele manier thee. Ik maakte onder de grill een stapel geroosterd brood en smeerde er boter op. Ik bracht de thee en de toast naar de achterkamer, opende een pakje biscuits met vanillecrème en legde die op een bord.

Ik ontbeet voordat de anderen beneden kwamen, ging naar de keuken en deed de afwas van de vorige avond. Daarna kleedde ik me aan om naar school te gaan. Toen Sabina oud genoeg was, moest ik haar wekken en helpen met aankleden. Mama bracht ons naar school.

We namen een lunchpakketje mee dat mama de vorige avond had klaargemaakt: boterhammen met jam en een appel of een banaan. De andere kinderen hadden allerlei ander lekkers in hun lunchtrommeltje, maar dat vond ik niet erg, ik hield van boterhammen met jam. Het liefst witbrood met de korstjes eraan, met aardbeienjam van Morrisons huismerk. Maar goed dat ik dat lekker vond, want ik kreeg nooit iets anders.

Niemand hoefde me meer te vertellen wat ik thuis moest doen. Door het dreigement van de verkrachting was ik zo gedwee als een lam, wat mama's taak verlichtte. Zodra ik wist dat er iets van me werd verwacht, deed ik het. Ik deed alles om uit de kelder te blijven. Zelfs mijn zusje Sabina begon me bevelen te geven. Ze zag hoe de anderen me behandelden en volgde hun voorbeeld. Als ik haar vroeg me te helpen de tafel af te ruimen, weigerde ze meestal.

Mama haalde ons op van school en dan moesten we naar Koranles. Daarna mocht ik met een kopje thee en een koekje televisiekijken. Vervolgens maakte ik mijn huiswerk en dan ging ik mama helpen met eten koken. We aten om een uur of acht en daarna hielp ik met opruimen tot ik naar bed moest. Ik probeerde altijd zo vroeg mogelijk naar bed te gaan, omdat ik de volgende morgen vroeg op moest.

Zaterdag was wasdag, daar zag ik tegen op. 's Avonds was ik doodmoe en ging vroeg naar bed om bij het licht van een peertje een bibliotheekboek te lezen. Wanneer ik maar even de kans kreeg, zat ik met mijn neus in een boek. Net als mijn fantasiewereld was een boek een mogelijkheid om uit de werkelijkheid te ontsnappen. Ik herlas boeken die ons op school waren voorgelezen omdat ze me herinnerden aan school, waar ik gelukkig was. Als een volwassene de tijd nam om me voor te lezen, beschouwde ik dat als een teken van genegenheid en een traktatie. Die momenten probeerde ik opnieuw te beleven.

Een van mijn favoriete boeken was *Flat Stanley*, over een jongen die per ongeluk plat wordt gedrukt en als plat mens allerlei nieuwe en magische dingen kan doen. Mijn lievelingsboek was *Please Mrs Butler*, met versjes. Het leukste versje vond ik 'Hond op de speelplaats':

Hond op de speelplaats
Waar komt hij vandaan?
Een lach op zijn snuit
Zijn staart als een vaan.

Hond op de speelplaats
Hé hond, hallo
Hij is van de buren
Dat zie ik zo.

Hond op de speelplaats
Jakkes, niet doen
Ik neem hem wel mee
Naar het plantsoen.

Iedereen hoort het
Iedereen komt erbij
Zijn naam is Bob
O nee, hij heet Brij.

En zo ging het door. Ik vond de versjes van mrs Butler vooral zo leuk omdat ze zo echt waren. Ze waren net zo geschreven als wij op school met elkaar praatten en ze gingen over het leven op straat in onze stad, al was dat niet hetzelfde als het leven in onze straat.

Een keer in de twee maanden nam mama ons mee naar de bibliotheek in het centrum van de stad. We mochten ieder vijf boeken mee naar huis nemen. Ik begon aan de serie over Judy Blume, over opgroeiende meisjes. Ik moest er erg om lachen. Ik hield het meest van het kwajongensachtige meisje dat Fudge heette. Ze hield niet van meisjesachtige dingen en roddelen, en ze was een buitenbeentje, net als ik.

Fudge woonde in de Verenigde Staten, en de boeken gingen ook over haar relatie met haar excentrieke ouders. Haar commentaar op haar familie was heel grappig. Er kwamen een heleboel typisch Amerikaanse uitdrukkingen in voor; ze noemde haar moeder bijvoorbeeld 'mom' en de eerste klas op school was *first grade* in plaats van *first form*. Toen ze ouder werd, werd ze stiekem verliefd op jongens bij haar op school. Ze leidde een avontuurlijk, heel ander leven dan ik.

Hoewel ik dol was op lezen, had ik zelf geen boeken. Behalve de Koran las mijn vader een Pakistaanse krant, *The Daily Jang*, die hij elke vrijdag kocht. Hij las het Pakistaanse nieuws en de cricketuitslagen. Behalve de Koran had hij nog een paar boeken over de islam en over de geschiedenis van Pakistan.

Fysiek woonde papa niet meer in Pakistan, maar in zijn hoofd had hij zijn geboortedorp nooit verlaten. In zijn dagelijkse leven probeerde hij alles te mijden wat de illusie van een leven in Pakistan kon verstoren en hem eraan zou herinneren dat hij in een stad in Noord-Engeland woonde. Hij las nooit iets over Engeland – geen Engelse kranten, tijdschriften of boeken – en hield zich zo veel mogelijk afzijdig van alles wat Engels was.

Zaterdag was wasdag, op zondag werd er gestreken. Ik stond de hele dag in de slaapkamer de kleren van ons gezin van acht personen te strijken, terwijl mijn moeder beneden aan het koken en schoonmaken was. De overhemden van de jongens waren het moeilijkst, vanwege de ingewikkelde kragen. Het lukte me nooit alle kreukels eruit te krijgen en ik was er heel lang mee bezig. Maar terwijl ik streek, viel niemand me lastig en kon ik heerlijk dagdromen.

Soms luisterde ik naar de kleine transistorradio die in de slaapkamer stond en soms staarde ik gedachteloos uit het raam. De stapel gestreken kleren op het bed werd langzamerhand groter. Na het strijken moest ik de kleren opbergen: die van ons in onze slaapkamer, die van de jongens in hun kamer en die van mijn gehate vader in zijn kamer.

Ik wist dat ik op de kleren van mijn vader extra mijn best moest doen. Als ik ze verkeerd streek, of op de verkeerde kastplank legde, was dat voor hem een reden om me te 'straffen'. Terwijl ik daar bezig was, hing die bedreiging als een donderwolk boven mijn hoofd.

Naarmate de tijd verstreek, werd ik steeds vaker in mijn eentje wakker op de koude keldervloer. De rest van het gezin deed alsof het niet meer dan normaal was dat ik zo veel tijd in de kelder doorbracht. Op schooldagen moest mama dan extra vroeg opstaan om het ontbijt klaar te maken. Als ik in het weekend mijn taken niet af kon krijgen, moest ik dat de dagen daarna na schooltijd doen.

Het was voor niemand van ons gezin een geheim dat ik werd 'gestraft' en opgesloten. Iedereen accepteerde dat dat ook weer een van papa's 'regels' was.

Schoolvakanties waren het ergst. Als ik op school zat, hoefde ik me een poosje geen zorgen te maken om papa, maar in de vakanties kon ik niet aan hem ontsnappen. Dan moest ik soms wekenlang thuisblijven, meehelpen en mijn broers en mijn vader gehoorzamen. Sabina hoefde bijna nooit te helpen. Ik voelde me net een slavin, de slavin van de hele familie. En o wee als ik iets niet goed deed, dan volgde er meteen 'straf'.

Mijn vader greep elke gelegenheid aan om me te mishandelen en te verkrachten. Ik had het gevoel dat ik voortdurend werd bespied door een afschuwelijk roofdier, dat elk moment kon aanvallen. Op een keer was ik in de badkamer toen papa plotseling binnenkwam. Hij deed de deur op slot en beval me te blijven staan, maar me naar hem om te draaien. De badkamer was heel klein, dus stond ik vlak voor hem en kreeg het vreselijk benauwd.

'Denk eraan dat ik je vermoord als je hier ooit een woord over zegt,' siste hij, en zijn donkere ogen keken me vol walging aan. 'Je bent onrein en waardeloos, je gaat naar de hel. Een vervloekt, slecht meisje zoals jij verdient niet beter.'

Toen hij klaar was, deed hij de deur achter zich dicht en ik hoorde hem de trap af gaan. Ik boog me over de wasbak en begon te braken. Ik kotste en kotste tot er alleen nog een beetje bittere gal naar boven kwam.

Papa herinnerde me er voortdurend aan dat hij nooit meisjes had willen hebben, maar ik wist dat ik hem ook kwaad maakte door mijn opstandige houding, doordat ik me tegen hem had verzet. Omdat ik mama wilde beschermen, was ik zelf in de vuurlinie gaan staan en toen had hij zijn gewelddadigheid op mij botgevierd. Op dat moment had hij zich in het hoofd gezet dat ik een brutale, vervloekte dochter was en dat hij me met een pak slaag nederigheid moest bijbrengen. Daarna had hij niet veel tijd nodig gehad om seksueel gewelddadig te worden.

Nadat hij me een jaar of twee had misbruikt, begon mama me ook 'waardeloos' en 'nutteloos' te noemen. Met zijn zieke geest had mijn vader het hele gezin aangestoken. Ik wist dat in andere gezinnen de oudste dochter ook mee moest helpen, maar zij hoefden lang niet zo veel te doen als ik. Ze hadden meer vrijheid en waren veel gelukkiger dan ik. Ik kon me niet voorstellen dat zij net zo mishandeld werden als ik. Maar als dat wel zo was, zou onze gemeenschap dat net zomin beseffen.

***

Ons gezin leefde van giften aan de moskee en de gulheid van de Engelse belastingbetaler. Mijn vader kreeg een uitkering en we kregen huursubsidie. Papa was aan die uitkering gekomen door tegen de gemeenteambtenaar te liegen. Hij zei dat hij werkloos was, maar dat was natuurlijk niet waar. Hij was de imam van onze gemeenschap en als zodanig werd hij betaald.

In onze gemeenschap was het niet oneervol als je loog om een uitkering te krijgen, maar het was wel oneervol als je werd betrapt en de uitkering werd stopgezet. Eer had niet zozeer te maken met wat je deed, het had te maken met wat men zag dat je deed, met dingen die van je bekend waren. Veel mensen in onze gemeenschap hadden een openbare kant en een privékant en zo hielden ze hun eer hoog.

Het is heel goed mogelijk dat het geen moment bij mijn vader opkwam dat het absoluut niet deugde dat hij zijn dochtertje opsloot in de kelder, haar sloeg en haar verkrachtte. Zolang dat niet algemeen bekend werd, maakte hij de familie en de gemeenschap niet te schande en werd zijn reputatie als imam niet beschadigd. Dus was het niet oneervol.

Op dezelfde manier vond niemand het verkeerd dat hun fulltime werkende imam een werkloosheidsuitkering kreeg. Pas als hij daarop werd betrapt, werd het een probleem, en zelfs dan had papa misschien aangevoerd dat er niets mis mee was als je van een immoreel, ongelovig land nam wat je krijgen kon. En niemand zou hem hebben tegengesproken. Mijn vader, de imam, was onaantastbaar, vooral omdat de bestuursleden van de moskee zijn vrienden waren.

Toen ik jong was, dacht ik net zomin dat papa iets verkeerds deed. Ik wist dat hij een uitkering en andere financiële hulp van gemeente-instanties kreeg en daarnaast geld voor zijn werk als imam. Maar omdat iedereen dat blijkbaar normaal vond, vond ik dat ook.

Als we post kregen, moesten wij, de kinderen, die openen en papa vertellen wat het was. Hij kon nauwelijks Engels lezen. Als het een rekening was, zeiden wij hoeveel hij moest betalen en vulden we de overschrijvingskaart voor hem in. Hij zette er zijn handtekening onder en postte hem. Als het een formulier van de gemeente was, vulden wij dat in en wezen aan waar hij moest tekenen.

We kregen huursubsidie omdat papa een werkloosheidsuitkering ontving, dat hoorde bij elkaar. Papa moest elke week naar het arbeidsbureau om zich te melden en te verklaren dat hij beschikbaar was voor een baan. Niet dat hij van plan was ooit een baan aan te nemen. Hij was onze imam. Hij stond overal boven, zijn religieuze roeping verhief hem boven de plichten van een normale burger en vader.

Maar elk aspect van zijn leven – het voedsel dat hij at, de energie die zijn huis verwarmde, de opvoeding van en zorg voor zijn kinderen, zelfs het water dat hij dronk – werd door de staat betaald. De staat die hij verachtte. En met zijn afwijzende houding en domme vooroordelen deed hij zijn best om zijn kinderen bij te brengen dat ze Engeland net zo moesten verachten als hij.

Alleen mijn vader dacht blijkbaar dat God hem het recht had gegeven om zijn normale verantwoordelijkheden te negeren. De andere mannen in onze straat werkten en betaalden belasting. Sommigen hadden hun eigen zaak. De vader van een van mijn vriendinnetjes had een halal melkveebedrijf, hij verkocht eieren en melk aan allerlei winkels in de stad. Abdul, de vader van Amina, was buschauffeur. De mannen die niet werkten, hadden daar een goede reden voor, zoals een slechte gezondheid.

Gelukkig waren mijn broers anders dan mijn vader. Zij studeerden en werkten hard. Zakir werd ondernemer. Toen hij twaalf was, mocht hij van een Indiase winkelier bij ons in de buurt kranten rondbrengen en later mocht hij meehelpen in de winkel. De winkelier was een hindoe, maar hij zag dat Zakir een goede verkoper was. Zakir spaarde voor de universiteit en kon elke cent die hij verdiende goed gebruiken.

Parasiteren op de staat was geen traditie. In de dorpen in Pakistan werkten de mensen hard. Mijn vader vond het genoeg dat hij de imam was, hij dacht dat hij zich alleen om geestelijke zaken hoefde te bekommeren. Hij stond boven aardse zaken en boven de wet. Anderen accepteerden dat omdat hij de hoeder was van de geestelijke gezondheid van onze gemeenschap.

***

95

Toen ik tien was, kon ik de hele Koran lezen, die zeshonderd blad-
zijden telt. De meeste kinderen kunnen dat pas als ze een stuk
ouder zijn. Wanneer het zover is, geven de ouders een feest en delen
ze snoep uit aan de hele gemeenschap. Voor mij werd niets gedaan.

Om mijn ouders een plezier te doen, had ik er vreselijk mijn best
voor gedaan. Ergens hoopte ik nog steeds dat papa me ooit zou
prijzen en van me zou gaan houden. Ik wilde nog steeds bewijzen
dat ik geen vervloekt, waardeloos, slecht meisje was. *Zie je wel dat ik
goed ben, papa! Ik kan de hele Koran lezen!* Maar mijn vader besteedde er geen aandacht aan. Ik had me de moeite kunnen besparen.

Ik was diep teleurgesteld. In zijn ogen zou ik nooit iets goeds
kunnen doen.

8

De gekooide vogel huilt

Ik zou binnenkort elf worden en naar de middelbare school gaan. Op mijn laatste rapport van de lagere school had ik voor alle vakken een voldoende, dus het kon er best mee door. Billy las mama het rapport voor en mama feliciteerde me zelfs, omdat ik het voor een meisje niet slecht had gedaan. Papa gaf geen commentaar en dat verbaasde me niet. Inmiddels verwachtte ik niet anders en in elk geval was negeren een neutrale reactie.

Ikzelf was er blij mee. Het was geen uitstekend rapport, maar gezien de hoeveelheid werk die ik thuis moest verzetten en de gruwelijke manier waarop ik werd mishandeld, was het een wonder dat ik het er nog zo goed van af had gebracht. Mijn broers hadden veel betere rapporten dan ik, maar zij kregen alle kansen.

Mijn ouders wilden me naar een middelbare school voor moslimmeisjes sturen. Niet vanwege de opleiding, maar vanwege de eer. Op de moslimschool was ik veilig en beschermd tegen het kwaad van de Engelse maatschappij, zoals roken, drinken en met jongens omgaan. Volgens papa waren openbare middelbare scholen holen van ontucht en zonde. Maar voor de moslimschool moest je betalen en uiteindelijk ging ik daar niet naartoe, omdat mijn ouders zich dat niet konden veroorloven.

Daar was ik blij om, want ik wilde er ook absoluut niet heen. Ik begon de islam te associëren met onderdrukking, pijn en lijden.

Een moslimschool zou mijn leven nog erger maken.

Mijn broers gingen naar een goede school vlak buiten de stad. De busrit ernaartoe duurde een uur. Daar mocht ik niet heen. Voor een middelbare school dichterbij moest je toelatingsexamen doen en omdat niemand me bijzonder slim vond, werd ik daar niet eens voor aangemeld.

Dus zat er niets anders op dan me naar de plaatselijke midden-school te sturen, Bermford Comp, zoals iedereen die noemde. Hij stond bekend als de slechtste school van de stad. De leerlingen kwamen uit de omliggende arbeiderswijken, waar veel armoede heerste. Er werden daar veel misdaden gepleegd en veel gezinnen waren bekend bij de politie.

Helaas gingen Jane en Susan naar de Bishop Tate School, een openbare school die veel hoger werd aangeslagen dan Bermford Comp. Daar mocht ik ook niet naartoe, want die was voor rooms-katholieken. Voordat Jane en Susan zich daar aanmeldden, gingen ze een paar keer naar de rooms-katholieke kerk, en ze gingen ver-huizen om dichter bij de school te wonen. Toen werd het contact tussen ons verbroken.

Mijn lagere school was Anglicaans, maar daar hadden mijn ouders zich destijds niet druk om gemaakt. Elk jaar was ik met Kerstmis en Pasen naar de anglicaanse kerk in Bermford geweest en op het kerkhof hadden we vaak afdrukken gemaakt van grafste-nen en koperen bordjes. Ik herinner me een bordje ter herinnering aan de man die de *spinning jenny* had uitgevonden, de spinmachi-ne. Daar hadden we het in de geschiedenisles over gehad.

Maar nu ik bijna elf was en volgens de traditie van het Pakistaan-se platteland de huwbare leeftijd naderde, wilde papa zich opeens met mijn schoolopleiding bemoeien. In zijn geboortedorp werden meisjes vaak al op hun elfde uitgehuwelijkt en God weet wat mijn vader toen in zijn hoofd had.

Papa ging zich wat zijn dochters betrof steeds baziger opstellen. Mijn jongste zusje Aliya zat inmiddels op dezelfde lagere school als ik. Ze was een praatgraag meisje en ze kwam thuis met verhalen over de dominee en de spannende dingen die hij vertelde over Jezus en het christendom. Dat kon papa niet aanhoren. Tegen haar schreeuwde hij niet zoals tegen mij, maar hij werd wel kwaad omdat Aliya in aanraking kwam met het christendom.

Hij waarschuwde onze gemeenschap voor het gevaar dat de indoctrinatie van hun kinderen met zich meebracht en de ouders gingen naar school om te klagen. De golf van klachten had tot gevolg dat de school voortaan toestond dat moslimkinderen in het klaslokaal achterbleven wanneer de andere kinderen naar de kerk gingen. Dat was ook weer een overwinning voor mijn kortzichtige, vooringenomen vader.

Algauw had ik op Bermford Comp nieuwe vriendinnen: Amanda, Karen, Lara en Iram. Iram was op school mijn enige Pakistaanse moslimvriendin. Ze woonde aan de andere kant van de stad. Karen was een mooi meisje met rood haar, een sneeuwwitte huid en een tenger postuur. Amanda was ook een mooi meisje, met glanzend bruin haar en opvallende lichtbruine ogen. Maar Lara was een schoonheid, zij was lang, met pikzwart haar dat jongensachtig kort was geknipt, en ze had donkere, lachende ogen. Alle jongens waren verliefd op Lara.

Vanaf het begin was Lara mijn beste vriendin en ze nam me in bescherming. Zij zorgde ervoor dat de andere meisjes hun best deden om me in hun kringetje op te nemen. Maar ik kon nooit helemaal vergeten dat ik een buitenstaander was. De vader van Karen liet duidelijk blijken dat hij niet wilde dat ik met zijn dochter omging. Op een dag stonden we voor de school te wachten op de bus toen er een auto voor ons stopte. Een man liet het raampje zakken en schreeuwde tegen Karen: 'Kom hier! Stap in de auto! Waarom sta je te kletsen met een verdomde paki?'

Karen schrok ervan. Ze zei me vlug gedag en stapte bij haar vader in de auto. Hij reed met gierende banden weg.

De volgende dag schaamde ze zich dood. We waren bevriend geraakt, dus wilde ik er geen punt van maken. We besloten allebei er niet op terug te komen en we zijn gewoon bevriend gebleven.

Maar ze wilde niet meer samen met mij voor de school staan wachten.

Zo leerde ik dat racisme ook van een andere kant kan komen. Ik wist dat mijn vader blanken haatte en nu had ik een blanke ontmoet die mij blijkbaar haatte. Maar waarom waren het altijd volwassenen die haatten, terwijl kinderen hun best deden om met elkaar om te gaan? Op een dag kwam het rassenprobleem op een akelige manier aan de orde.

Mijn vriendin Amanda was volgens mij een meisje dat alles had: ze was mooi, leuk en aardig, en ze kwam uit een fantastisch gezin. Ze woonde niet ver van school en soms gingen we bij haar thuis lunchen. Haar vader was zakenman, haar moeder huisvrouw. Haar moeder was heel vriendelijk en Amanda kon haar blijkbaar alles vertellen. En Amanda had tegen me gezegd dat haar vader heel zorgzaam en behulpzaam voor haar was.

Ik had dolgraag met haar willen ruilen. Ik was niet jaloers op haar uiterlijk en ook niet omdat ze bij de jongens zo populair was, maar ik verlangde hevig naar de liefde en stabiliteit van een normaal gezin. Als Amanda me had gevraagd bij hen te komen wonen, zou ik mijn ouders geen seconde hebben gemist.

Aan het eind van het eerste semester had ik met Amanda afgesproken dat we elkaar in het centrum van de stad zouden ontmoeten. Dat was op een zaterdag omstreeks het middaguur, wanneer papa naar de moskee was. Ik was dapper genoeg om Amanda uit te nodigen bij ons thuis. Ik was zo vaak bij haar geweest dat ik vond dat het nu eens mijn beurt was. Ik had nooit eerder een vriendin mee naar huis genomen en ik wist dat het riskant was, dus was ik behoorlijk zenuwachtig. Niet omdat ik bang was voor mama, zij zou het wel goedvinden, maar ik was bang voor papa.

De voordeur zat nooit op slot en we liepen rechtstreeks door naar binnen. In de achterkamer gingen we op de bank zitten praten. Mama gaf ons iets te drinken en een paar koekjes en ik begon me te ontspannen. Misschien zou het goed gaan. Maar plotseling hoorde ik de voordeur open- en dichtgaan en even later kwam mijn vader binnen. Toevallig had hij die dag besloten wat eerder naar huis te gaan.

Ik verstijfde toen zijn blik op Amanda viel. Meteen trok hij de deur open en beval mij met hem mee te gaan naar de gang. Ik wist wat er zou komen. Hij smeet de kamerdeur dicht en begon in het Punjabi tegen me te schreeuwen.

'Hoe durf je die gori mee naar huis te nemen! Naar mijn huis! Hoe vaak moet ik dat nog zeggen? Het zijn vuile ongelovigen. Ze vrijen met iedereen. Ze geloven nergens in...'

Zo raaskalde hij door, dingen die ik al ontelbare keren eerder had gehoord.

'Ik wil niet dat ze hier komt!' schreeuwde hij. 'Ik wil niet dat je gori vriendinnen hebt!'

Wanneer mijn vader op die manier tekeerging, had het geen zin antwoord te geven. Ik liet mijn hoofd hangen en hoopte dat Amanda niet zou begrijpen wat hij allemaal zei. Opeens zei hij niets meer en beende naar de voorkamer. Gelukkig sleurde hij me niet mee naar de kelder terwijl Amanda binnen zat te wachten.

Ik ging weer naar haar toe, brandend van schaamte en ellende. Ik vond het verschrikkelijk dat ze dit had moeten meemaken. Ik had haar mee naar huis genomen terwijl ik wist hoe mijn vader zou reageren als hij ons betrapte.

'Het spijt me ontzettend,' mompelde ik. 'Ik moet van mijn vader gaan bidden. Vind je het erg om weg te gaan?'

'Nee hoor,' zei ze. Ze sprong op en omhelsde me. Ook al deed ik mijn best om normaal te doen, ze zag dat ik me doodongelukkig voelde. 'Maak je maar geen zorgen. Veel plezier met je gebeden en tot ziens op school.'

Daarna wist papa dat ik nooit meer iemand mee naar huis zou durven nemen. Als hij in het bijzijn van een van mijn vriendinnen nog eens zo tekeer zou gaan, zou ik sterven van schaamte.

De volgende maandag ging ik op school naast Amanda zitten en bood opnieuw mijn excuses aan omdat ze zo vlug had moeten vertrekken. Ik probeerde uit te leggen dat mijn vader de Engelsen niet mocht omdat hij ze niet begreep. Ik kon geen andere smoes bedenken.

Amanda glimlachte begrijpend. 'Ik dacht al dat het om mij was. Hij was wel erg kwaad... Ik hoop dat je er later geen last mee hebt gehad. Maar het was wel gezellig, hè? Jammer dat hij het bedierf.'

'Het ging echt niet om jou,' zei ik. 'Echt waar. Voel je alsjeblieft niet schuldig. Het is zijn probleem, het heeft niets met jou te maken. Hij is sowieso een probleem.'

Hoe we elkaar ook geruststelden, ik hield er een naar gevoel aan over. Ik was bij haar thuis geweest en haar ouders waren heel vriendelijk tegen me geweest, en mijn vader had zich tegenover haar afschuwelijk gedragen. Waarom moest ik altijd dat rare kind zijn met die akelige, onvriendelijke ouders?

Ik wilde mijn vriendinnen zo veel mogelijk over mijn leven vertellen, omdat ik hen wilde laten weten wat mijn achtergrond was. Ik wilde dat ze begrepen dat mijn achtergrond heel anders was dan de hunne en dat ik daarom soms zo vreemd deed. En ik wilde hun duidelijk maken dat ík niet haatdragend en vijandig was.

Maar ik kon niet ronduit tegen Amanda zeggen dat mijn vader blanken haatte en een racist was. Dat is een vreselijk woord. Het zou me moeite kosten het uit te spreken en Amanda zou zich beledigd voelen. Ik wilde niet dat zij zich vies en waardeloos voelde, want dat was ze beslist niet. Ik gebruikte onze cultuur als rookgordijn om mijn vaders gebreken te verbergen en Amanda niet te kwetsen.

Natuurlijk had Amanda slechts het topje van de ijsberg gezien. Ze had geen idee hoe ellendig en gruwelijk mijn leven in het huis van mijn vader werkelijk was.

***

Op de middelbare school moesten de meisjes een donkerblauwe rok, een witte blouse en een donkerblauwe blazer dragen. Mijn rok viel tot over mijn knieën, maar omdat mijn vader dat niet lang genoeg vond, moest ik er een donkerblauwe katoenen lange broek – shalwar kamiz-stijl – onder dragen. Ik vond het vreselijk. Wat dat betrof, was ik opnieuw het buitenbeentje.

'Waarom heb je die rare broek aan?' vroeg een klasgenoot.

Ik haalde vermoeid mijn schouders op. 'Ik mag mijn benen niet laten zien.' Wat een dom antwoord.

'Je benen niet laten zien? Wat is er dan mis met je benen?'

'Niets,' mompelde ik. 'Het heeft met onze godsdienst te maken.'

De klasgenoot keek me met een vreemde blik aan en hield erover op.

Ik naderde de puberteit en ook daar werd mijn vader nerveus van. Wanneer een moslimmeisje uit onze gemeenschap menstrueert, mag ze niet naar de moskee, de Koran aanraken of zelfs thuis bidden. In de Koran staat duidelijk dat menstrueren een 'ongesteldheid' is en dat menstruerende vrouwen 'onrein' zijn.

De puberteit betekende dat er thuis een heleboel nieuwe verboden onderwerpen bij kwamen. Mama had me nooit verteld dat ik zou gaan menstrueren, dat was taboe. En wat ik op school in de lessen seksuele voorlichting had geleerd, had me niet duidelijk gemaakt hoe ik ermee om moest gaan en waar ik tampons of maandverband vandaan moest halen. Dus de eerste keer vond ik het doodeng. Gelukkig was ik toen op school en kon ik meteen naar de verpleegkundige toe. Zij legde me alles uit en gaf me een paar pakjes maandverband.

Ik was de eerste van mijn vriendinnen die menstrueerde en ze wilden weten hoe het voelde. Onverwachts was ik heel even populair en onder mijn vriendinnen kreeg ik een speciale status. Thuis was het een ander verhaal. Omdat een menstruerende vrouw als onrein wordt beschouwd, voelde ik me thuis zondig en vies. Ik hield het maandenlang voor mijn moeder geheim. Maar uiteindelijk was mijn maandverband op en moest ik het haar wel vertellen.

Ze zei dat ik geen tampons mocht gebruiken, omdat je volgens de islam geen onnatuurlijke dingen in je lichaam mag stoppen. En ze zei dat ik in die periode niet mocht bidden, wat ik een geweldig excuus vond om mijn religieuze plichten te verzaken en niet naar de moskee te gaan. Achter de wolken schijnt de zon!

Papa kwam er wel een jaar lang niet achter dat ik menstrueerde. Hij was eraan gewend dat ik bloedde wanneer hij me verkrachtte, dus zag hij het verschil niet eens. Maar toen hij erachter kwam, liet hij me in die periode met rust omdat ik dan te 'onrein' was om aan te raken. De meisjes op school jammerden over hun menstruatie en de last die ze ervan hadden, maar voor mij was het een geluk bij een ongeluk.

In mijn eerste jaar op de middelbare school verkrachtte papa me nog even vaak als daarvoor. Minstens één keer per maand sleepte hij me mee naar de kelder om me seksueel te misbruiken. Maar ik kreeg een aantal nieuwe, oudere vriendinnen en zij zagen mijn blauwe plekken. Ze vermoedden direct dat er iets niet pluis was toen ze mijn lichaam zagen terwijl ik me verkleedde voor gym. De blauwe plekken zaten op mijn borsten, waar hij me altijd vastgreep, en op mijn dijen. Maar niemand vroeg hoe het kwam en ik wilde niets uitleggen.

Ik begon na te denken over manieren om te ontsnappen en ik kon er maar twee bedenken: uit huis gaan om te gaan studeren of mezelf doden. Ik overwoog van huis weg te lopen, maar de enige mensen die ik goed genoeg kende om naartoe te gaan, waren moslims en zij zouden me terugbrengen naar mijn vader. Hij was immers hun imam. En ik kon hun niet uitleggen wat er zich bij ons thuis afspeelde, want ze zouden het nooit geloven.

Ik voelde me voortdurend diep beschaamd. Ik walgde van mezelf. Ik voelde me slecht, alsof ik niet beter verdiende. Mijn vader had me gehersenspoeld tot ik alles geloofde wat hij zei. Ik verdiende niet beter omdat hij dat zei. Ik verdiende niet beter omdat ik slecht en God onwaardig was. Ik zat gevangen in de vicieuze cirkel van hersenspoeling en misbruik. Als mijn vader mijn zusjes zo had mishandeld, had ik meteen geweten dat dat niet deugde, maar wat mezelf betrof, had ik dat niet door.

Ik hoopte dat ik ooit zou kunnen ontsnappen. Daarom deed ik

op school vreselijk mijn best. Als ik genoeg mijn best deed, zou ik misschien verder mogen studeren. In onze gemeenschap waren ook andere meisjes uit huis gegaan om verder te studeren. Dat zou mijn uitweg zijn, omdat ik voor mijn vader dan buiten bereik was. Een andere uitweg zag ik niet.

Maar ik wist niet of mijn ouders me zouden laten gaan. En ik was pas elf, dus zou ik nog minstens zes jaar op mijn vrijheid moeten wachten.

***

Die zomer was ik dolblij toen ik hoorde dat mijn vader van plan was de vakantie in zijn dorp in Pakistan door te brengen. Voor mij betekende dat zes weken gezegende vrijheid. Voor mijn broer Raz bleek het iets heel anders te betekenen. Raz was zestien toen mijn vader hem meenam naar Pakistan. Ik nam aan dat hij na de vakantie terug zou zijn om weer naar school te gaan. Maar mijn vader had geregeld dat Raz werd toegelaten tot een medresse in Pakistan.

Hij kwam zonder Raz terug. Ik vroeg aan Billy waar Raz was. Billy legde uit dat Raz was begonnen met zijn opleiding tot *hafiz* – iemand die de hele Koran uit het hoofd kent. Over drie jaar zou Raz welk vers dan ook uit de Koran in het Arabisch kunnen opzeggen.

Ik had geen idee wat ik me van een medresse in Pakistan moest voorstellen. Mijn vader had Raz daar natuurlijk zijn eigen wens opgedrongen, want voor hun vertrek had niemand het erover gehad en we hadden niet voor lange tijd afscheid van hem genomen. Net als de meeste dingen bij ons thuis kwam het erop neer dat papa weer zijn wil had doorgedrukt.

Van Raz was vaak gezegd dat hij de domkop van ons gezin was. De intelligentie van een meisje was niet belangrijk, alleen haar eer en haar uiterlijk deden ertoe. Maar ik vond Raz een zachtaardige, eenvoudige jongen. Ik vond het jammer dat hij weg was en ik maakte me zorgen om hem. Ik vroeg me af hoe hij zich zou redden in dat verre land waarheen papa hem had verbannen.

Ik had altijd een hekel aan mijn Koranlessen gehad en ik kon me niet voorstellen wat een opgave het was het hele boek uit het hoofd te moeten leren, in een vreemde taal nog wel. En in onze moskee werden we geslagen, dus zou het er in een medresse in Pakistan vast niet milder aan toe gaan. Waarschijnlijk waren ze daar nog veel strenger en hardhandiger. Ik hoopte maar dat de gevoelige Raz zich daar op zijn gemak zou voelen.

In onze gemeenschap waren er enkelen die de Koran uit het hoofd kenden en zij hielden preken op bijzondere dagen, zoals tijdens de ramadan. Dan hadden ze het boek zelf niet nodig. Het gaf aanzien in onze gemeenschap en ongetwijfeld wilde mijn vader dat hij ook een hafiz was. Maar nu zou hij via de arme Raz die status verkrijgen, een nieuwe eer voor de familie.

Ik zag Raz pas drie jaar later terug.

***

In mijn eerste jaar op de middelbare school werd ik lid van het korfbal-, het hockey- en het atletiekteam. In het laatste deed ik mee aan hardlopen – lange afstanden en cross-country. De scholen in ons gebied hadden in die sporten een competitie opgezet. Hoewel Bermford Comp qua opleidingsniveau niet hoog werd aangeslagen, had onze school op het gebied van sport een uitstekende naam. Hockey was mijn lievelingssport en in de hockeycompetitie stonden we twee jaar bovenaan.

Ik was meestal linksachter of ik stond in het doel. Al was ik niet groot, ik was onbevreesd. Ik vond het geweldig de bal zo'n harde klap te geven dat de meisjes van de tegenpartij uit de weg sprongen. Op het hockeyveld kon ik al mijn agressie en opgepotte ellende kwijt. Ik had zo vaak tegenover een razende, gewelddadige vader gestaan dat ik op het hockeyveld weinig te vrezen had.

Ik vond het geweldig lid te zijn van een team, vooral omdat Lara er ook bij was. We hadden ieder onze taak en moesten samenwerken om te winnen. En omdat we steeds wonnen, werd er veel gelachen en gejuicht. Het was geweldig om het als groep zo goed te doen. Tijdens het hockeyen werd ik een ander mens.

Op een dag stond ik na een wedstrijd te douchen toen het Lara ineens opviel dat mijn borst vol blauwe plekken zat. Geschrokken stak ze haar hand ernaar uit en trok die toen gauw terug. Ze keek me bezorgd aan en wees naar de afschuwelijke donkere kneuzingen.

'Hoe komt dat?' vroeg ze ontsteld. 'Die heb je toch niet bij het hockeyen opgedaan?'

Ik schudde mijn hoofd. We kregen best klappen te verduren, maar dat was meestal tegen onze scheenbenen.

'Hoe kom je dan... Heeft iemand... Ik bedoel, wie heeft dat gedaan?'

'Ik ben gevallen,' loog ik. Ik pakte een stuk zeep om mijn blik af te kunnen wenden. 'Ik ben alleen maar gevallen.'

'Maar hoe kun je zijn gevallen en alleen je boezem hebben gekneusd?' vroeg Lara. Ik zag dat haar bezorgdheid oprecht was.

Ik haalde mijn schouders op. 'Dat weet ik niet. Ik ben van de trap gevallen.'

Lara keek me even strak aan en liet het onderwerp toen rusten. Ik voelde me smerig. Ik schrobde me met zeep en verbeeldde me dat ik mijn vader nog steeds kon ruiken. Maar hoe hard ik ook schrobde, ik werd er niet schoon van. Ik had tegen mijn beste vriendin gelogen, maar ik kon het niet opbrengen haar te vertellen dat mijn vader hard in mijn borsten had geknepen terwijl hij me in een donker hok verkrachtte.

Toen ik Lara die leugen vertelde, zag ik aan haar ogen dat ze me niet geloofde. Ik voelde me een bedrieger. Op dat moment drong het tot me door dat mijn lichaam en mijn leven niet van mij waren, maar van mijn vader. Ik was zijn bezit en hij kon met me doen wat hij wilde. Ik had er geen enkele zeggenschap over. Ik was een gebruiksvoorwerp.

***

Er zaten weinig Aziatische leerlingen op onze school en mijn schoolvriendinnen waren dan ook bijna allemaal blank. Ik benijdde hen om een heleboel dingen. De liefde en zorgzaamheid van hun ouders. De avonturen die ze met elkaar beleefden. Hun vrijheid om zichzelf te zijn en te leren.

Vergeleken met hun leven was het mijne een hel. Beschamende verborgen smerigheid. Mijn vader had mijn jeugd vertrapt. Maar ergens geloofde ik nog steeds dat ik mijn straf verdiende, al wist ik niet precies wat ik dan verkeerd had gedaan. Ergens geloofde ik nog steeds dat ik, zoals hij zei, naar de hel zou gaan.

Mijn walging van mezelf en mijn twijfel verscheurden me en ik werd verbitterd en kwaad. Ik trok me steeds meer in mezelf terug. Dat kon natuurlijk niet lang meer goed gaan.

9

Ontluikend protest

Nog steeds las ik elke dag voordat ik ging slapen de Koran. Niet dat ik wist wat de Arabische woorden betekenden, maar er was me vaak genoeg verteld dat alleen al het uitspreken ervan een deugdzame daad was. Ik deed nog steeds mijn best om 'goed' te worden, zodat mijn vader me genegenheid zou tonen. Hij gebruikte nog steeds zijn godsdienst om zijn gedrag te rechtvaardigen. Ik was nog steeds 'slecht' en mijn 'straf' was nog steeds de enige manier om me te 'genezen'.

Tijdens het lezen van de Koran smeekte ik om een beter leven, maar dat was me niet gegund. Dus begon ik te bidden dat mijn vader zou overlijden. Ik wist dat ik daardoor een zonde beging, maar dat kon me niets schelen. Als hij dood was, kon hij me niet meer mishandelen. Ik besefte dat de andere gezinsleden me behandelden als een slavin omdat hij het voorbeeld gaf. Alle ellende in mijn leven werd door hem veroorzaakt. Als hij dood was, zou ik een beter leven krijgen.

Dus smeekte ik Allah om papa te laten sterven. Ik geloofde niet dat hij mijn wens zou vervullen, maar het was een uitlaatklep voor mijn woede. Mijn gebeden werden nooit verhoord en langzamerhand begon ik te denken dat God, de god van mijn vader, niet luisterde. Ik begon te denken dat de god van mijn vader een brute, wrekende god was, een god zonder liefde of geluk in zijn hart.

Steeds meer zag ik Allah als het evenbeeld van mijn vader.

Ik begon te denken dat God graag mensen veroordeelde en uitlachte om hun ellende. Mijn ellende liet hem in elk geval koud. Hij smeet mensen in het hellevuur en liet ze bij hun haren ophangen, dat zei mijn vader tenminste. Ik geloofde dat de hel een kuil was waarin het vuur eeuwig brandde doordat de kuil aan een stuk door werd gevuld met mensen die verkeerde dingen hadden gedaan, zondaars zoals ik. Ik was altijd bang voor God, mijn moeder en mijn vader.

Op school verbaasde ik me er dan ook voortdurend over dat mijn vriendinnen zo gezellig met hun ouders konden praten – over wat ze het weekend zouden doen, afspraken met vrienden of winkelen in de stad. Ze vertelden hun ouders zelfs over de jongens die ze leuk vonden en wie er met wie 'ging'. Als ik bofte, stond ik het hele weekend in de keuken af te wassen, de was te doen en te strijken.

Maar als ik pech had, lag ik in de donkere kelder en werd ik door mijn vader 'gestraft'.

***

Ik was twaalf en had in onze straat een nieuwe vriendin. Iedereen noemde haar bij haar bijnaam: Skip. Ze was vijf jaar ouder dan ik en eveneens een Pakistaanse moslim. Ik bewonderde Skip om haar moed, eerlijkheid en zelfvertrouwen. Ze was een echte kwajongen en heel grappig.

Ze was een geboren rebel. Vaak voetbalden we in haar achtertuin en hadden veel plezier. Maar als papa dat zag, werd hij razend. Voetballen was 'beschamend', brave moslimmeisjes deden zoiets niet. We moesten binnen blijven en koken en schoonmaken voor de mannen. Zodra papa weg was, sloeg Skip haar ogen ten hemel en stak ze de draak met hem. Ze vond hem een overblijfsel van een duister verleden.

Skip was zeventien en heel zelfbewust, maar ik was een gespleten persoonlijkheid. Op school was ik een heel ander meisje dan thuis.

Ik vertelde mijn schoolvriendinnen nooit over mijn leven thuis. Maar als ik bij Skip was, wist ik dat ik niet de enige was die thuis problemen had. Weliswaar werd zij niet misbruikt door haar vader, dat wist ik zeker, maar ze vertelde me wel over een paar andere dingen waar ze bang voor was.

Haar grootste angst was dat haar vader haar zou dwingen met een door hem uitgekozen man te trouwen. Ook al was hij geen geestelijke maar zakenman, dat betekende niet dat hij het huwelijk van zijn dochter niet zelf wilde regelen. Niet vanwege hun godsdienst, maar vanwege hun cultuur en tradities. En het ging natuurlijk ook om eer.

Skip en ik hadden het vaak over de huwelijken van andere meisjes in onze straat. Skip weigerde zich tot wat dan ook te laten dwingen. Ze wilde verliefd worden en trouwen met een man van wie ze hield. We verzonnen verhalen over de perfecte man en het perfecte huwelijk. We droomden allebei van een goede opleiding – zij wilde zich bevrijden van onze gemeenschap, ik wilde me bevrijden van ons akelige gezin. En we droomden over het vinden van de ware.

Skip was een onafhankelijke geest. Ze was het enige meisje in onze straat met wie ik iets gemeen had. Toen we bijna een jaar bevriend waren, vertelde ze me dat ze met vakantie naar Pakistan zou gaan. Ze maakte zich geen zorgen, ze was al eerder in dat dorp geweest en niemand had ook maar iets gezegd over een eventueel huwelijk. Bovendien was haar vader te fatsoenlijk om haar daarmee te overvallen.

Twee dagen na haar vertrek ging thuis de telefoon. Mama nam op en het was Skip. Ze belde me wel vaker, maar waarom belde ze helemaal uit Pakistan? Bezorgd nam ik de telefoon van mama over.

'Hallo Skip, hoe gaat...'

'Hannan? Hannan? Goddank ben je thuis,' viel Skip me in de rede. Haar stem klonk gespannen en angstig. 'Luister goed naar me. Ik heb je hulp nodig, maar ik heb niet veel tijd. Als ze merken dat ik opbel...'

Ze vertelde me dat ze bij verre familie in het noordoosten van

Pakistan waren. Direct na hun aankomst was ze voorgesteld aan een man, een neef die ze nooit eerder had ontmoet. En toen was haar verteld dat ze met die man moest trouwen.

Ze hadden haar opgesloten in een donkere kamer, zonder water of iets te eten, tot ze met het huwelijk instemde. Omdat ze niet wilde omkomen van honger of dorst, had ze dat uiteindelijk gedaan. Maar het was haar gelukt ergens een telefoon te vinden en uit pure wanhoop belde ze mij. Ze wilde ontsnappen. Ik moest naar haar oudste zus Saira gaan en haar om hulp vragen. Om te beginnen moest ze uit Pakistan weg.

Ik vond het vreselijk voor Skip, maar het verbaasde me niet. Hoe vaak was dit niet met andere meisjes gebeurd? Tientallen keren. Zelf was ik bang dat het mij ook een keer zou overkomen.

Ik ging zo gauw mogelijk naar Saira. Als mijn vader erachter zou komen dat ik Skip hielp te ontsnappen aan een door haar ouders geregeld huwelijk, zou hij me vreselijk straffen. Weer verzette ik me tegen iets waarin hij geloofde. Maar ik liet me er niet door weerhouden. Ik moest Skip helpen. Bovendien kon hij me niet erger straffen dan hij al deed. Tenzij hij me vermoordde.

Saira was net als Skip een echte rebel. Toen ik haar vertelde wat Skip was overkomen, schrok ze zich wild en stond meteen klaar om te helpen. Nog diezelfde dag regelde ze een vliegticket voor Skip en vond een vriendin die op het punt stond naar familie in Pakistan te gaan en bereid was de ticket aan Skip te overhandigen.

Drie dagen later werd ik gebeld door Saira. Het was Skip gelukt, ze was ontsnapt! Ze was veilig terug in Engeland. Ze logeerde bij Saira en lag te slapen, doodmoe van alles wat ze had moeten doorstaan. Toen ik later naar haar toe ging, besefte ik hoe ze had geboft dat de ontsnapping was geslaagd. Tot mijn verbazing had haar 'verloofde' begrip voor haar getoond en haar geholpen. Hij had haar haar paspoort teruggegeven en naar het vliegveld gebracht. Zonder zijn hulp was het misschien niet gelukt.

Skip was ontsteld omdat haar ouders haar tot een huwelijk hadden willen dwingen. Ze zei dat ze hen niet meer wilde zien. Ze vond een baan, huurde een appartement en verbrak het contact met hen. Wat haar ouders betreft, zij waren van mening dat Skip oneervol had gehandeld en wilden haar net zomin terugzien.

Skip was niet de enige voor wie een huwelijk door de ouders was geregeld, maar ze was wel uniek doordat ze eraan was ontkomen. Meestal was de val van een gedwongen huwelijk een gevangenis voor het leven. De hele straat kreeg natuurlijk te horen wat Skip had gedaan en iedereen vond het schandalig. Ze had haar familie te schande gemaakt.

Vooral mijn vader liet luid en duidelijk blijken hoe hij Skips daad veroordeelde. Hij was buiten zichzelf van woede. Hoe durfde een meisje uit zijn straat, uit zijn religieuze gemeente, zich op die manier aan de wil van haar vader te onttrekken? Mijn vader was van mening dat ze onze hele gemeenschap te schande had gemaakt en vooral hem, de imam, onze morele en spirituele gids.

Ik weet niet of de ouders van Skip het aanstaande huwelijk van hun dochter met mijn vader hadden besproken, maar ik denk het wel. Ik zei tegen niemand dat ik Skip bij haar ontsnapping had geholpen en ik bleef contact met haar houden, al moest dat voortaan in het geheim. Ik bewonderde haar nog meer dan vroeger, ze was mijn heldin.

Skip hield van poëzie, schrijven en reizen. Ze werkte een paar maanden hard, spaarde en ging op reis naar een plek die ze wilde zien. Zo nu en dan kreeg ik een telefoontje van haar, uit Egypte, Israël of waar ze dan ook was. Ze had het altijd enorm naar haar zin. Ze kon me rustig thuis bellen, want ze sprak altijd Engels en dan gaf mama de telefoon meteen door aan mij.

'Een meisje dat Engels spreekt,' mompelde ze dan in het Punjabi.

***

Skips verzet was brandstof voor mijn opstandige geest, hoewel ik op mijn twaalfde nog niet daadwerkelijk in opstand kwam. Ik had lang, recht afgeknipt haar, dat ik vlocht tot een dikke vlecht op mijn rug. Een paar meisjes in onze straat hadden kort haar met een pony en dat vond ik heel leuk, maar volgens mama was dat verkeerd en zou Allah hen straffen. Een pony was haram, zei ze.

Ik had nooit gehoord dat in de Koran stond dat het verkeerd was je haar af te knippen, maar volgens mijn ouders was alles haram. Het verbaasde me eigenlijk dat ademhalen was toegestaan! Ik vond een pony modern staan en besloot mijn haar ook zo te knippen. Het kon me niet schelen dat het haram was, ik zou het thuis gewoon verbergen. Ik droeg altijd een hijab, ook thuis, dus hoefde ik er alleen maar voor te zorgen dat ik mijn pony daaronder verstopte.

Op een middag ging ik na schooltijd naar de badkamer en deed de deur op slot. Veel moslims willen geen bad nemen, dat vinden ze onrein. Je ligt in water dat je vuil hebt gemaakt. Maar je mag je ook niet wassen terwijl je rechtop staat, dus douchen is net zomin toegestaan. Wij vulden een gele plastic emmer met water en goten dat met behulp van een plastic kan over ons heen terwijl we geknield in het bad zaten.

Ik pakte de emmer om er mijn afgeknipte haar in te doen. Voor de met hout omlijste spiegel boven de wasbak knipte ik met de roze schaar uit mijn schooltas een lok haar af. Knip! De lok viel in mijn hand en ik staarde er even naar. Dat ging soepel. Ik liet de lok geluidloos in de emmer glijden. Wat spannend om iets te doen wat verboden was! Het werkte bevrijdend.

Knip, knip, knip... Toen was ik klaar. Ik keerde de emmer om boven de wc om het bewijs door te spoelen. Opeens werd ik zenuwachtig. Zou mama het zo meteen zien? Ik trok mijn hijab wat lager over mijn voorhoofd, opende de deur en glipte de badkamer uit.

Ik ging naar mama in de keuken. Ze keek niet naar me. Waarom zou ze? Met het verboden ponyhaar onder mijn hoofddoek zag ik er net zo uit als anders. Wat een opluchting.

Een paar weken later deed ik voor het naar bed gaan mijn hoofddoek af toen mama binnenkwam. Vlug draaide ik me om, maar het was al te laat, ze had mijn doe-het-zelfpony gezien.

'Je bent een heel dom meisje!' riep ze. 'Hoe heb je zoiets doms kunnen doen? Je bent een waardeloos, dom meisje!'

Ze kwam naar me toe en gaf me een draai om mijn oren.

'Omdat je dat hebt gedaan, word je bij je haren opgehangen in de hel, dat weet je toch wel?' riep ze. 'Je gaat naar de hel!'

Ik zei niets terug, haar reactie verbijsterde me. Ze had me nooit eerder geslagen. Ik wist dat het verkeerd was mijn haar af te knippen, maar niet dat het zo erg was. Toen ze zei dat ik bij mijn haren zou worden opgehangen in de hel, was ik opeens bang dat ze gelijk had. Toch vroeg ik me af of zoiets onbenulligs als het afknippen van een lok haar echt zo'n grote zonde kon zijn. Wie had ik ermee geschaad? Hoe kon ik er welke god dan ook mee hebben beledigd?

Nou ja, als ik mijn ouders moest geloven, zou ik toch al naar de hel gaan. Een goede moslim moet zich houden aan de vijf zuilen van de islam als hij naar het paradijs wil, dat was me ontelbare keren verteld. Ik onttrok me aan een van de vijf zuilen – vijfmaal per dag op de voorgeschreven tijdstippen bidden – door stiekem naar *Neighbours* te kijken, dus aan mij was toch al geen eer meer te behalen. Ik was voorbestemd voor de hel.

Gelukkig bleef mama niet lang boos. En ze verklapte niet aan papa hoe ongehoorzaam ik weer was geweest.

***

Arme Raz zat nog steeds in de medresse in Pakistan en we hadden nog niets van hem gehoord. Zakir en Billy waren inmiddels tieners en zij begonnen thuis ook voorzichtig in opstand te komen. Een van de vijf dagelijkse gebeden viel op het tijdstip dat *Neighbours* op tv was, onze favoriete serie.

Dus vlak voordat *Neighbours* begon, gingen mijn broers en ik naar boven alsof we gingen bidden, maar we gingen naar Zakirs kamer om tv te kijken. Als oudste zoon mocht Zakir een televisietoestel op zijn kamer hebben, dat hij zelf had betaald met het geld dat hij op zaterdag verdiende. Als een van de broers soms klaagde dat ik ook kwam kijken, dreigde ik dat ik mama zou vertellen dat zij televisiekeken in plaats van te bidden. Zo hielden we alle drie onze mond.

In het begin wilde ik die serie per se zien omdat ik hem zo leuk vond. Maar toen ik een poosje op de middelbare school zat, had ik genoeg over andere godsdiensten gehoord om de religieuze voorschriften bij ons thuis in twijfel te trekken. Ik begon me af te vragen of ik wel moslim wilde zijn, maar toen dacht ik nog dat ik door mijn geboorte en opvoeding in ons religieuze getto gevangenzat.

Mijn vader kwam aan zijn ideeën over de Engelse cultuur door de programma's waarnaar wij keken, meestal waren dat soaps. Als de mensen die erin voorkwamen in een pub alcohol dronken of met elkaar flirtten, zei hij: 'Echt iets voor die goray! Dat is het enige wat Engelsen doen, alcohol drinken en met iedereen naar bed gaan.'

Omdat hij zelden met Engelsen te maken had, dacht hij dat tv-series een juist beeld gaven van hun leven. Hij dacht dat alle goray zich zo gedroegen als in soaps, ongeacht hun godsdienstige overtuiging, als ze die al hadden. Als jonge mensen ouderen een grote mond gaven, zei hij: 'Kijk maar hoe ze hun kinderen hun gang laten gaan! In hun maatschappij heeft niemand respect voor elkaar. Geen greintje respect.'

Mijn vader genoot ervan als hij zich in zijn vooroordelen gesterkt zag en iets vond wat hij kon gebruiken om die kracht bij te zetten. Hij luisterde met gespitste oren naar nieuws over jeugdige misdadigers of het overmatige drankgebruik van jonge mensen. Dat soort berichten versterkte zijn mening over de mensen in zijn nieuwe vaderland.

Wat hem razend maakte, waren schaars geklede vrouwen op tv. En als een stel elkaar kuste of nog erger, samen in bed lag, ontplofte hij. Dan schreeuwde hij dat we onmiddellijk een andere zender moesten zoeken en als dat niet vlug genoeg gebeurde, snauwde hij: 'Nu! Nu!' We durfden hem nooit tegen te spreken, want we wisten hoe hij dán zou reageren.

Toch ergerden we ons eraan. Vaak dacht ik: *maar nu weet ik niet wat er verder gebeurt! Nu vinden ze elkaar! Dit is een heel belangrijk deel van het verhaal! Hier leven ze al heel lang naartoe!*

Als we soms terug mochten naar het programma, wanneer het kussen en knuffelen was afgelopen, hadden we een heel stuk gemist en dan probeerde ik zelf te bedenken wat er was gebeurd. Gelukkig had ik een rijke fantasie.

Hoe strenger mijn vader het afkeurde dat we naar soaps keken, hoe vaker mijn broers en ik dat deden. Ze boden ons een blik op een andere wereld: in *Coronation Street* die van een typisch Noord-Engelse gemeenschap met als middelpunt de pub, in *EastEnders* die van stoere jongens die steeds weer in aanraking komen met de politie, in *Hollyoaks* die van studenten met hun vrije liefde. Het was een manier om te ontsnappen aan ons beperkte leven. Een half uur lang konden we ons verbeelden dat we andere mensen waren, mensen die niet in zo'n verstikkend keurslijf zaten als wij.

Toch hoefde papa niet bang te zijn dat wij net zulke mensen wilden zijn als de karakters in de soaps. Ik keek er ook naar omdat ik deel wilde uitmaken van de wereld van mijn vriendinnen. Soaps vormden een brug tussen onze verschillende werelden. Soaps waren het enige gemeenschappelijke waarover ik met mijn vriendinnen kon praten. Ik kon niet meepraten over de rest van hun leven: vakanties, vriendjes, kleren, haar en make-up. Ik kon in geen geval praten over ons duistere gezinsleven.

Elke keer als we van papa moesten overschakelen naar een andere zender, besefte ik dat ik weer iets miste wat mijn vriendinnen wél mochten zien. Bovendien waren dat de spannendste momenten. Ze zouden er de volgende dag over praten en ik zou weer niet mee kunnen doen.

'Heb je gisteravond *EastEnders* gezien?' zou Lara vragen. 'Wauw! Had je ooit verwacht dat zij een relatie zouden krijgen?'

'Ja, sexy, hè?' zou Karen lachend antwoorden.

'Wie hebben er een relatie gekregen?' zou ik vragen, nieuwsgierig naar wat ik had gemist.

'Heb je dan niet gekeken?' zou Karen vragen.

'Jawel, maar dat heb ik niet gezien.'

'Waarom mis je altijd de spannendste stukjes?' Karen zou me verbaasd aankijken.

'Daar mag ik niet naar kijken,' zou ik boos antwoorden. 'Die mag ik van mijn stomme vader niet zien.'

'Waarom niet?' Dat was Lara.

'Vanwege onze godsdienst,' zou ik mompelen, beschaamd omdat ik dat moest toegeven. 'Hij zegt dat het anti-islam is naar dat soort dingen te kijken.'

'Maar ze kussen elkaar alleen maar.' Dat was Karen. 'Meer doen ze eigenlijk niet...'

Omdat mijn broers en ik naar een Engelse school gingen met Engelse leraren en voor het merendeel Engelse leerlingen, waren wij, in tegenstelling tot onze ouders, op de hoogte van de Engelse cultuur. We hadden niet het gevoel dat we daarin thuishoorden. Op school bevonden we ons in Engeland, maar thuis bevonden we ons in een Pakistaans dorp. We leefden in twee verschillende werelden.

Op school mocht ik niet met mijn handen eten, thuis gebruikten we geen bestek. Thuis spraken we Urdu of Punjabi en werd papa boos als mijn broers en ik Engels spraken, de taal van de verachtelijke goray. Ik gebruikte thuis zelfs een heel ander vocabulaire dan op school.

In een poging nog een brug naar de wereld van mijn schoolvriendinnen te slaan verdiepte ik me in popmuziek. Daar kon ik op school over praten, maar dat moest ik thuis niet proberen. Het populaire tv-programma *Top of the Pops* werd door mijn vader afgekraakt. Hij haatte de muziek, de woorden, de kleren die de musici droegen en de 'uitdagende' manier waarop ze dansten. Hij kwam woorden te kort om hun 'onzedelijke' dansen te veroordelen.

Maar ik vroeg me af hoe het zondig kon zijn. Hoe het mogelijk was dat mijn vader me in de kelder mocht verkrachten terwijl een onschuldig programma over popmuziek onzedelijk en dus verbo-

den was. Ik begreep er niets van. Het morele kompas van mijn vader was totaal verkeerd afgesteld. Maar ik was ervan doordrongen
dat als mijn vader ergens een hekel aan had, ik de kans liep te worden 'gestraft' als ik zijn mening negeerde. Toch keek ik naar *Top of
the Pops*, in elk geval wanneer hij niet thuis was.

Ik leerde de woorden van populaire liedjes om die op school te
kunnen meezingen. Ze gingen meestal over de liefde, romantische
liefde tussen een man en een vrouw. Dat soort liefde leek me heel
opwindend en mysterieus. Het was zorgeloos en vrij vergeleken bij
de steriele, vernederende verhouding van mijn ouders. Ik had
nooit gezien dat mijn vader mijn moeder ook maar één keer liet
merken dat hij haar waardeerde of graag mocht. Voor hem was ze
niet meer dan een huishoudelijk apparaat dat hij overal voor kon
gebruiken.

Mijn ouders gaven nooit blijk van wederzijdse liefde, ze zeiden
nooit iets liefs tegen elkaar. Papa behandelde mama als een slavin,
niet als zijn gelijke en iemand op wie hij gesteld was. Ik wist in-
tuïtief dat dat verkeerd was. Ik wist dat hij haar hoorde te koesteren, ze was zijn vrouw, zijn levenspartner en de moeder van zijn
kinderen. Maar als hij haar niet mishandelde, negeerde hij haar.

Ik hield mezelf voor dat ik niet zo wilde worden als mijn moeder,
maar ik was er getuige van dat oudere nichtjes en vriendinnen werden gedwongen om net zo'n liefdeloos huwelijk aan te gaan. Ze
maakten geen gelukkige indruk en waren beslist niet verliefd. In
onze gemeenschap zag ik tussen mannen en vrouwen maar weinig
dat kon doorgaan voor liefde. Ik wist natuurlijk niet wat er zich bij
mensen thuis afspeelde, maar in het openbaar zag ik nooit enig teken van wederzijdse genegenheid. Elkaar aanraken was trouwens
verboden.

Het soort liefde waarover in die liedjes werd gezongen en waarnaar ik verlangde, was een onderdeel van de cultuur van mijn blanke vriendinnen. Het was geen onderdeel van onze cultuur en het
kwam niet bij mijn ouders op dat ik zo'n soort liefde zou kunnen
vinden.

Ik was een tiener geworden en leefde in twee werelden, maar ik hoorde in geen van beide meer thuis. Ik was niet langer gelukkig met mijn identiteit als Pakistaanse moslim, ik begon er zelfs een hekel aan te krijgen. Maar wie kon ik, een moslimmeisje met een bruine huid, anders zijn?

Daar kwam bij dat ik altijd een shalwar kamiz moest dragen. In onze straat was dat normaal, maar daarbuiten niet en ik vond het vreselijk. Op school hoefden we een paar dagen in de maand geen uniform te dragen, dan mochten we aan wat we wilden. De meisjes namen dan natuurlijk de gelegenheid te baat om zich hip te kleden, met veel sieraden en make-up, maar ik had alleen mijn kanariegele shalwar kamiz en geen enkel sieraad. Op die dagen voelde ik me nog meer een buitenstaander dan anders.

Papa stond erop dat vrouwen altijd zedig gekleed waren, wat inhield dat we zelfs onze enkels niet mochten laten zien. Een zichtbaar verboden deel van het lichaam of strakke kleren die onze lichaamsvorm lieten uitkomen, waren zondig. Ik durfde me er niet tegen te verzetten, want dat zou papa beschouwen als verzet tegen onze cultuur en zijn regels.

10

Verzet, zoet verzet

Op zondagmiddag was er een radioprogramma waarin bekend werd gemaakt welk nummer bovenaan stond. Meestal stond ik dan in onze slaapkamer te strijken, zodat ik kon luisteren, met de radio heel zacht aan. Wel moest ik oppassen dat papa me niet betrapte, want dan zwaaide er wat. Bij het minste verdachte geluid zette ik de radio uit.

Een van de regels thuis was dat we niet naar muziek mochten luisteren. Volgens mijn vader was dat haram – verboden. Hij legde niet uit waarom muziek slecht of ongoddelijk was. Thuis mocht er officieel geen sprake zijn van muziek. Maar mama luisterde naar haar Bollywoodtapes en papa had tapes met Pakistaanse *qawwali*-zangers (qawwali lijkt op het gezang bij dansende derwisjen). Hun muziek was niet haram, onze popmuziek wel.

Zakir en Billy waren fans van The Smiths en Morrissey. Daar luisterden ze 's avonds laat naar of wanneer papa naar de moskee was. Ze waren ook dol op westerse films, zoals *Rebel Without a Cause*. Ze probeerden op allerlei manieren mee te doen aan de westerse cultuur. Zakir rook altijd naar Fahrenheit-aftershave, die niet halal was. Hij was gek op voetballen en was een enthousiaste fan van Manchester United. Hij keek naar al hun wedstrijden op tv.

Ik luisterde niet naar hun soort muziek, rock voor oudere mensen, maar vond die wel cool. Zakir en Billy hadden stickers op hun

kleerkast van Morrissey en James Dean in een branieachtige houding. Op een dag smeerden ze allebei gel in hun haar en kamden
het in een kuif, net als hun idolen.

De eerste keer dat ze zo beneden kwamen, keek papa hen
vreemd aan, maar hij zei er niets van. Ze gingen ermee door en ten
slotte kon papa het niet langer negeren. Hij had geen idee wat het
moest voorstellen, maar hij vermoedde dat zijn zoons waren aangestoken door westerse manieren. Dus moest hij hen aanspreken
op hun vreemde gedrag.

'Wat moet dat betekenen?' snauwde hij terwijl hij naar Zakirs
kuif wees. 'Je haar is te lang, je lijkt wel een meisje! Je ziet er belachelijk uit. Waarom doe je dat?'

'Wat geeft dat nou,' mompelde Zakir. 'Ik vind het leuk.'

'Ik vind het belachelijk,' herhaalde papa. 'Een stom goray kapsel.'

Papa vond hun kuiven een gevaarlijke provocatie. De volgende
stap was lang haar, en dat haatte hij. Mannen hoorden kortgeknipt
haar te hebben, volgens de traditie van de islam. Een lange, warrige
baard mocht wel, maar lang hoofdhaar beslist niet. Mijn broers
konden hem natuurlijk niet de waarheid vertellen: dat ze hun hel-
den imiteerden, James Dean en Morrissey. Dat was te riskant. Bij
ons thuis liep iedereen op eieren.

Morrissey was vegetariër en een van zijn liedjes heette 'Meat is
Murder'. Mijn broers vonden dat een van zijn beste songs. Ze probeerden nog meer op hem te lijken door geen vlees meer te eten.
Op een dag zeiden ze tegen mama dat ze vegetariër waren geworden. Daarna kookte mama apart voor hen of gaf hun alleen groente. Een paar weken lang merkte papa daar niets van, maar uiteindelijk kon hij, net als bij de kuiven, niet langer negeren wat er gaande
was.

'Waarom eten jullie geen vlees meer?' vroeg hij ontstemd. 'Op
die manier worden jullie nooit flinke kerels. Hoe verwacht je zo
ooit een man te worden?'

'Wat kan u dat schelen?' flapte Billy eruit. 'We willen gewoon
geen vlees meer eten, dat is alles.'

Papa werd kwaad en ze begonnen ruzie te maken. Maar hij kon zijn zoons niet dwingen te eten en hij kon niet begrijpen waarom ze vegetariër wilden zijn. Dus dat was ook weer een onderwerp waarover ze het niet eens konden worden.

Ik vond het juist grappig dat ze vlees lieten staan. Ik had op school een hindoestaans vriendinnetje dat ook geen vlees at. In het hindoeïsme zijn koeien heilig en bij haar thuis aten ze geen enkele soort vlees. Dat kon ik begrijpen, maar ik dacht dat mijn broers gewoon trendy wilden zijn. Ik had 'Meat is Murder' ik weet niet hoe vaak gehoord, en ik had de video gezien waarin Morrissey een toespraak hield over het niet eten van vlees en kippen in veel te kleine hokken.

Omdat Morrissey tegen legbatterijen was, besloten mijn broers ook geen eieren meer te eten die daaruit afkomstig waren. Mama deed alles voor haar zoons, dus kocht ze voortaan scharreleieren. We plaagden Billy en Zakir door aan tafel op een overdreven manier stukjes kip uit onze curry te vissen. Mijn jongste zusje was het ergst, zij hield het vlees vlak onder hun neus.

'Mmm, ruikt dat niet lekker?' zei ze dan plagend.

Mijn moeders *saag* van lamsvlees en spinazie was altijd Zakirs lievelingsgerecht geweest. Hij vond die vooral lekker de volgende dag, wanneer de specerijen er goed in getrokken waren, en dan in een tosti. Dus begonnen wij in het bijzijn van Zakir ook tosti's met saag van lamsvlees te eten om hem te sarren.

'Mmm, heerlijk mals! En de specerijen, perfect!'

Papa vond dat natuurlijk absoluut niet grappig. Hij zat er zwijgend bij. Hij had geen flauw idee dat zijn zoons vegetariër waren geworden in navolging van een rebelse blanke rockstar. Als hij had geweten dat het de westerse invloed was, was hij razend geworden. Maar nu liet hij het 'abnormale' gedrag van zijn zoons met een verbeten gezicht over zich heen gaan.

Ik kon niet openlijk in opstand komen, zoals mijn broers. Ik had altijd de 'straf' als het zwaard van Damocles boven mijn hoofd hangen. Ik waagde het niet vlees te laten staan en verstopte mijn

muziekcassettes. Mijn zusjes pakten spullen van me af en verniel-
den ze. Aliya krabbelde in mijn schoolboeken. De beste plek om ze
weg te bergen was boven op de kleerkast, want daar konden ze niet
bij. En daar keken mijn ouders niet.

Inmiddels sliepen we met z'n vieren in onze slaapkamer: mama,
Sabina, Aliya en ik. We hadden ieder één plank in de kast voor onze
kleren. Er hingen geen posters of schilderijen aan de muren, die
waren behangen met hetzelfde bloemetjesbehang uit de jaren zeventig als de kamers beneden. Op een avond had ik een gesprek
met Sabina toen ze al vast lag te slapen. Net als mama was ze dol op
Bollywoodmuziek, maar zij verstopte haar cassettebandjes. Ik wist
dat ze praatte in haar slaap en besloot een grap met haar uit te halen.

'Waar heb je je cassettebandjes opgeborgen?' vroeg ik.

'In een doos onder het bed,' antwoordde ze met een vreemd
klinkende stem.

De volgende morgen vertelde ik haar waar ze haar tapes had verstopt, dat ze in haar slaap had gepraat en dat ik daarom wist waar ze
lagen. Ze werd vreselijk boos, maar eindelijk was ik de perfecte
dochter van mijn ouders eens een keer te slim af geweest. Ze rende
naar boven om te kijken en ik bleef voldaan beneden. Ze moest een
andere verstopplaats zoeken.

Zelfs de onbenulligste overtredingen moest ik voor mijn
ouders geheimhouden en niet alleen voor hen, want Sabina was
een klikspaan. We waren water en vuur, we konden absoluut niet
met elkaar opschieten. Zij was de perfecte dochter en ik de rebelse, vervloekte dochter die mijn vaders woede en mishandelingen
verdiende.

Ik had een pennendoos waarop ik met Tipp-Ex de namen van
mijn vriendinnen had geschreven. Daarin zaten stickers van pop-
sterren en acteurs uit het tijdschrift *Smash Hits*. Mijn favorieten
waren Bros, New Kids on the Block en de sterren uit de tv-serie
Beverly Hills 90210. Ik was verliefd op Luke Perry, een van de acteurs. Hij was lang, slank en knap, hij had blauwe ogen en don-

kerblond haar. Ik vond hem om bij weg te zwijmelen.

Mijn ouders doorzochten nooit mijn schooltas, dus daar waren mijn stickers veilig opgeborgen. Ze toonden nauwelijks belangstelling voor wat ik uitvoerde op school. Maar op een dag pakte mijn jongste zusje mijn schooltas en keerde die om. Ze haalde de stickers uit mijn pennendoos en bekladderde ze. Mama greep pas in toen ze de muur ging bekrassen. Hoewel Aliya nog te jong was om te weten dat de inhoud van mijn schooltas haram was, was ik erg overstuur. Mijn schooltas was het enige deel van mijn leven dat van mezelf was, daar moest iedereen van afblijven.

Een andere keer pakten Zakir en Billy mijn pennendoos van me af. Ze vonden het hoogst vermakelijk. Bros was een melig popbandje voor kleine meisjes en ze schudden meewarig hun hoofd omdat ik ze goed vond. Ze lachten me uit omdat ik stiekem die stickers verzamelde en zeiden dat ik niet zo kinderachtig moest zijn. En nog wekenlang plaagden ze me met Luke Perry.

Ik was woedend. 'Wat doen jullie daarmee? Dat is geheim! Wie heeft gezegd dat jullie in mijn tas mochten kijken?'

Hoe kwader ik werd, hoe harder zij lachten. Maar ik wist dat ze het niet tegen papa zouden zeggen. We hadden allemaal onze geheimen en we namen elkaar in bescherming. Ik wist ook dingen van hen. Ze gingen naar popconcerten en zeiden dan tegen papa dat ze naar de buren gingen. Ze verstopten de *New Musical Express* in hun slaapkamer. Ze wisten dat als zij iets over mij doorvertelden, ik ook mijn mond open zou doen.

Toen Zakir achttien werd, ging hij van school, vond een baan en kocht een auto. Het was een tweedehands paarse Skoda, maar hij was er apetrots op. Mijn zusjes en ik moesten hem ik weet niet hoe vaak wassen. Als we dat weigerden, mochten we niet met hem mee. Hij bracht ons alleen naar de supermarkt, maar dan hoefden we in elk geval niet met die zware tassen te sjouwen.

De Skoda was beter dan mama's boodschappenwagentje. Mijn ouders hadden geen auto. Die hadden ze ook niet nodig, want ze waren thuis of in onze straat, liepen naar de moskee en gingen een keer per jaar naar Pakistan. Ze hadden geen rijbewijs. In Pakistan gebruikten ze paard-en-wagen. Als papa in Engeland ergens anders naartoe moest, deed hij dat ook lopend.

Op een dag in de winter kwam papa thuis met een pijnlijke knie. Hij wilde niet vertellen wat er was gebeurd, hij schaamde zich omdat hij was uitgegleden in de sneeuw. Hij bleef met die knie rondlopen tot de pijn te erg werd, toen pas mochten mama en Zakir hem naar het ziekenhuis brengen. Er werd een röntgenfoto van de knie gemaakt en de dokter zei dat hij zijn knie had verstuikt. Er werd een verband om gedaan en daarna moest Zakir hem met de auto naar de moskee brengen. Hij mocht zijn plicht als imam natuurlijk niet verwaarlozen.

Al was die Skoda niet bepaald een hippe auto, voor Zakir was het een statussymbool. Ik was er niet van onder de indruk, want schoolvriendinnen hadden oudere broers met een Peugeot of een Volkswagen. Ik was er algauw achter dat elk merk beter was dan Skoda.

'Je mag me overal naartoe brengen,' zei ik tegen Zakir, 'maar je mag me niet van school halen.'

Dat vond Zakir erg grappig. Toen ik op een dag uit school kwam, hoorde ik een auto hard toeteren en daar was hij. Met een grote grijns zat hij achter het stuur en zwaaide naar me door het open raampje. Mijn vriendinnen begonnen hard te lachen en ik deed alsof ik hem niet kende. Maar Sabina, die inmiddels ook bij mij op school zat, zag een kans om zich op me te wreken. Ze greep me bij de arm en trok me mee naar de auto. Toen kon ik Zakir en zijn paarse Skoda niet langer negeren.

Eerder dat jaar waren we met de bus op schoolreisje geweest naar Blackpool om daar de feestverlichting te zien. Ik was nog nooit zo ver van huis geweest, behalve die reis naar Pakistan. We gingen nooit de stad uit. Het was ook voor het eerst dat ik de zee zag. We reden over de boulevard en door de stad, vol bewondering voor de lichtjes. Van de zee kreeg ik toen niet meer te zien dan glinsterend licht op donker, kabbelend water.

In de paasvakantie vroeg ik Zakir of hij met mij en mijn zusjes naar Blackpool wilde gaan om naar de zee te kijken. Ik weet niet waarom, maar ik droomde regelmatig van de zee – een enorme watervlakte waarvan ik me geen voorstelling kon maken. Ik moest er vaak aan denken, alsof het oneindige water me in mijn ongelukkige leven tot kalmte zou kunnen brengen.

Maar Zakir weigerde. Hij deed alsof hij er geen zin in had, maar ik vermoedde dat hij bang was dat papa er boos om zou worden. Waarschijnlijk was zo'n uitstapje ook weer haram. Wie weet welke religieuze bezwaren papa dan weer zou bedenken om ons teleur te stellen.

Het zou dus weer een saaie, sombere paasvakantie worden. Ik probeerde zo veel mogelijk weg te gaan. Op een middag rende ik op weg van het huis van oom Kramat en tante Sakina naar mijn eigen huis om te bidden en in de haast, omdat ik laat was, struikelde ik, viel tegen het hek en tuimelde op de grond.

Toen ik even later opstond, stroomde er bloed uit een wond op mijn voorhoofd. De dochter van tante Sakina stond in de deuropening met mama te praten. Zo gauw ze me zagen, beseften ze dat ik naar het ziekenhuis moest. De zoon van tante Sakina, oom Ahmed, bracht me er met de auto naartoe. Na een poosje wachten op de eerstehulpafdeling werd de wond gehecht en toen mocht ik naar huis. Mama besteedde er verder geen aandacht aan. Ik was doodmoe van de schrik en het bloedverlies en ging naar bed.

Toen ik de volgende morgen beneden kwam, kon ik aan papa's gezicht zien wat hij ervan dacht. Hij toonde geen greintje bezorgdheid, maar keek me aan alsof die val het stomste was wat ik ooit had gedaan. De minachting, nee, de walging die hij voelde voor zijn dochter nam niet af door een wond op haar hoofd.

Weer vertelde hij me hoe stom en waardeloos ik was.

11

Rebel met reden

Ik weet niet of het kwam door het voorbeeld dat Skip me had gegeven, maar op mijn dertiende begon ik me af te vragen waarom mijn leven was zoals het was. Waarom moest ik zo'n verdrietig, naargeestig leven leiden? Waarom werd ik onderdrukt en mishandeld? Ik begon alles om me heen te ontleden: mijn cultuur, mijn familie, mijn vader, mijn godsdienst en natuurlijk de manier waarop ik werd misbruikt.

De zieke begeerte van mijn vader werd nog heviger, toen in de puberteit mijn lichaam zich begon te ontwikkelen. Alleen wanneer ik op school zat of ervoor zorgde dat ik zo lang mogelijk ergens anders was, kon ik hem ontwijken. Maar uiteindelijk moest ik weer naar huis en dan vond mijn vader altijd weer een reden om me te 'straffen' en me mee naar de kelder te sleuren.

Pas wanneer hij het welletjes vond, beval hij mijn moeder me vrij te laten. Naderhand wilde hij me niet meteen zien, want dan herinnerde ik hem aan zijn wandaden. Ik weet zeker dat hij liever had dat ik dood was, dan zou hij niet langer met zijn schandelijke gedrag worden geconfronteerd. Als hij me op zo'n dag toch tegen het lijf liep gaf hij me, wie er ook bij was, een draai om mijn oren.

'Zij vindt nooit een man,' zei hij minachtend tegen Sabina toen ze daar een keer bij was. 'Ze is te lelijk en te dom. Wie wil haar nou hebben? Ze is voor niemand goed genoeg.'

Ik staarde zwijgend naar de grond. 'Ik moet haar een lesje leren omdat ze zo slecht en waardeloos is,' voegde hij er vals aan toe.

Ik begreep niet hoe het mogelijk was dat het er in een gezin zo afschuwelijk aan toe ging. Er was geen sprake van liefde van de ouders voor hun kinderen of andersom, en al helemaal niet van enige liefde voor mij. En ik begreep niet hoe mama het verwerpelijke gedrag van mijn vader kon goedkeuren. Waarom liet ze dat toe? Ik kon het niet bevatten.

Het begon tot me door te dringen dat ik mijn vader haatte en verafschuwde. Ik hoopte niet langer dat hij zou veranderen. Ik wachtte niet langer met smart op de dag dat hij me alles zou 'vergeven', me zou accepteren en als een dochter zou liefhebben. Ik wist dat die dag nooit zou komen. Ik besefte inmiddels ook dat niet ik degene was die slecht was, maar hij.

Hoe ouder ik werd, hoe minder ik me kon vinden in het geloof van ons gezin. Maar ik wist niet waar ik dan wél in moest geloven. Ik was heel anders dan de anderen. Ik zonderde me af en hield een dagboek bij. Ik liet me steeds minder aan de anderen gelegen liggen. Elke middag om halfzes ging een van mijn broers met mijn vader mee naar de moskee om op te roepen tot het gebed, en dan ging ik naar boven om naar *Neighbours* te kijken. Soms kwam mama boven om zich ervan te overtuigen dat ik zat te bidden, maar ik kon inmiddels uitstekend liegen.

'Ja mama,' antwoordde ik dan met een zucht, 'ik heb net gebeden.' Maar ik had gekeken naar het huwelijk van Scott en Charlene.

Op school leerden we over andere grote godsdiensten. Ik wist nog maar weinig over het joodse geloof, het boeddhisme en het hindoeïsme, en toen kreeg ik de kans om te gaan nadenken over de verschillende religieuze stromingen. Onze godsdienstlerares was een blanke vrouw van in de vijftig. Ze besprak elk geloof met hetzelfde respect, ze gaf geen blijk van een eventuele voorkeur. Ze gaf onderricht alsof de soorten godsdienst op een menukaart stonden en iedereen er daar een van mocht uitkiezen.

Een heleboel klasgenoten behoorden niet tot een bepaalde godsdienst of lieten dat in elk geval niet blijken. Sommigen geloofden zelfs niet in God. Dat vond ik niet schokkend, iedereen mocht geloven wat hij wilde. Wat ze ook al dan niet geloofden, ze waren aardig tegen mij en mijn vriendinnen.

Papa verafschuwde atheïsme en alle andere godsdiensten dan de islam. Volgens hem was de islam het enige ware geloof. Maar ik was erg geïnteresseerd in andere religieuze overtuigingen en ideeën, en wilde daar van alles over horen. Hoewel ik opgroeide in een bekrompen gemeenschap en werd grootgebracht door xenofobische, onverdraagzame ouders, had dat mijn visie op de wereld niet verziekt. Iets in mijn karakter had mijn geest geopend en me nieuwsgierig gemaakt naar de buitenwereld.

In de godsdienstles hoorde ik ook dat je je tot een ander geloof kon bekeren. Dat was nooit bij me opgekomen. Ik had altijd gedacht dat je in een bepaald geloofssysteem werd geboren en je daar tot je dood aan moest houden. In onze gemeenschap was het ondenkbaar dat je afstand kon doen van de islam. Als waarschuwing was me ooit verteld over iemand die dat had gedaan en de woede die dat had veroorzaakt. Zo iemand verdiende de doodstraf, zei men. Degenen die het ware geloof de rug toekeerden, hoorden te sterven.

Ik ging me ook serieus afvragen waarom ik in het Arabisch moest bidden. In de schoolbibliotheek stond een Engelse vertaling van de Koran, maar die zou ik van mijn vader nooit mogen lezen. Volgens hem was de Arabische Koran de enige juiste weergave van het woord van Allah. Een vertaling bezoedelde dat woord, dus in een andere taal bevatte de Koran geen spirituele waarheid. Dat geen van ons Arabisch sprak, met inbegrip van hemzelf, de imam, was geen argument.

Hierdoor had ik net als de andere mensen in onze straat geen idee wat er letterlijk stond. Ik kreeg alleen te horen wat mijn vader en andere religieuze leiders me wilden vertellen. Op school mocht ik de bijbel lezen, en toen de godsdienstlerares merkte dat ik belangstelling voor het onderwerp had, gaf ze me andere religieuze teksten: het achtvoudige pad van het boeddhisme, de Bhagavad-Gita van het hindoeïsme en de thora van de joden.

Na al die jaren dat ik de Koran had moeten leren, las ik eindelijk religieuze teksten die ik kon begrijpen. Ze spraken verstaanbare taal! En er stonden dingen in die me aanspraken. Het verhaal van de barmhartige Samaritaan vond ik prachtig. Wat een verschil met mijn eigen geloof, waarvan ik tot op dat moment niets had begrepen.

Ik kreeg steeds meer belangstelling voor andere godsdiensten en voor de relatie van aanhangers van andere geloven met hun God. Terwijl het voor zover ik wist in de islam allemaal draaide om onderwerping – in ons geval domme onderwerping – draaide het in andere godsdiensten om verlichting. Aanhangers van andere godsdiensten waren op zoek naar een persoonlijke, troostende relatie met hun God, gebaseerd op het doorgronden van de heilige boodschap.

Ik raakte er totaal van in de war. Waarom baden moslims vijfmaal per dag in het Arabisch terwijl ze geen woord van hun gebeden begrepen? Waarom mompelden wij onbegrijpelijke woorden? Ik had iemand wel eens horen zeggen dat een Arabisch gebed innerlijke vrede schonk, maar daar had ik nooit iets van gemerkt. Ik sprak mijn twijfels over mijn eigen geloof niet uit, maar mijn godsdienstlerares zag wat me bezighield en dat ik meer over andere godsdiensten wilde weten. Dat waardeerde ze en ze moedigde mijn leergierigheid aan.

Thuis sprak ik daar nooit over. We mochten thuis zelfs de naam Jezus niet uitspreken, dus ging ik ervan uit dat mijn vader elk teken van belangstelling voor andere godsdiensten fel zou veroordelen.

***

Toen ik op een dag vanuit school naar huis liep, hoorde ik voor het huis van Jack de jackrussellterriër vreselijk geschreeuw. Ik ging kijken en in de tuin stond een blanke man met een mes in zijn hand.

Ik kende hem niet, maar hij was degene die schreeuwde, terwijl hij wild om zich heen keek.

Ik rende geschrokken naar huis, greep de telefoon en belde de politie. Ze vroegen naar het adres waar blijkbaar iets aan de hand was en toen wilden ze weten wie ik was. In paniek legde ik vlug de telefoon neer.

In onze gemeenschap hadden we niet veel contact met de politie. Om de hoek woonde een Pakistaanse moslim die politieagent was en als iemand een probleem had, ging hij daarmee naar hem toe, want hij was een van ons. Iedereen vertrouwde hem en had respect voor hem.

Net als het merendeel van onze straatgenoten wilden mijn ouders niet dat 'buitenstaanders' naar ons toe kwamen en ons leven verstoorden. Politieagenten waren buitenstaanders, geen mensen die je beschermden als er iets mis was. In Pakistan zijn de meeste agenten corrupt en kun je ze beter mijden. De meeste mensen in onze straat dachten dat Engelse agenten net zo waren.

Kort nadat ik de politie had gebeld, stopte er een politieauto voor ons huis en even later klopten er een paar agenten in uniform op de voordeur. Mama deed open en ze vertelden haar wat ze kwamen doen, wat ik moest vertalen. Ze hadden het telefoontje getraceerd en ik zag mama's ontstelde gezicht. De agenten dachten waarschijnlijk dat ze was geschrokken, maar ik wist wel beter. Ze besefte dat ik de politie had gewaarschuwd en ze was boos.

Het had geen zin het te ontkennen, dus vertelde ik de agenten wat ik had gezien. Zij waren niet boos. Ze zeiden dat ik de volgende keer aan de lijn moest blijven en mijn naam en adres moest opgeven, omdat het belangrijk was eventuele getuigen te hebben. Daarna gingen ze naar het huis dat ik hun aanwees om te zien wat er aan de hand was. Ik was niet meer bang voor de politie, maar ik was wel bang voor de reactie van mijn ouders.

Zodra de agenten weg waren, begon mama tegen me uit te varen. Maar dat was niets vergeleken met de reactie van mijn vader nadat ze het hem had verteld. Waarom had ik die goray politie gebeld, wilde mijn vader weten. Waarom had ik me ermee bemoeid? De eigenares van Jack was een gori, niet een van ons. Ik had haar aan haar lot moeten overlaten.

Al woonde de eigenares van Jack in onze straat, ze was een blanke Engelse, daar ging het om. Ze was een buitenstaander. Als iemand haar aanviel met een mes, was dat haar probleem. Dan verkeerden wij niet in gevaar. Ze moest het zelf maar oplossen. Ik wist dat ik juist had gehandeld, maar mijn ouders waarschuwden me dat ik nooit meer de politie mocht bellen.

Zo raaskalden ze door, in de verwachting dat ik hun blinde vooroordeel en onredelijke angst zou bevatten en overnemen. Politieagenten waren gevaarlijke buitenstaanders, ze waren corrupt en uit op eigen gewin. Mijn ouders hielden zo lang aan dat ik ging wensen dat ik die verdraaide politie nooit had gebeld. Ik zou het ook nooit meer doen, nam ik me voor.

Naderhand dacht ik er nog eens over na. Aan de ene kant wist ik dat ik moreel het juiste had gedaan. Misschien had ik het leven van Jacks eigenares gered. Maar aan de andere kant zeiden mijn ouders dat de politie ons vijandig gezind was en dat het leven van andere mensen ons niets aanging, behalve als het Pakistaanse moslims waren.

Ik was opnieuw in de war. In onze gemeenschap was men dus van mening dat je iemand die niet een van ons was rustig kon laten doodsteken. Hoe kon iemand zich daarin vinden? Onze gemeenschap en onze godsdienst hoorden voor mij bij elkaar. De eigenares van Jack was niet alleen een gori en een Engelse, ze was geen moslim.

Voor het eerst overwoog ik van huis weg te lopen. Ik had er genoeg van steeds door mijn vader te worden mishandeld en door de rest van het gezin te worden behandeld als een slavin. Ik had geen vertrouwen meer in onze gemeenschap en ons geloof. Maar waar moest ik naartoe? Wie zou me onderdak willen verlenen? Buiten onze straat was er niemand die mij in huis zou willen nemen.

Ik wist dat het, als ik zou weglopen en zou worden gevonden, rampzalig zou eindigen. Ik wist wat er gebeurde met meisjes uit onze gemeenschap die hadden geprobeerd een weg naar de vrijheid te vinden. Ze werden naar Pakistan gestuurd en daar uitgehuwelijkt. Ze kwamen nooit terug.

Dus begon ik na te denken over de meest drastische oplossing: er een eind aan maken. Elke zaterdag keken we naar de ziekenhuisserie *Casualty* en dat bracht me op het idee om zelfmoord te plegen, en de manier waarop ik dat kon doen.

Hoewel papa mama al jaren niet meer sloeg, leed ze nog steeds aan chronische hoofdpijn. Sinds hij was begonnen mij te slaan en te misbruiken, had hij haar meestal met rust gelaten. Ik was het nieuwe mikpunt van zijn woede geworden, maar mama leed nog steeds aan door stress veroorzaakte migraine. Ze voelde zich nog steeds een gevangene en ze was nog steeds bang voor hem. En ze raakte erg van streek wanneer hij mij verkrachtte. Ze deed haar best dat niet te laten merken, maar ze wist donders goed wat er zich in de kelder afspeelde en ze ging er kapot aan.

Elke keer als papa zijn zieke wellust op mij botvierde, kreeg zij vreselijke hoofdpijn. Ze slikte paracetamol tegen de pijn en in de keukenla lagen altijd een paar doosjes. Als wij hoofdpijn hadden, mochten we ook een tabletje nemen.

Ik viste een plastic pillendoosje uit de vuilnisemmer en begon daar pijnstillers in te verzamelen. Dat deed ik heel voorzichtig, een voor een, zodat mama het niet merkte. Bovendien waren we met zijn zevenen, dus zou ze niet weten dat ik de dader was. Zo spaarde ik de tabletten op en ik verstopte het doosje tussen mijn kleren in de kleerkast.

Het stond nog niet voor me vast dat ik mezelf zou doden, maar ik werd wel steeds wanhopiger. Ik zag geen andere uitweg. Mijn voorraad paracetamol was mijn laatste redmiddel. Ik wist dat ik, als ik ooit op het punt zou komen dat ik niet verder kon, die tabletten kon slikken. Ze beloofden definitieve bevrijding uit de klauwen van mijn vader.

Ik was bijna veertien. Als me toen was verteld dat ik naar Pakistan zou worden gestuurd om daar te trouwen, had ik die pillen meteen geslikt, dat weet ik zeker. Ze waren mijn verzekeringspolis. Het was een wanhopige opluchting, maar toch een opluchting dat ik ze had.

***

Naarmate ik ouder werd, ging ik steeds meer opzien tegen de dagen dat we op school geen uniform hoefden te dragen. *Shell suits* – felgekleurde glanzende nylon trainingspakken – waren in de mode en meisjes droegen er grote oorringen bij met hun haar in een paardenstaart. En een dikke laag make-up. Het enige wat ik kon aantrekken, was mijn eeuwige kanariegele shalwar kamiz met een hoofddoek. Ik vond het vreselijk als ik in die kleren naar school moest, terwijl de andere kinderen droegen wat ze wilden. Ik vond dat ik er precies zo uitzag als ik me voelde: een gekooide vogel.

Mijn vriendinnen wisten hoe erg ik het vond en deden hun best er niet op te letten. Maar niet iedereen was zo aardig. Soms riepen leerlingen uit andere klassen me scheldwoorden na. Ik was al zo verlegen, en dat ze me in de gang 'paki' nariepen maakte het er niet beter op. Ik wilde niets liever dan erbij horen.

Ik verlangde hevig naar een shell suit. Ik droomde van een glanzend turkooizen exemplaar, knalroze lipstick en blauwe oogschaduw. Ik wist dat ik er dan geweldig zou uitzien.

Nadat Skip was vertrokken, raakte ik bevriend met Sonia, een tenger, knap meisje met lang zwart haar en grote bruine ogen. Sonia zat bij mijn zusje Sabina in de klas en was drie jaar jonger dan ik, maar ze was heel anders dan mijn traditionele zusje. Net als Skip was Sonia een rebel, daardoor voelden we ons tot elkaar aangetrokken.

Sonia woonde in net zo'n victoriaans rijtjeshuis als wij, halverwege onze straat en de halte van de bus naar school. Haar ouders kwamen uit India en woonden net zo lang in Engeland als de mijne, maar zij spraken vloeiend Engels en hadden allebei een baan buiten hun gemeenschap. Sonia's vader werkte op een kantoor en haar moeder was verpleegkundige. In tegenstelling tot mijn ouders hadden zij ervoor gekozen deel uit te maken van het land waar ze waren gaan wonen.

Zowel Sonia als ik werden door racisten wel eens uitgescholden voor paki, maar er was een groot verschil tussen haar tot de middenklasse behorende, goed opgeleide Indiase familie en mijn onopgeleide familie die afkomstig was van het platteland. Haar familie kwam uit de stad en was aan het stadsleven gewend. En in haar gemeenschap werden vrouwen heel anders behandeld dan in de onze. Sonia's grootmoeder was in India arts geweest, en zij vonden het normaal dat een vrouw een opleiding volgde en ging werken om onafhankelijk te kunnen zijn.

Sonia had veel meer vrijheid dan ik. Zij mocht met vriendinnen naar de stad. Ze droeg westerse kleren, geen sari of shalwar kamiz. Ze was enig kind en haar ouders moedigden haar aan om op school goede cijfers te halen. En haar moeder vond Sonia's neus te groot en overwoog plastische chirurgie om die te laten verkleinen.

Toen we elkaar wat beter kenden, vertelde Sonia me over haar 'problemen'. Zij was er zelf zo langzamerhand ook van overtuigd dat haar neus te groot was en ze vond zichzelf lelijk. En voor examens raakte ze in de stress omdat ze bang was dat ze haar ouders teleur zou stellen. Ik probeerde met haar mee te leven, maar ik vond dat ze niets had om zich zorgen om te maken. Ik vertelde haar over een paar dingen die mij dwarszaten: dat ik een hekel had aan mijn shalwar kamiz en dat ik niet met vriendinnen naar de stad mocht.

Mijn verschrikkelijke geheim vertelde ik haar niet, ik kon het niet opbrengen haar te vertellen dat mijn vader me al acht jaar mishandelde en verkrachtte. Het was te beschamend en smerig, en ik had toch nog steeds een beetje het gevoel dat het ook mijn schuld was. Ik kon nog steeds geen woorden vinden om de beschamende situatie aan iemand uit te leggen, ik was nog te kwetsbaar. En ik was bang dat ik, als ze hoorde hoe duister en ziek ons gezinsleven was, een fijne vriendin zou verliezen.

In plaats daarvan klaagde ik dat ik op uniformvrije dagen niets had om aan te trekken.

'Dat kunnen we heus wel oplossen, hoor,' zei Sonia met een ondeugende grijns. 'Morgen hoeven we geen uniform aan, hè? Kom dan op weg naar school bij mij langs. Mijn ouders gaan al vroeg naar hun werk. We hebben ongeveer dezelfde maat, dus dan kun je iets van mij aantrekken. Dan kleden we ons samen aan.'

Wauw! Ik vond het een geweldig idee en dacht niet aan het risico dat ik zou lopen. Ik zou eindelijk eens een keer naar school gaan zonder mijn shalwar kamiz. De volgende morgen ging ik een kwartier eerder van huis en rende naar het huis van Sonia.

'Ha, daar ben je, kom binnen,' zei Sonia toen ze de deur opendeed en me naar binnen trok.

Ze woonde in een heel mooi huis. We liepen door een moderne keuken van goudgeel grenenhout met een grote eettafel in het midden en stoelen eromheen. De woonkamer was ingericht in pasteltinten. Aan de muur hing een foto van de Taj Mahal, een schitterend bouwwerk in India waarvan de witte torens en voorgevel werden weerspiegeld in een grote vijver. Ik herkende het gebouw doordat we in de godsdienstles hadden geleerd dat het een zowel hindoeïstische als islamitische achtergrond heeft.

Boven had Sonia haar eigen kamer. Hij was erg netjes vergeleken met onze overvolle slaapkamer thuis. Ik herkende de poster aan de muur: acteurs uit *Beverly Hills* 90210, mijn favoriete tv-serie. Hij ging over het leven van rijke middelbareschoolkinderen in Amerika, hun vriendschappen, romances en problemen. Mijn schoolvriendinnen keken er allemaal naar en we hadden eindeloze gesprekken over de ups en downs van de karakters en de jongens die wij leuk vonden.

Ik zei tegen Sonia dat ik met Luke Perry, de hoofdrolspeler, wilde trouwen. Dat er een foto van hem in mijn pennendoos zat. Ze vertelde mij dat ze verliefd was op een van zijn medespelers, Jason

Priestley. Gelukkig maar, dan hoefden we geen ruzie te maken over dezelfde man! Dat zou trouwens geen enkele zin hebben, want Sonia was veel mooier dan ik ooit zou kunnen zijn.

Vlug gingen we door haar kleren. Ze had een eenvoudige smaak, maar haar kleren waren allemaal westers en modern. Ik vond ze prachtig en heel apart. Ik koos een spijkerbroek en een effen T-shirt. Toen ik de jeans aantrok, rilde ik van opwinding. Het was voor het eerst van mijn leven dat ik een normale broek aantrok en denim tegen mijn huid voelde. Het was ook voor het eerst sinds jaren dat ik met een onbedekt hoofd naar buiten ging.

Ik propte mijn shalwar kamiz en mijn hoofddoek in mijn schooltas. We hadden nog net genoeg tijd om ons op te maken: eyeliner, mascara en een beetje rode lipstick. Mama had me een paar keer opgemaakt toen we voor een huwelijk naar de moskee gingen, dus wist ik hoe ik het moest doen. Sonia gaf me nog wat aanwijzingen en zij kamde mijn haar. Toen we klaar waren, keken we in de spiegel boven haar toilettafel en waren heel tevreden!

Op weg naar buiten liet Sonia me de logeerkamer zien. In een hoek stond een soort altaar: een beeld van een man met de kop van een olifant, met kaarsen en wierookstokjes eromheen.

'Dat is een hindoegod, hè?' zei ik. Ik herkende hem van de godsdienstles, maar ik was zijn naam vergeten.

'Ja, dat is Ganesh,' antwoordde Sonia. 'Hier bidden mijn ouders. Ze offeren een beetje voedsel en geld in dat schaaltje.'

Het viel me op dat ze zei dat haar ouders daar baden, dat klonk alsof zij dat niet hoefde te doen. Ik vroeg er niet naar, maar ik vermoedde dat de godsdienst van haar ouders lang niet zo strikt was als die van ons.

Toen we naar buiten gingen, sloeg de angst opeens toe. Durfde ik dit echt te doen, vroeg ik me af. Op de drempel bleef ik aarzelend staan.

'Stel dat iemand me ziet, Sonia?' vroeg ik benepen.

Ze lachte. 'Kom mee, joh. Je ziet er fantastisch uit. Het zal niemand opvallen. Maar we moeten opschieten, anders komen we te laat.'

Ik was ervan overtuigd dat iemand van onze gemeenschap me zou zien en ik dacht dat iedereen naar me keek. Toen we naar de bushalte liepen, lette niemand op me. Maar bij de bushalte stonden Amina en Ruhama, twee meisjes uit onze straat. Toen ze me zagen, zakte hun mond open van verbazing.

'Wauw, Hannan, ben jij het echt?' zei Amina.

'Hoe kom je aan die kleren?' vroeg Ruhama.

'Dat gaat jullie niets aan,' antwoordde ik scherp en met een dreigende ondertoon.

Ik had twee redenen om er niet over te willen praten. Ten eerste wilde ik niet dat werd doorverteld dat ik gekleed als een gori naar school was gegaan. Amina en Ruhama mochten zich wel zo kleden maar ik niet, en dat wist iedereen. Dus wilde ik niet dat er aandacht aan werd besteed. Ten tweede geneerde ik me dat ik die kleren van iemand had moeten lenen. Als iemand in de bus dat zou horen, zou de hele school het te weten komen.

Ik was toch wel een beetje bang dat Amina en Ruhama tegen hun ouders zouden zeggen dat ze mij, de dochter van de imam, hadden gezien in de kleren van een gori. Als onze straat wist dat ik met make-up en zonder hijab naar school was gegaan, zou daar flink over geroddeld worden. Wat een schandaal! Al voordat ik op school aankwam, was ik bang dat mijn vader het te horen zou krijgen. Maar ik wilde niet terug. Ik wilde me voor één keer een normaal meisje voelen, wat er daarna ook zou gebeuren.

Toen we voor de school uitstapten, geneerde ik me voor het eerst niet voor mijn uiterlijk. Deze kleren had ik zelf uitgekozen. Het was een heerlijke, bevrijdende ervaring.

Mijn vriendinnen maakten er geen drukte om. Ze accepteerden me in mijn shalwar kamiz en ze accepteerden me in deze kleren. Ze zeiden alleen: 'Wauw! Wat zie jij er leuk uit!' En als de leraren zagen dat ik er anders uitzag dan anders, zeiden ze er niets van. Maar natuurlijk was er één meisje dat het niet kon laten een gemene opmerking te maken: mijn zusje Sabina.

'Waarom heb je die kleren aan?' zei ze met een misprijzend gezicht. 'Waar heb je die spullen vandaan? Die gori spullen?'

Ze sprak Punjabi, zodat de anderen haar niet konden verstaan.

'Ze zijn van Sonia,' antwoordde ik, expres in het Engels. 'Heb je er bezwaar tegen?'

'Zij is een hindoe,' zei Sabina hooghartig. 'Waarom heb je spullen van een hindoe aan?'

'Wat hindert dat nou?' zei ik. 'Ik vind deze kleren mooi en ik blijf ze dragen.'

Ik vertrouwde erop dat Sabina me thuis niet zou verraden, want als ze dat deed, zou ik haar vriendinnen vertellen dat ze een klikspaan was. Thuis was ze dat altijd, maar op school zou niemand dat waarderen. Daarom had ik haar in het Engels geantwoord, als een verdekt dreigement. *Als jij mij thuis verraadt, verraad ik jou op school*, dat had ik ermee bedoeld.

Ik voelde me geweldig die dag. Eindelijk had ik het gevoel dat ik erbij hoorde. Sonia en ik hadden van tevoren bedacht wat we zouden doen als mama of Zakir me van school zou halen. Als Zakir stond te wachten, zou ze me komen waarschuwen en zou ik me in de wc verkleden in mijn normale kleren. Als mama er stond, zouden we ongezien langs haar heen kunnen glippen.

Sonia kwam me vertellen dat de kust veilig was. We namen de bus naar huis en bij haar kleedde ik me om. Jeans en T-shirt uit, make-up eraf, haar in een vlecht. In mijn kanariegele shalwar kamiz en met mijn hoofddoek om liep ik onze straat weer in, precies zoals ik die ochtend was weggegaan. Niemand leek te weten wat ik had gedaan.

Het was een heerlijk protest, ik genoot er nog steeds van, al was ik ook bang. Maar vanaf die dag trok ik elke uniformloze dag bij Sonia andere kleren aan om naar school te gaan. Sonia was mijn medeplichtige geworden. Ze had geen zusjes en ze vond het leuk ons samen te verkleden, al wist ze heus wel dat ze iets deed wat verboden was, althans voor mij. Ze was niet bang voor de gevolgen als iemand me zou betrappen, want die gevolgen waren voor mij.

Ik wilde er niet aan denken wat mijn ouders zouden doen als ze erachter kwamen. Papa zou razend zijn, hij zou me tot moes slaan en nog erger. Maar ik was bereid dat risico te nemen. Mijn beloning was een zalig gevoel van vrijheid en ik was bereid om daar alles voor op het spel te zetten. Over de rest van mijn leven had ik geen enkele zeggenschap – niet over mijn godsdienst en hoe ik die beleed, niet over mijn mening, mijn kleding of de manier waarop ik thuis werd behandeld. Zelfs niet over mijn eigen lichaam, dat door iemand anders op zo'n gruwelijke manier werd misbruikt.

Eindelijk deed ik iets wat ik zelf had gekozen en waarover ik zelf zeggenschap had, en ik was niet van plan dat zomaar op te geven.

12

De buitenstaander

Kort na mijn veertiende verjaardag kwam mijn broer Raz terug.
Hij was drie jaar weggeweest en niemand had ons gewaarschuwd
dat hij weer thuis zou komen. Mama omhelsde hem en meteen begon hij te huilen. Hij bleef huilen terwijl mama probeerde hem te
troosten en te kalmeren. Ik schrok van hoe hij eruitzag en van zijn
verdriet.

Na drie jaar in die medresse in Pakistan was hij een ander mens
geworden. Hij zag er veel ouder uit en was akelig mager. Maar het
ergste was dat er niets over was van zijn zelfvertrouwen en levens-
lust. Zijn ogen lachten niet meer. Het leek alsof het licht was gedoofd, zijn blik was leeg en dof. Arme Raz. Ik vroeg me af wat ze
met hem hadden gedaan.

De daaropvolgende dagen probeerde ik Raz aan het lachen te
maken met dingen die hij vroeger grappig had gevonden, zoals
mama's Cockney-accent als ze de EastEnders imiteerde en het ve-
getarisme van Zakir en Billy. Maar er kon geen lachje meer af. Hij
wilde me niet vertellen wat er de afgelopen drie jaar met hem was
gebeurd.

Maar op een dag hoorden we dat een vriend van Raz binnenkort
naar een Pakistaanse medresse zou worden gestuurd.

'Dat moet hij niet doen!' riep Raz uit. 'Laat hem niet gaan! Hij
zal het daar haten. Hij gaat er dood...'

Mama wist niet wat ze daarop moest zeggen.

'Waarom? Waarom zal hij het daar haten?' vroeg ik voorzichtig. 'Wat is er zo erg aan, Raz?'

Raz staarde naar de vloer. 'Je wordt er voortdurend geslagen,' antwoordde hij zacht. 'Ze slaan je als je een fout maakt. Niet alleen met een stok, zoals in de moskee, maar ze gooien je op de grond en stompen en schoppen je uren achtereen. Dat doen ze daar. Ze martelen je...'

Ik luisterde vol afschuw toen Raz vervolgde: 'Op een dag lukte het me niet een van de soera's goed uit te spreken. Ik bleef het proberen, maar het was nooit helemaal goed. Toen sloegen ze me bont en blauw en sloten me dagenlang op in een donker hok. Daar moest ik blijven tot ik het wél goed zou doen, zeiden ze, en anders zou ik er doodgaan. En ze deden ook andere dingen...'

Raz zweeg, overmand door herinneringen. Ik zag de angst in zijn ogen. De rest wilde hij niet vertellen.

'Ik ga daar nooit meer naartoe,' zei hij ten slotte. 'Als iemand me probeert te dwingen, pleeg ik zelfmoord.'

De oude, vrolijke Raz was verdwenen. In die school waar papa hem naartoe had gestuurd, was hij kapotgemaakt en platgetrapt, en opgestaan als een gesloten, gewonde, trieste jongeman. Goed gedaan, papa, zei ik bij mezelf. Hij was erin geslaagd van Raz net zo iemand te maken als hijzelf. Als volwassen man zou Raz ernstige psychologische problemen krijgen. Ik weet niet of dat kwam door die jaren in de medresse, maar ik weet wel dat hij daar verschrikkelijke littekens aan heeft overgehouden.

Wat er met Raz is gebeurd, gebeurt in veel medresse's in Pakistan. Ze bereiden er jongens voor op de jihad tegen het Westen. Ze moeten op een kwetsbare leeftijd hun familie verlaten om daar te worden gemarteld tot hun wil is gebroken. Zodra ze gewillig en gehoorzaam zijn geworden, wordt hun geleerd te haten, en dan worden ze weggestuurd om oorlog te voeren. Het laatste is Raz bespaard gebleven, maar hij heeft een heel eind van die eenzame, zware, donkere weg moeten afleggen.

Mijn levenslustige, zorgeloze broer was een schim van zichzelf geworden. Toen Raz ons die dingen vertelde, kwam het bij me op dat mijn vader ook op zo'n medresse had gezeten en dat dat misschien de verklaring was voor zijn perverse, gewelddadige gedrag. Maar het was geen excuus. Voor zijn gedrag was geen enkel excuus.

* * *

Kort na de thuiskomst van Raz braken er in het Midden-Oosten allerlei onlusten uit. Irak viel Koeweit binnen en dat leidde tot een oorlog. Ook voor ons bracht dat problemen met zich mee. De gemeente had aan het eind van onze straat een mooi nieuw schoolgebouw laten neerzetten voor langdurig werklozen en mensen met leerproblemen.

Onze gemeenschap mopperde op de invasie van 'die mensen' – mensen met een handicap en werklozen – in onze straat en ontweek hen zo veel mogelijk. Volgens de meesten waren die mensen het uitschot van de Engelse maatschappij.

Veel mensen van de generatie van mijn ouders beschouwden een gehandicapt kind als een vloek van Allah. Het was een teken dat Allah je strafte voor een zonde die je had begaan en het was een schande voor de hele familie. Op het platteland van Pakistan werden zulke kinderen vaak 'weggedaan', en als ze mochten blijven leven, werden ze soms hun hele leven in huis verstopt.

De bewoners van onze straat dachten er net zo over. Niemand kwam op de gedachte dat je met hen zou kunnen meeleven en dat gehandicapten onze medemensen zijn.

De oudere zus van Skip, Zaria, had een gehandicapte dochter. Het meisje had geen kracht in haar ledematen en kon niet voor zichzelf zorgen. Ik wist hoe onze gemeenschap haar behandelde. Als Zaria bezoek kreeg, moest dat meisje naar boven, alsof ze niet bestond. Zaria's familie hield wel van haar, maar ze konden de tradities en hun godsdienst niet negeren.

Soms, wanneer het me lukte bij Skip op bezoek te gaan, was haar nichtje er ook en dan speelden Skip en ik met haar. Zo leerde ik dat de manier waarop onze gemeenschap met invaliden omging niet deugde, en vanaf die tijd beschouwde ik kinderen in een rolstoel niet langer als 'onaanraakbaar' of beschamend.

Op de dagen dat de gehandicapten en de werklozen les hadden, hing er in onze straat een gespannen sfeer. En je kon de opluchting bijna proeven wanneer ze aan het eind van de dag naar huis gingen. De gehandicapten waren 'beschamend' en de werklozen waren 'uitschot'. Dat was natuurlijk het toppunt van hypocrisie. Een heleboel mensen in onze straat, ook mijn vader, ontvingen een uitkering. Maar dat was natuurlijk iets heel anders.

Mijn vader was de imam, daardoor was hij verheven boven andere werklozen. In het begin had hij die uitkering zonder probleem gekregen, maar toen werd besloten dat mensen die van de bijstand leefden een opleiding moesten volgen. Ze moesten actief werk gaan zoeken in plaats van af te wachten. Alleen als je niet in staat was om te werken, mocht je thuisblijven.

Dus toen de regels werden aangescherpt, besloot papa dat hij moest worden afgekeurd. Hij zei dat hij zijn rug had beschadigd. Hij had inderdaad vaak pijn in zijn rug, maar dat betekende niet dat hij niet kon werken. Het weerhield hem er niet van elke dag naar de moskee te gaan. Hij had Engels kunnen leren om gemakkelijker een baan te vinden. Hij had zijn rijbewijs kunnen halen om taxichauffeur te worden. Maar het enige wat hij wilde, was een uitkering voor hem en zijn gezin en zijn taak vervullen als onze imam.

Hij vond niet dat hij werkschuw was. Hij schaamde zich absoluut niet omdat zijn uit acht personen bestaande gezin van een uitkering leefde. Integendeel. Hij vond het ook absoluut niet verwerpelijk dat hij van een land dat hij verachtte geld aannam om de spiritueel leider van zijn eigen gemeenschap te kunnen zijn. Hij vond het niet meer dan zijn recht.

De werklozen die naar de school op de hoek gingen, zagen er heel anders uit dan hij. Ze droegen gescheurde spijkerbroeken en leren jasjes, en de mannen hadden oorbellen in. Sommigen zagen eruit als skinheads. Tussen de lesuren stonden ze buiten te roken of te drinken: bier uit een blikje of cider uit een plastic fles.

Misschien vonden Zakir en Billy, met hun kuiven, dat de werklozen er cool uitzagen, maar dat ze niet werkten, vonden ze beslist niet cool. Anders dan mijn vader wilden zij later wel werken. Terwijl de oudere generatie van mening was dat hun leven al een stuk beter was dan dat van de mensen in hun geboortedorp, was de jongere generatie veel ambitieuzer. Zij piekerden er niet over van een uitkering te gaan leven. Zij wilden vooruit.

Meestal besteedden de werklozen geen aandacht aan ons. Toch vond ik het vervelend als ik langs hen heen moest, vooral als ze stonden te drinken. Want dan lachten en vloekten ze luidkeels en dat vond ik bedreigend. Maar ze scholden ons niet uit en raakten ons niet aan. Althans niet in het begin.

Toen de Golfoorlog uitbrak, veranderde dat.

Wanneer er iemand van ons langs hen heen liep, riepen ze: 'Paki! Aanhanger van Saddam! Verdomde paki!'

Ze hadden geen idee dat we uit Pakistan kwamen, een deel van Azië, dat we geen Irakese Arabieren waren. We waren bruin en moslims, dat was genoeg. Op een dag liepen Zakir en ik hun voorbij toen een groepje skinheads ons venijnig begon uit te schelden.

'Rotpaki's! Smeerlappen! Waarom donderen jullie niet op naar je eigen land?'

'Hou op!' riep Zakir kwaad terug. 'Dit ís mijn eigen land!'

Een van de mannen kwam op Zakir af en gaf hem een stomp. Even later stortte de hele groep zich op mijn broer. Als een troep honden begonnen ze hem te stompen en te schoppen, terwijl ze hem voor van alles en nog wat uitmaakten.

'Sla hem tot moes! Trem die smerige paki in elkaar! Trap zijn kop in!'

Heel even probeerde Zakir zich te verdedigen, maar hij moest het onderspit delven. Opgekruld lag hij op de grond en probeerde zijn hoofd met zijn armen te beschermen. Ik begon te gillen en gelukkig hoorde Ahmed, de zoon van oom Kramat, mijn gekrijs en kwam hij Zakir te hulp. Daarna kwamen er nog meer mannen uit onze straat naar ons toe rennen en toen gingen de skinheads ervandoor.

Zakir lag op de grond, kreunend van de pijn. Ik vroeg me angstig af hoe erg het was. Hij had een bloedneus en toen we hem overeind hesen, schreeuwde hij het uit. Vooral zijn ribben deden pijn, waar ze hem hadden geschopt. We hielpen hem te gaan staan en gelukkig kon hij nog lopen.

'Gaat het?' vroeg Ahmed. 'Zal ik je naar het ziekenhuis brengen?'

'Het gaat wel,' zei Zakir, en hij spuugde bloed uit. 'Maak je maar geen zorgen. Ik wil het liefst naar huis, dan kan mijn moeder me oplappen.'

Zijn neus leek gebroken en zijn lippen waren gebarsten en bloedden. Ik zag dat hij een blauw oog zou krijgen. Mama schrok vreselijk toen ze zag wat die goray 'schooiers' met hem hadden gedaan. Toen ze Zakirs wonden had behandeld, ging ze de politie-agent in onze buurt waarschuwen en hij stuurde agenten naar de school om de zaak te onderzoeken. Maar verder werd er niets gedaan en dat wilden wij eigenlijk ook liever niet.

Iedereen in onze straat wilde het incident zo gauw mogelijk vergeten, want als er iemand gearresteerd en berecht zou worden, zou onze gemeenschap daarbij betrokken raken en daar had niemand behoefte aan. We waren een besloten gemeenschap en dat moest zo blijven. Iedereen werd van het voorval op de hoogte gesteld en daarna liep niemand van ons meer langs de school. De skinheads moeten hebben geweten dat we op onze hoede waren, want daarna scholden ze alleen nog vanuit de verte.

Hoewel ik vreselijk was geschrokken, was mijn mening over blanken niet veranderd. Mijn blanke vriendinnen op school namen het altijd voor me op. Wel dacht ik opeens anders over skinheads: die vormden blijkbaar hun eigen gemeenschap en waren even racistisch, vooringenomen en dom als de meesten van ons.

Op school gingen oudere jongens die me niet kenden me een 'paki' en een 'aanhanger van Saddam' noemen. Meestal reageerde ik daar niet op. Soms probeerde ik hun uit te leggen dat Pakistan niet Irak was en dat wij niets met die oorlog te maken hadden, maar daar wilden ze niet naar luisteren. Gelukkig sprong Lara altijd voor me op de bres en geen enkele jongen wilde het mooiste meisje van de klas tegen zich in het harnas jagen.

Lara was een bewonderenswaardig, loyaal meisje. Als iemand het waagde mij ergens voor uit te maken, riep ze meteen: 'Laat haar met rust, idioot! Zij heeft er niets mee te maken!'

'Maar ze is een paki...'

'Ach, hou toch op, joh! Pakistan, Irak... Weet je het verschil niet eens? Sukkel!'

'Maar...'

'Schei uit, wat weet jij er nou van! Dus voordat je nog stommere dingen zegt, kun je beter je mond houden. Vind je ook niet?'

Lara wist hoe dom het van ze was dat ze dachten dat mijn landgenoten bij de Golfoorlog betrokken waren, want die oorlog werd uitgevochten door het moslimland Koeweit en het moslimland Irak. Natuurlijk had dat niets met mij te maken.

'Die oorlog heeft niets met Pakistan te maken,' zei ze fel. 'Die speelt zich af in Arabië! Dat ligt er een heel eind vandaan!'

De leraren wisten wat er aan de hand was, dat een paar blanke jongens vervelend deden. Mijn lerares Engels, mevrouw Zorba, wilde de spanning doorbreken door in de klas over het onderwerp te discussiëren. Een paar van die jongens hadden een broer in het leger die in de Golfoorlog meevocht en zij waren kwaad omdat hun broer in gevaar verkeerde. Ze begrepen niet waarom zij hun leven op het spel moesten zetten voor een ver land waarvan ze nog nooit hadden gehoord, en ze vonden het niet meer dan normaal dat ze hun woede koelden op een bruine moslim in hun omgeving: mij.

In de les van mevrouw Zorba mocht ik mijn kant van de zaak uitleggen. Ik zei dat ik vond dat mensen geen oorlog moesten voeren als er ook een andere oplossing voor het probleem was. En ik legde uit dat de Pakistaanse moslims tégen Saddam waren, wat voor het grootste deel waar was.

148

Mijn vader wist niet wat hij ervan moest denken. Hij stond niet achter Saddam, want dat was een wereldse leider. Bovendien had Saddam de sharia en andere islamitische gewoonten in Irak afgeschaft en daar was mijn vader het niet mee eens. Maar hij vond het onjuist dat Engelse soldaten oorlog voerden in een islamitisch land. Wel vond hij dat iemand Koeweit moest helpen, maar die hulp moest van Saudie-Arabië of andere moslimlanden komen.

Hij negeerde het feit dat maar weinig moslimlanden een leger hadden dat het tegen Irak kon opnemen. En hij negeerde het feit dat de oorlog was goedgekeurd door de VN en dat er een internationale troepenmacht naar Koeweit was gestuurd.

'Moet je dat zien!' had hij kwaad gezegd toen hij een keer naar het nieuws keek. 'Goray op islamitisch grondgebied! Ze nemen een moslimland over!'

Na de discussie op school werd ik minder vaak lastiggevallen. De jongens begrepen dat ik geen partij koos in die oorlog – ik was tegen elke oorlog – en ik begreep waarom ze zo boos waren: ze hadden familie in de vuurlinie. We hoefden er niet meer om te ruziën. Dankzij Lara en mevrouw Zorba noemde niemand me meer een paki-aanhanger van Saddam.

***

Voor mevrouw Zorba moesten we een boekbespreking schrijven en die voor de klas voorlezen. Ik koos *To Kill a Mockingbird* van Harper Lee. Het gaat over een blank gezin in het Zuiden van de Verenigde Staten. De vader, Atticus Finch, is advocaat en moet een zwarte man verdedigen die ervan wordt beschuldigd een blank meisje te hebben aangerand. Het is een klassiek verhaal over een principiële man die in een schijnbaar hopeloze situatie streeft naar rechtvaardigheid. Voor mij was het een hartstochtelijke roep om tolerantie en de noodzaak om iedereen het recht te gunnen op een eigen leven – een boodschap die zowel mijn vader als de skinheads nooit hadden doorgekregen.

Ik deed erg mijn best, omdat ik Engels een fijn vak vond en mevrouw Zorba mijn favoriete lerares was. Haar naam klonk niet Engels, maar ik vond dat ze er heel Engels uitzag. Ze was lang, slank en in de vijftig. Haar gezicht en handen, vol rimpels, verrieden haar leeftijd. Ze had grijs, opgestoken haar, waarvan losse lokken om haar gezicht hingen.

Mevrouw Zorba was een vriendelijke vrouw en bij haar kwam mijn liefde voor lezen tot uiting. Ze moedigde me met de juiste woorden aan. Maar toen ik aan de beurt was om mijn recensie voor te lezen, was ik op van de zenuwen. Ik trilde van angst. Ik begon te lezen en klapte vervolgens dicht.

Ik rende de klas uit en verstopte me in het meisjestoilet. Daar bleef ik een poosje zitten huilen, ik voelde me een mislukkeling. Pas toen ik wist dat de les afgelopen was, had ik genoeg moed om het toilet te verlaten. Ik ging terug naar het klaslokaal, waar mevrouw Zorba stond op te ruimen.

'Het spijt me dat ik ben weggelopen,' zei ik zacht.

Ze glimlachte. 'Dat hindert niet. Gaat het weer een beetje?'

Ik knikte. 'Een beetje.'

'Waarom ben je de klas uit gelopen?' vroeg ze.

'Ik was vreselijk zenuwachtig. Ik was bang dat ze me zouden uitlachen om wat ik heb geschreven.'

'Weet je wat we doen? Geef je recensie maar aan mij, dan zal ik hem lezen. Als ik hem goed vind, ben je dan moedig genoeg om hem in de klas voor te lezen?'

'Ik zal het proberen,' antwoordde ik, hoewel ik het nog steeds doodeng vond.

Later die dag kwam mevrouw Zorba in de gang naar me toe.

'Ik heb je recensie gelezen,' zei ze, 'en ik vind hem heel goed. Je hebt dat verhaal echt doorvoeld, hè?'

'Ja, dat denk ik wel.'

'Wil je hem nu in de klas voorlezen, zoals je hebt beloofd?'

'Ik denk niet dat het me zal lukken,' stamelde ik. 'Ik ben te bang. Ik wil het niet.'

'Maak je dan maar geen zorgen, ik zal je niet dwingen. Maar onthou dat ik het een heel goede recensie vind.'

Aan het begin van de volgende Engelse les ging mevrouw Zorba voor de klas staan en zei: 'Ik dank jullie allemaal voor jullie boekbesprekingen. Nu lees ik jullie een uitstekende recensie voor, zodat jullie begrijpen wat de bedoeling is. Het boek heet *To Kill a Mockingbird* en de schrijver is Harper Lee.'

Ik voelde dat ik rood werd, maar gelukkig zei mevrouw Zorba er niet bij dat ik die had geschreven. Ze las hem voor en ging door met de les. Ik kon het nauwelijks geloven. Thuis had nog nooit iemand gezegd dat ik iets goed had gedaan. Ik was alleen goed genoeg om te sloven en te worden geslagen en verkracht. Ik gloeide van trots.

Aan het eind van het schooljaar kwam er thuis een brief met de mededeling dat ik de Bermford Comp-prijs voor Engels had gewonnen. Mijn broers hadden op school nooit een prijs gewonnen. Ik was apetrots en mijn broers leken ook trots op me te zijn. Sabina zei er geen woord over. Ik las mama de brief voor en zij was blij voor me. Maar papa negeerde me, zoals gewoonlijk, behalve wanneer hij me misbruikte.

Inmiddels zaten Zakir en Billy op de universiteit. Arme Raz ging na de medresse nooit meer naar school. De prijsuitreiking was op een avond en mijn ouders wilden er niet heen. Omdat ik er niet alleen naartoe mocht, was ik bang dat ik de gebeurtenis zou missen. Maar Raz bood goedhartig aan dat hij met me mee zou gaan. Na die drie helse jaren in de medresse kon hij dat toch nog opbrengen.

'Je doet het echt heel goed,' zei hij toen we die avond naar school liepen. 'Je kunt trots op jezelf zijn. Dit is je grote dag.'

Ik wilde niets liever dan hem omhelzen en hem vertellen hoe dankbaar ik hem was omdat hij met me meeging. Maar bij ons thuis toonde niemand ooit genegenheid en er werd beslist niet omhelsd. Het enige lichamelijke contact dat ik kende, bestond uit mijn vaders obscene betastingen in de kelder.

In de brief stond dat mijn prijs bestond uit een cheque van 29 pond. Voor dat bedrag moest ik van tevoren boeken uitzoeken, die me die avond zouden worden overhandigd. Ik had de Oxford English Dictionary uitgekozen, het duurste boek in de winkel, en een roman: *The Outsiders*. Dat was al vanaf mijn dertiende mijn lievelingsboek en ik had het ontelbare keren gelezen.

Het gaat over een groep jongens in Amerika, onder wie drie broers. Hun ouders komen om bij een auto-ongeluk en de oudste van de broers moet voor de andere twee zorgen. De jongste vertelt het verhaal. Hij en zijn beste vriend vermoorden iemand uit een andere groep en ze moeten zich verbergen. Hun vrienden helpen en beschermen hen. Het boek gaat over de relatie tussen de leden van een groep en over de gevoelens van de hoofdpersoon voor zijn ouders.

Hoewel onze situaties sterk verschilden, voelde ik me verwant aan de hoofdpersoon. Net als ik haatte hij een groot deel van zijn leven. Hij was een buitenstaander, omdat hij zich niet thuis voelde in de groep en de cultuur van die groep. Maar hij had geen keus, hij kon er niet aan ontsnappen. Hij zat in de huid van een stoer bendelid en een moordenaar, maar in zijn hart was hij iemand anders.

Wat dat betreft, leek hij op mij: ik zat in de huid van een onderdanig moslimmeisje en de dochter van een imam, terwijl ik vanbinnen wanhopig was en snakte naar vrijheid. Ik was geen lid van een bende, maar ik zat wel gevangen in een cultuur die me niet beviel en waarin ik me niet thuis voelde. Hoe ouder ik werd, hoe meer ik me in onze straat een vreemde eend in de bijt voelde. En ik moest de manier waarop ik werd mishandeld nog steeds voor iedereen verbergen. Ik had een tweede huid, ik moest doen alsof. Daarom vond ik *The Outsiders* zo'n geweldig boek.

Zo besteedde ik mijn 29 pond. De burgemeester reikte de prijzen uit en overhandigde mij voor de camera mijn boeken. Het waren de eerste boeken die ik bezat, behalve de Koran. Mijn kostbaarste bezit, ik verstopte ze op de kleerkast in de hoop dat niemand ze daar zou vinden en zou beschadigen of van me zou afpakken.

13

De Engelse prijs

Helaas was de Engelse prijs een glorieus moment in een tijd dat het op school steeds slechter met me ging. Vanaf de dag waarop ik voor het eerst Sonia's kleren had gedragen, was ik steeds opstandiger geworden en dat uitte ik door op school almaar wispelturiger en lastiger te zijn.

Op een dag zaten we in een klaslokaal met een aangrenzende grote inloopkast. De lerares haalde daar zo nu en dan boeken of andere spullen uit. Ik had gezien dat er een sleutel in het slot stak en het was bij me opgekomen dat ik daar iemand in zou kunnen opsluiten.

Die dag hadden we een nieuwe lerares, een jonge vrouw met een fris gezicht die geen orde kon houden. Tegen het eind van de les liep ze die kast in om iets te pakken. Razendsnel en zonder erbij na te denken sprong ik op, smeet de deur achter haar dicht en draaide de sleutel om.

Iedereen staarde me stomverbaasd aan en toen begonnen ze te lachen. Ik was altijd zo'n rustig, braaf meisje en nu dit! Wauw, die Hannan, dat hadden we van haar nooit verwacht, dachten ze waarschijnlijk.

De lerares schreeuwde en bonsde op de deur. Ik snapte niet hoe ik zoiets had kunnen doen en opeens wist ik me geen raad. De lerares raakte steeds meer in paniek. Vlak voordat aan het eind van het lesuur de bel ging, draaide ik de sleutel van het slot en toen renden we allemaal de klas uit, zodat ze niet wist wie het had gedaan.

De lerares had me niet betrapt en ik wist dat niemand me zou verraden. Maar aan het begin van haar volgende les kondigde ze aan dat we allemaal moesten schoolblijven tot degene die haar had opgesloten zich meldde. Ik stond op en biechtte op wat ik had gedaan.

Ik maakte me niet al te veel zorgen. Ik vond het eigenlijk nog steeds grappig, net als mijn klasgenoten. Maar ik wilde niet dat zij straf kregen door mij en als zij ook moesten nablijven, was het niet grappig meer. Dus moest ik in mijn eentje nablijven en vijfhonderd strafregels schrijven: *ik zal nooit meer een leraar opsluiten in de kast.*

Mevrouw Zorba kwam later met me praten over wat ik had gedaan.

'Ik heb gehoord dat je jullie nieuwe lerares hebt opgesloten in de kast,' begon ze. 'Dat is niets voor jou. Waarom heb je dat gedaan?'

Ik wist niet wat ik daarop moest antwoorden, dus haalde ik mijn schouders op. Ik kon haar niet vertellen waarom ik het had gedaan, want dat wist ik zelf niet eens. Het was een spontane uiting van rebellie, maar dat besefte ik toen niet. Thuis kreeg ik zo goed als geen kans om me van mijn keurslijf te ontdoen, dus greep ik op school elke gelegenheid aan. Die sleutel in de kastdeur had me op het idee gebracht. Bovendien was de consequentie van opstandig gedrag thuis veel angstwekkender dan strafregels schrijven.

Niet lang daarna begon ik te spijbelen. Vlak bij onze school was een steegje dat als verzamelplek diende voor spijbelaars. De jongens namen meestal de bus naar Leeds, maar de meisjes durfden dat niet. Dat steegje was ons domein.

Er kwam bijna niemand, het lag een beetje uit het zicht en er was een stoepje waar je kon gaan zitten kletsen. Weliswaar hingen er zelden jongens rond om mee te flirten, maar we konden wel aan drank en sigaretten komen. Een winkelier om de hoek zag er geen been in ons goedkope flessen cider en sigaretten per stuk te verkopen, ook al waren we daar volgens de wet nog veel te jong voor.

Karen spijbelde het vaakst en deed dat al heel lang. Haar ouders leken er geen bezwaar tegen te hebben. Soms gingen we zelfs onder schooltijd naar haar huis en als haar ouders dan thuis waren, zeiden ze er niets van. Karen mocht zelfs thuis roken, haar ouders gaven haar sigaretten.

Karen en Amanda vonden het spannend om te roken en alcohol te drinken. Op een dag nam ik een trekje van een sigaret, maar ik vond het niet lekker. Ik proefde ook van de cider, maar die vond ik vies. Ik wist natuurlijk dat roken en alcohol drinken haram waren, maar juist daarom wilde ik die dingen proberen. Ik genoot van mijn rebelse daden, de macht die ik opeens had om tegen de wensen van mijn ouders in te gaan.

Meestal werd er aan het begin en eind van de dag op school een presentielijst bijgehouden, dus als je overdag een tijdje verdween, had niemand daar erg in. Maar op een dag ging het brandalarm af. Ik was samen met Karen en Amanda in het steegje en we hoorden het niet, dus ontbraken wij toen de presentielijst een extra keer werd gecheckt. Toen we aan het eind van de middag weer op school kwamen, moesten we meteen naar de onderdirecteur.

'Waar waren jullie?' vroeg hij. 'Waarom zaten jullie niet in de klas? Ik hoop dat jullie beseffen dat we dit niet ongestraft voorbij laten gaan.'

Hij verlangde geen antwoord op zijn vragen, want hij wist dat we hadden gespijbeld. Hij zei dat dit de eerste waarschuwing was. De volgende keer zouden we naar de directeur worden gestuurd. En de derde keer betekende een week lang nablijven. Na de vierde keer zouden we les krijgen in een apart lokaal voor spijbelaars, daarna zouden ze ons met een brief aan onze ouders voor een paar dagen van school sturen. Als dat allemaal niet hielp, werden we van school verwijderd.

Voor mij was dat allemaal geen probleem. Mijn ouders konden geen Engels lezen of schrijven en ik had altijd zelf een briefje geschreven als ik me niet lekker voelde en thuis wilde blijven. Als ik wilde spijbelen, kon ik dat voortaan ook doen. De leraren konden mijn ouders niet bellen om te vragen of het allemaal klopte, want mijn ouders konden geen gesprek met hen voeren. In tegenstelling tot Amanda en Karen had ik een vrijkaartje voor onze spijbelsteeg!

Maar zo langzamerhand was mijn grootste probleem niet dat ik niet naar school wilde, integendeel. Ik wilde niet meer naar huis. Ik haatte al het huishoudelijke werk dat ik moest doen en ik haatte wat mijn vader me aandeed als ik hem 'uitdaagde'. Terwijl mijn vriendinnen zo veel mogelijk thuis wilden blijven, wilde ik zo veel mogelijk naar school.

Soms zag ik er zo tegen op naar huis te gaan dat ik aan het eind van de schooldag gewoon in de klas bleef zitten. Vooral na de les van mevrouw Zorba, omdat ik haar vertrouwde. Terwijl mevrouw Zorba haar tas pakte en het bord schoonveegde, bleef ik hangen. Op een dag keek ze om en zag me zitten.

'Hannan, ben je daar nog? Is er niemand thuis vandaag?'

'Er is wel iemand thuis, maar ik wil niet naar huis.'

'Waarom niet?'

'Het is vreselijk bij mij thuis. Ik haat het.'

Mevrouw Zorba vroeg of ik het haar wilde uitleggen en na enig aandringen begon ik er iets over te vertellen.

'Ik ben thuis een soort dienstmeid. Ik moet koken, schoonmaken, de was doen... Ik ben doodmoe en ik heb er schoon genoeg van.'

Een paar keer begon ik te huilen terwijl ik met haar praatte. Ze was heel aardig en meelevend. Ze gaf me haar zakdoek om mijn ogen te betten. Ze wilde me graag helpen, maar ze had natuurlijk geen idee hoe het leven bij mijn ouders en in onze gemeenschap was. Ze stelde voor dat ik een keer met mijn ouders zou praten om uit te leggen hoe ik me voelde. Alsof dat een optie was!

Maar ik wilde niet zeggen hoe naïef haar raad was en dat ik daar niets mee kon. Zij vond het een logische oplossing, maar voor mij was het gevaarlijke onzin. Elke poging om met mijn ouders te praten zou eindigen met een verkrachting. Mijn vader zou razend worden om mijn 'verzet' en me opnieuw meesleuren naar de hel.

Dus zei ik tegen mevrouw Zorba dat ik haar raad zou opvolgen, wat natuurlijk niet waar was. Maar ik ging me steeds opstandiger gedragen en zij maakte zich steeds meer zorgen om me. Uiteindelijk besefte ze dat er bij me thuis iets ernstig mis moest zijn. Op een dag, toen ik weer in haar klaslokaal bleef zitten, realiseerde ze zich blijkbaar dat het zo niet langer kon. Ze kwam naast me zitten.

'Hannan, ik maak me ernstig zorgen om je,' zei ze. 'Bij jou thuis is er iets helemaal mis, hè? Daarom wil je niet naar huis. Je kunt het me maar beter vertellen, want ik kan je niet helpen als ik niet precies weet wat er gaande is.'

Ik begon te huilen. In geen honderd jaar zou ik haar kunnen 'opbiechten' dat ik regelmatig werd verkracht. Wat zou ze dan van me denken? Ze zou me vol afschuw aankijken en mijn favoriete lerares zou niets meer met zo'n smerig meisje als ik te maken willen hebben.

'Mijn vader is niet aardig voor me,' snikte ik. 'Soms slaat hij me.'

'Och, Hannan, wat erg. Wat vind ik dat erg voor je,' zei mevrouw Zorba troostend. 'Ouders horen hun kinderen geen pijn te doen. Wat gebeurt er nog meer?'

Ik zei niets, ik huilde alleen maar.

'Hannan, ik wil met de onderdirecteur gaan praten,' vervolgde ze. 'Vind je dat goed?'

'Nee, dat vind ik niet goed! U mag het tegen niemand zeggen!'

Ik wilde niet dat mevrouw Zorba er met iemand anders over zou praten, omdat ik bang was dat mijn vader dat dan te horen zou krijgen. Als hij ook maar enig vermoeden zou krijgen dat ik over hem had geklaagd, zou dat zulke verschrikkelijke gevolgen hebben dat ik ze niet eens kon bedenken. Thuis en in onze gemeenschap was mijn vader almachtig. Hij was het hoofd van het gezin en de onaantastbare imam. Tegen hem zou ik nooit iets kunnen beginnen.

Mevrouw Zorba zuchtte. 'Het spijt me, Hannan, maar ik moet dit doorgeven. Ik mag het niet verzwijgen. Het is mijn plicht als je lerares om dit soort dingen te melden. Als een leerling zo overstuur is als jij, is dat een teken dat ze hulp nodig heeft. Ik moet het melden, vooral als ik denk dat jij of anderen in jullie gezin gevaar lopen.'

Ik kon haar niet uitleggen waarom ik niet wilde dat ze er met anderen over praatte – hij zal me meenemen naar de kelder – en ik kon het haar blijkbaar niet beletten. Die avond, toen ik zenuwachtig naar huis ging, zat zij bij de onderdirecteur. Ze had gevraagd of ik met haar mee wilde, maar dat had ik geweigerd. De volgende dag vertelde ze me wat ze hadden besloten. Ik moest met een maatschappelijk werker praten.

Ik weet zeker dat mevrouw Zorba vermoedde dat het om meer ging dan dat mijn vader me sloeg. Voor opmerkzame mensen waren er genoeg indicaties. De dag daarvoor had ze laten doorschemeren dat ze aan ergere dingen dacht. *Wat gebeurt er nog meer?* Nog meer... Ze zag een angstig meisje dat bang was om naar huis te gaan, naar haar gewelddadige vader, en ze vermoedde dat er meer achter stak. Ze hoopte dat ik met een professionele hulpverlener wel vrijuit zou willen praten. Maar bij het vooruitzicht sloeg de angst me om het hart.

'Ik kan er echt met niemand anders over praten, mevrouw Zorba! Dan krijg ik moeilijkheden. Ik wil alleen met u praten.'

'Hannan, je krijgt geen moeilijkheden, echt waar. Maak je maar geen zorgen. Die mensen weten wat ze doen en je hebt het recht om erover te praten als je dat wilt. Ze praten voortdurend met tieners en ze zijn eraan gewend hun geheimen te bewaren. Ze zijn er om je te helpen. Het komt heus goed.'

Mevrouw Zorba stelde me zodanig gerust dat ik er ten slotte mee instemde. Een week later moest ik na de lunch naar de kamer van de onderdirecteur, waar een maatschappelijk werker op me zat te wachten. Ik was zo zenuwachtig dat ik mijn vriendinnen niet durfde te vertellen wat ik ging doen. Met tegenzin ging ik ernaartoe.

Toen ik voor de deur stond, begon ik te trillen en werd ik misselijk van angst. Toch wilde ik diep vanbinnen met iemand praten, want ik snakte naar een uitweg. Zou dit het zijn? Zou ik eindelijk alle smerigheid, schuld en schaamte van me af kunnen zetten? Zou die maatschappelijk werker me echt kunnen helpen?

Even later kwam de onderdirecteur me roepen. Hij bracht me naar een aparte kamer.

'Hannan, dit is je maatschappelijk werker,' zei hij, en hij wees naar een man die voor het raam stond. 'Hij heet Omer.'

Het leek alsof iemand me een stomp in mijn maag had gegeven. Ik greep me vast aan het bureau terwijl ik koud werd van schrik. Ik keek naar de man. Het was toch niet waar dat ze... Het was waar: Omer, mijn maatschappelijk werker, de man die me zou redden, was een Pakistaanse moslim.

Toen ik zijn naam hoorde, wist ik dat meteen, en zijn uiterlijk bevestigde het. Omar was iemand uit onze gemeenschap, van onze stam. Ik kende hem niet, maar dat hoefde ook niet. Hij was een van ons en dat was genoeg om me de stuipen op het lijf te jagen.

Omer droeg een spijkerbroek en een denim overhemd. Hij was lang, had een stoppelige kin en was begin dertig, schatte ik. Hij zag er westers uit.

Hij glimlachte naar me. 'Hallo. Jij bent Hannan, hè? Ik ben vanuit ons kantoor in South Bermford hierheen gekomen om met je te praten.'

South Bermford. Een voorstad van Bermford, dus niet ver bij ons vandaan. Ongetwijfeld kende hij mijn vader. Ik raakte in paniek. Wat moest ik doen? Zou ik zeggen dat ik me had vergist? *Er is niets mis thuis. Helemaal niets. De leraren hebben het verkeerd begrepen. Ik kom uit een fantastisch gezin, ik heb me alleen maar een beetje aangesteld.*

Ik had natuurlijk een blanke verwacht, of in elk geval iemand die niet tot onze gemeenschap behoorde. Het was geen moment bij me opgekomen dat ze een Pakistaanse moslim, en nog wel een van ergens uit de buurt, naar me toe zouden sturen. Hoe hadden ze zo stom kunnen zijn? Dachten ze echt dat het een goed idee was me te laten praten met iemand uit mijn eigen cultuur, dat ik me bij zo iemand op mijn gemak zou voelen? Het tegendeel was waar. Ze hadden niets ergers kunnen bedenken. Ik was in alle staten.

Terwijl al deze dingen door mijn hoofd schoten, stond Omer me met een vreemde blik aan te kijken.

'Hannan? Hannan? Heb je gehoord wat ik zei?'

Ik schudde mijn hoofd. 'Nee, het spijt me. Wat zei u dan?'

'Ik vroeg of je je niet lekker voelt. Je ziet er niet goed uit, je bent lijkbleek. Ik ben heus geen angstaanjagende figuur, hoor. Ik ben gewoon een maatschappelijk werker. Voor mij hoef je niet bang te zijn.'

Voor jou moet ik wél bang zijn, dacht ik. Maar ik zei niets.

'Je leraren hebben me verteld dat je het thuis moeilijk hebt,' vervolgde Omer. Weer die glimlach. 'Hoe komt dat, Hannan?'

Hij probeerde me aan de praat te krijgen. Hij glimlachte zo veel en deed zo geruststellend dat ik me ten slotte begon te ontspannen. Hij stelde een heleboel vragen en toonde medeleven. Misschien heb ik hem verkeerd beoordeeld, dacht ik. In onze gemeenschap waren ook goede mensen. Misschien kon ik toch veilig met hem praten.

Hij vroeg waarom ik aan het eind van de schooldag niet naar huis wilde. Ik zei dat ik dan al het huishoudelijke werk moest doen, alsof ik een slavin was. Ik zei dat ik mijn leven en ons gezin haatte. Hij vroeg waar ik dan zo bang voor was en waarom ik het thuis haatte. Ik zei dat mijn vader superstreng en conservatief was en dat ik bang was dat ze me naar Pakistan zouden sturen en me zouden dwingen daar met iemand te trouwen.

Ik had het vermoeden dat mijn ouders me wilden uithuwelijken aan een neef van moederskant. Ze hadden me onlangs een foto van hem laten zien. Hij was boer in hun geboortedorp. Mama had zogenaamd als grapje gezegd dat ze hadden besloten dat ik met hem zou trouwen. Ja ja, had ik gedacht, je bedoelt dat ik met hem móét trouwen. Mama had een paar keer gezegd dat het een knappe man was en dat we een perfect stel zouden zijn. Eén blik op die foto was voor mij genoeg geweest.

In onze gemeenschap worden meisjes zo jong mogelijk uitgehuwelijkt, voordat ze de familie kunnen onteren door verliefd te worden. Alleen al het idee van trouwen uit liefde is schandelijk, want dat betekent natuurlijk dat je je voor het huwelijk onzedig gedraagt. Want je moet tijd met een man hebben doorgebracht om verliefd op hem te kunnen worden. De enig eervolle manier om te trouwen is voor het huwelijk geen contact met je aanstaande man te hebben.

Ouders wilden hun dochters zo graag laten trouwen dat ze de man een bruidsschat betaalden. Dan kreeg hij een jonge, maagdelijke, Engelse bruid, een geldbedrag en een vliegticket naar Engeland. Hij mocht bij het gezin van zijn bruid inwonen terwijl hij Engels leerde en een baan zocht. Meestal had hij geen enkele opleiding genoten en was hij analfabeet. Hij kon nergens aan de slag, behalve als ongeschoolde arbeider. En dat vonden de ouders een goede partij en zo was hun eer gered.

In India en Pakistan komen zelfs 'bruidsschatmoorden' voor: als de ouders van het meisje te arm zijn om een bruidsschat te betalen, vermoorden ze haar om hun eer te redden. Ik had daar wel eens van gehoord en dat zei ik tegen Omer, maar hij bleef aandringen om nog meer van me te weten te komen. Uiteindelijk vond hij een zwakke plek.

'Maar waar ben je nu echt zo bang voor, Hannan? Je lerares heeft me verteld dat je bang bent om naar huis te gaan. Verzwijg je iets voor me?'

'Hij... hij slaat me,' zei ik zacht.

'Je vader? Je vader mishandelt je? En zo dwingt hij je dingen te doen die je niet wilt, zoals trouwen met een man van hun keuze? Is dat het?'

Ik knikte. 'Zoiets, ja.'

Meer vertelde ik hem niet. Bovendien hadden we geen tijd meer. Omer had een uur voor me vrijgehouden en dat was bijna om.

'Ik kom volgende week terug, Hannan, dan praten we verder,' zei Omer vriendelijk. 'Je mag me vertellen wat je wilt, dus maak je geen zorgen. Goed?'

Het was een heel vreemde gewaarwording voor me dat ik voor mijn doen zo openlijk met iemand had gepraat. Ik wist niet hoe ik het moest beschrijven en in gedachten verdiept ging ik naar huis. Omer was erg aardig geweest, misschien zou ik nog een keer met hem praten. Toen ik de keuken binnen ging, zei mama dat ik thee en koffie met koekjes naar de voorkamer moest brengen, omdat papa bezoek had.

Ik zette alles op een blad, zoals ik al duizenden keren had gedaan. Een beetje verstrooid klopte ik op de deur en liep de voorkamer binnen. En daar, naast papa op de bank, zat Omer, de maatschappelijk werker. Hij keek me aan en glimlachte. Weer die glimlach. Hij deed alsof het een doodnormale zaak was dat hij daar met mijn vader zat te praten.

Ik verstijfde van angst. Met trillende handen zette ik het blad neer. Ik liep achteruit de kamer uit en struikelde over de rand van het vloerkleed. In paniek rende ik naar boven. Wat moest ik in vredesnaam doen? Weglopen? Maar waarheen? Mijn pillen slikken? Dat hele doosje tabletten door mijn keel spoelen en wachten op de zoete vergetelheid?

Maar misschien zag ik spoken. Misschien stond Omer wel degelijk aan mijn kant. Misschien had hij niet eens gezegd dat hij met me had gepraat. Misschien had hij tegen mijn ouders gezegd dat hij van de sociale dienst was. Misschien wilde hij gewoon even bij ons thuis rondkijken en mijn vader ontmoeten. Misschien had ik zelfs baat bij zijn bezoek. Wie weet...

Ik kreeg niet veel tijd om erover na te denken, want even later hoorde ik mijn vader roepen dat ik moest komen. Met trillende benen ging ik naar beneden. Mijn vader stond met het gezicht van een teleurgestelde heilige in de voorkamer op me te wachten. Ik wist meteen wat er was gebeurd. Omer had hem verteld wat ik allemaal had gezegd en mijn vader had zijn rol van goedmoedige geestelijke uitstekend gespeeld. Hij had gezegd dat ik had gelogen en Omer had hem geloofd, of hij vond het allemaal niet zo belangrijk.

'Hannan, ik heb je vader verteld wat je tegen mij hebt gezegd,' begon Omer. 'Hij zegt dat het niet waar is. Hij heeft me beloofd dat hij de keuze van je huwelijkspartner eerlijk met je zal bespreken. En hij zei dat het nooit bij hem op zou komen zijn dochters te slaan.'

De adem stokte in mijn keel van schrik. Het had niet erger kunnen zijn. Ik kon geen woord uitbrengen. Wat had ik bovendien kunnen zeggen? Omer en mijn vader, twee Pakistaanse moslimmannen, waren het met elkaar eens. Dit was verraad van de hoogste orde.

'Wat mij betreft,' zei Omer tegen mijn vader, 'is de kwestie hiermee afgehandeld. Het spijt me dat ik u heb lastiggevallen, meneer. Toch denk ik dat uw dochter een lief meisje is.'

Het was zo duidelijk als wat dat Omer het belangrijker vond mijn vader, de imam, en de eer van onze gemeenschap te beschermen dan mij. Hij gaf mijn vader een hand, keek mij even met die glimlach van hem aan en ging weg. Papa liet hem uit.

Toen hij even later terugkwam, ging hij als een razende tekeer. Hij stompte me een paar keer hard tegen mijn borst en ik viel op de grond, maar daar liet hij zich niet door weerhouden. Daar in de voorkamer begon hij me als een dolleman te schoppen en te slaan.

Ik kon me niet verzetten. Ik ging op mijn zij liggen en trok mijn knieën op om mijn lichaam zo goed mogelijk te beschermen. Mama was in de keuken en ik wist dat ze kon horen wat er gaande was, maar ik wist ook dat ze me niet zou komen helpen. Opnieuw stond ik helemaal alleen.

'Als je ooit nog één woord tegen iemand zegt, vermoord ik je,' siste mijn vader met een woest gezicht. 'Dan vermoord ik je met plezier. Je bent een stom, stóm, vervloekt, waardeloos, slecht meisje!'

Hij greep me bij mijn haren en sleurde me mee naar de keuken, waar hij de kelderdeur optrok en me de trap af smeet. Ik viel met een klap op de harde stenen vloer. Ik wist wat me nog meer te wachten stond en smeekte hem het niet te doen.

Nadat hij zich helemaal had uitgeleefd, liep hij de krakende keldertrap op naar de keuken. Even viel er een straal licht naar bene-

den, daarna werd het weer donker. Ik hoorde dat hij de sleutel om-
draaide in het slot en toen werd het stil. Het was alsof ik in het donker verdronk.

Ik smeekte de Eenzaamheidsvogels me te komen halen. Plotseling begon de zon stralend te schijnen en hoorde ik gefladder. Ze
kwamen eraan! Mijn dierbare witte duiven waren gekomen om me
te redden, om me vanuit die smerige poel van ellende mee te nemen naar de schone, heldere plek van mijn dromen: het Lavendelveld.

Een tijdje later kwam ik bij zinnen. Mijn lichaam, maar vooral
mijn hart en mijn ziel deden vreselijk pijn. Zoals altijd was mijn vader slim genoeg geweest om niet mijn gezicht, maar alleen mijn
romp en mijn benen te raken. Onder mijn shalwar kamiz zou niemand de blauwe plekken en andere wonden op mijn gloeiende
huid kunnen zijn.

Niemand kreeg me trouwens te zien. Mijn vader liet me dagenlang in de kelder liggen, ook al moest ik naar school.

Zo nu en dan klopte mama op de kelderdeur en overhandigde
me met neergeslagen ogen een bord met rijst en curry. Zodra ik het
had aangenomen, draaide ze zich om en ging verder met haar werk.
Ze wilde er niet bij stilstaan wat er met me was gebeurd. Ze wilde
niet weten wat voor man haar echtgenoot, de imam, was geworden
en dat ons gezin door en door verrot was.

Terwijl ik in de kelder lag, kwam ik tot de conclusie dat er geen
uitweg was. Ik had om hulp geroepen, ik was naar Omer gestuurd
en dit was het resultaat. Ik overwoog of ik de pillen zou slikken. Als
ik het wilde overleven, moest ik voortaan mijn mond stijf dicht
houden. Ik mocht niet meer nablijven op school. Het had geen zin
meer, het was zelfs gevaarlijk. Als die maatschappelijk werker, die
rotzak, nog eens thuis langs zou komen, zou dat alleen maar opnieuw een bezoek aan de hel betekenen.

Ik wist dat mijn leraren me hadden willen helpen. Ze hadden
goed bedoeld rekening gehouden met onze cultuur en er iemand
uit onze gemeenschap bij gehaald omdat ze dachten dat hij de situ-

atie beter zou begrijpen. Ze wisten niet dat alleen iemand van buiten onze gemeenschap me de hulp en de veilige haven zou kunnen bieden die ik zo hard nodig had.

Ik verweet mevrouw Zorba noch de onderdirecteur wat er was gebeurd, want ik wist dat alle schuld bij Omer lag. Na mijn bevrijding uit de kelder zou ik tegen mevrouw Zorba zeggen dat ik hem nooit meer wilde zien. Mijn roep om hulp was uitgelopen op verraad en lijden, nu had ik alleen nog de keus tussen zwijgen en mijn pillen.

Toen ik een week later weer naar school mocht, kwam ik Omer tegen in de gang.

'Hannan!' riep hij. 'We hadden een nieuwe afspraak gemaakt! Ik heb vanmiddag een uur vrij, wil je dan komen?'

Ik schudde mijn hoofd. 'Nee, dank je.'

'O nee? Waarom niet? Wil je niet verder praten?'

Ik keek hem recht aan. 'Nee. Je bent een klootzak, daarom niet.'

Hij keek me geschrokken aan. 'Hé, ik heb alleen maar gedaan wat ik het beste vond. Dat weet je best. Je mag je eigen mensen niet...'

'Waag het niet ooit nog bij me in de buurt te komen!' onderbrak ik hem. 'En zal ik je eens wat vertellen? Je bent een waardeloze maatschappelijk werker. Hoor je me? Je deugt voor geen meter.'

Ik draaide me om en liep weg. Mensen zoals hij vonden de eer van de gemeenschap altijd belangrijker dan de rechten van een mens, zelfs die van een kind. En dat was de valkuil van onze gemeenschap die door de blanke Engelse leraren niet werd gezien. Zij dachten alleen maar dat ze door rekening te houden met onze cultuur begripvol hadden gehandeld.

Maar ze hadden me voor de leeuwen geworpen.

14

Een slecht meisje

Ik was vijftien en moest binnenkort eindexamen doen. Ik werd steeds wanhopiger. Ik haatte mijn leven thuis en voelde me totaal afgesneden van ons gezin. Ik was in opstand gekomen tegen mijn cultuur en mijn godsdienst. Alleen op school was ik bevrijd van mijn geketende bestaan. Maar ik besefte dat het eind van mijn schoolopleiding in zicht was en dat er dan ook aan mijn beperkte vrijheid een eind zou komen.

Ik wist dat mijn vader mijn huwelijk aan het regelen was. Na mijn eindexamen zou hij me naar die neef in Pakistan sturen en dan was het probleem van zijn rebelse dochter opgelost. Zo was het ook gegaan met een heleboel andere meisjes in onze straat. In de zomer na hun eindexamen waren ze verdwenen en nooit meer teruggekomen.

In ons gezin speelde er natuurlijk nóg iets mee. Door mij in Pakistan te begraven, begroef mijn vader zijn wandaden jegens mij. Zodra ik veilig zat opgesloten in het huis van mijn man in een Pakistaans dorp, zou ik nooit meer durven klagen over wat mijn vader me allemaal had aangedaan. Dan zou ik tot zwijgen zijn gebracht en zou hij de dans zijn ontsprongen. En dan zou mama opgelucht adem kunnen halen. Dan zou ze haar ogen weer kunnen openen en haar schuldgevoel van zich af laten glijden.

Mijn ouders zeiden geen woord over mijn aanstaande huwelijk, maar ik wist zeker dat ze plannen maakten. Ik was op school geen goede leerling en ze hadden al tegen me gezegd dat ik niet verder mocht leren. Pakistaanse meisjes gingen niet studeren, hadden ze gezegd. Alleen jongens gingen naar de universiteit. Ik protesteerde niet, want wat zou dat helpen? Ik zweeg en hoopte dat er misschien toch nog iets goeds zou gebeuren.

Omstreeks die tijd stond er in de krant een verhaal over een Engels meisje dat was meegenomen naar Pakistan om daar met iemand te trouwen. Maar ze was naar de ambassade gevlucht en had kunnen ontsnappen. Het nieuws baarde opzien en mijn schoolvriendinnen waren diep geschokt.

'Mijn god, wat verschrikkelijk!' zei Lara. 'Hoe kun je trouwen met iemand die je niet eens kent? Van wie je niet houdt? Stel je dat eens voor! Jesses, wat vreselijk!'

'Ik hoef me dat niet voor te stellen,' zei ik zacht. 'Dat is ook gebeurd met mijn vriendin Skip.'

Lara keek me ongelovig aan. 'Wat? Met wie? Hier, of in Pakistan?'

'Hier,' zei ik. 'Ze woonde bij mij in de straat. Ze stuurden haar zogenaamd met vakantie naar Pakistan en wilden haar dwingen daar met iemand te trouwen.'

'Hoe kunnen ouders hun dochter zoiets aandoen?' zei Lara. 'En waarom zei ze niet gewoon dat ze niet wilde?'

'Het is onze cultuur,' zei ik verbitterd. 'Dat doen ze voor de eer van de familie. Die is belangrijker dan het geluk van een dochter.'

'O mijn god, gaat dat met jou ook gebeuren? Dat is toch niet waar?'

'Waarschijnlijk wel,' antwoordde ik schouderophalend. 'Ik weet het nog niet, waarschijnlijk wel. Over niet al te lange tijd.'

'Dat mag je niet laten gebeuren!' zei Lara. 'Daar moet je niet aan meedoen! Je moet je verzetten, met je ouders praten. Zeggen dat je dat niet wilt.'

Ik zuchtte. 'Lara, je begrijpt het niet. Het heeft geen zin om met mijn ouders te praten. Dat maakt het alleen maar erger.'

Lara en mijn andere blanke vriendinnen konden zich niet voorstellen dat hun ouders ooit zoiets zouden doen. In onze godsdienstlessen hadden ze gehoord dat Aziatische meisjes een bruidsschat meebrachten en dat hun ouders meestal hun huwelijk regelden, en in theorie hadden ze dat geaccepteerd. Maar dit was iets anders. Nu ging het om mij. Nu moest Lara accepteren dat een van haar vriendinnen tegen haar zin zou worden uitgehuwelijkt en opeens drong het tot haar door hoe onrechtvaardig dat was.

In onze politiek correcte godsdienstlessen was er weinig gezegd over de vrouwonvriendelijke kant van een gedwongen huwelijk. Het werd afgeschilderd als een culturele en godsdienstige traditie die, hoewel vreemd in Engelse ogen, met respect en begrip moest worden geaccepteerd. De werkelijkheid – dat dit vaak inhield dat de meest basale rechten van de vrouw met voeten werden getreden – werd achter dat rookgordijn van politieke correctheid verborgen gehouden.

Als beide partijen het met het huwelijk eens waren, had ik daar geen bezwaar tegen. Maar een vrouw mocht er niet toe worden gedwongen, dat was iets heel anders. Ik had gehoord van Pakistaanse vrouwen die door hun echtgenoot werden mishandeld en waren weggelopen, maar daardoor hadden ze hun man te schande gemaakt en moesten ze zich verbergen. Als hun man of zijn familie, of zelfs haar eigen familie, haar ooit zou vinden, zou ze worden vermoord. Volgens hun zieke redenering kon je beter je dochter vermoorden dan je eer verliezen.

Ik had zelf meegemaakt dat Skip, rebelse, dappere Skip, in de val was gelokt en als door een wonder was ontsnapt. Ik wist dat mijn vader zijn plannen smeedde en dat de volgende fase van mijn vernedering naderde. Onbewust zocht ik een confrontatie en ging ik in mijn opstandigheid een stap verder.

Al een paar jaar droeg ik op uniformvrije schooldagen Sonia's kleren. Dat vond ik inmiddels heel normaal. Op een dag besloot ik opeens in westerse kleren door onze straat te lopen: in een spijkerbroek en een T-shirt en zonder hoofddoek. Een heleboel mensen

herkenden me, en ik zag hun schrik en ontzetting. Ik voelde opwinding door me heen stromen, maar ook angst.

Het verbaasde me niet dat iemand direct naar mijn vader ging
om me te verraden. Nadat ik me bij Sonia had verkleed, ging ik
naar huis, waar mijn vader me woedend opwachtte.

'Wat heb je gedaan?' schreeuwde hij toen ik binnenkwam. Hij
greep me bij mijn haren en begon eraan te trekken. 'Goray kleren!
Net zo doen als zij!'

Hij begon me te slaan. 'Je hebt je blote lichaam laten zien! Je was
zo bloot als een gori hoer!'

Zakir was inmiddels een volwassen man geworden en hij was
even sterk als mijn vader. Het was vrijdag en ik wist dat hij thuis
was. Ik wist ook dat hij mijn vader kon horen schreeuwen, maar hij
kwam me niet te hulp, ook niet toen mijn vader me meetrok naar
de kelder.

Elke keer als mijn vader me verkrachtte, deed hij dat op een gewelddadige manier. Dan kon hij het een 'straf' noemen en ontkennen dat hij het deed om zijn zieke seksuele behoefte te bevredigen.
Het hele weekend sloot hij me op in mijn donkere hol.

Ik vroeg mijn broers nooit om hulp, zo gingen we niet met elkaar om. Dat jaar had ik me steeds meer uit ons gezin teruggetrok-
ken. Op school, waar ik niet werd geslagen en misbruikt, en met
mijn vriendinnen om me heen, voelde ik me op mijn gemak, terwijl ik me thuis een vreemde voelde die altijd in gevaar verkeerde.

Ik droeg mijn verleden altijd met me mee, ik leefde in angst en
was doodsbang voor de toekomst. Ik kon niet meer normaal func-
tioneren en ging me steeds slechter gedragen. Vroeger had ik mijn
best gedaan op school, maar ook daar trok ik me steeds meer terug.
Ik verwaarloosde mijn schoolwerk en werd zelf gewelddadig.

Op een dag zat ik in de bus met Sabina, mijn brave zusje. Een ander Pakistaans meisje, Sameena, begon haar te pesten. Sameena
was heel westers en ze maakte opmerkingen over Sabina's traditionele kleren.

'Je bent een echte paki,' zei ze minachtend. 'Waarom loop je zo rond? Waarom kleed je je niet net als wij? Je loopt voor gek.'

Ik keek naar Sabina. Ze zei niets. Ik vroeg me af waarom ze zich niet verdedigde.

'Je ziet er belachelijk uit,' ging Sameena verder. 'Waarom zet je ons allemaal voor schut?'

Ik stond op en liep naar haar toe. 'Zo is het genoeg,' zei ik. 'Je moet ophouden mijn zusje te pesten, anders krijg je met mij te doen.'

Sameena begon te lachen. 'Met jou? Je moet haar eens een keer opvoeden! Ze ziet eruit als een paki uit een dorp, in die vreselijke kleren. Met die stomme sluier!'

Voordat ik wist wat ik deed, had ik haar een stomp in haar gezicht gegeven. Ik was verbijsterd. De laatste keer dat ik voor iemand was opgekomen, was toen ik voor mama was gaan staan toen papa haar sloeg, tien jaar geleden. Sameena boog zich naar me toe en trok aan mijn haar, en ik voelde haar lange nagels over mijn wang krassen. Ik liet me niet kisten. De hele weg naar school bleven we vechten, niemand slaagde erin ons uit elkaar te halen. Toen we op school kwamen, werd er een leraar geroepen om een eind aan de ruzie te maken.

We kregen ervanlangs en werden naar onze klas gestuurd, en later die dag moesten we naar de onderdirecteur. Hij gaf ons een strenge berisping, we moesten schoolblijven tijdens de lunchpauze en strafregels schrijven: *ik mag niet vechten in de bus, ik mag niet vechten in de bus...*

Maar Sameena trok zich er niets van aan. Ze bleef mijn zusje pesten en ik bleef mijn zusje verdedigen. Sabina vond het vreselijk dat ik haar te hulp schoot.

'Jij maakt het alleen maar erger,' zei ze. 'Bovendien krijg je steeds straf.'

Dat was waar, maar ik moest en zou Sameena tegenhouden. Sabina werd gepest en kwam niet voor zichzelf op. Ik vond dat iemand anders dan voor haar moest opkomen, al zei ze dat het niet nodig was. De eerste paar keer dat ik probeerde Sameena te laten ophouden, hielpen mijn vriendinnen mee, maar toen ik het niet wilde opgeven, kregen ze er genoeg van.

'Hou ermee op, Hannan,' zei Lara. 'Of meld het op school, zodat zij er iets aan kunnen doen. Als je zo doorgaat, kom je echt in de problemen.'

Maar ik kon er niet mee ophouden. Sameena moest inzien dat ze niet tegen me op kon. Het was ontaard in een vete. We waren aan elkaar gewaagd. Ik had soms bloedende schrammen op mijn gezicht en ik had haar een keer een blauw oog geslagen. Het gevecht eindigde altijd doordat leraren ons uit elkaar trokken, dus was er geen winnaar. Zo ging het een paar maanden door. Minstens één keer per maand eindigde onze ruzie in een knokpartij. Mijn schoolwerk leed eronder en dat van haar waarschijnlijk ook.

Uiteindelijk werd ik naar de directeur gestuurd. 'Waarom vecht je altijd met haar?' vroeg hij. 'Wat is er aan de hand? Waarom hebben jullie zo'n hekel aan elkaar?'

Eerst wilde ik niets zeggen, maar ten slotte biechtte ik de reden op: 'Ze pest mijn zusje. Ze noemt haar een paki en ze zegt dat Sabina stomme kleren draagt.'

De directeur liet ook Sameena en Sabina komen om aan hen te vragen of dat waar was. Sabina bevestigde het en gaf voorbeelden. Sameena werd tijdelijk van school gestuurd en dat betekende het einde van de oorlog.

Voor mij was het tot op zekere hoogte een surrogaatstrijd geweest. Ik had mezelf thuis nooit verdedigd en in plaats daarvan had ik buitenshuis Sabina verdedigd. De opgekropte woede jegens mijn vader had een uitweg gevonden in de ruzie met Sameena. Ze had mijn zusje niet mogen pesten, dat was waar, maar ik had de gelegenheid aangegrepen om mijn razernij kwijt te raken.

Mevrouw Zorba zag hoe gekwetst en verward ik was en op een dag sprak ze me erop aan.

'Hannan, ik weet dat je het moeilijk vindt uit te leggen waarom je zo met jezelf in de knoop zit,' zei ze. 'Ik wil graag dat je een opstel voor me maakt. Beschouw het als normaal huiswerk en schrijf op wat je allemaal dwarszit.'

Ik noemde het opstel 'Aziatische meisjes in Engeland'.

Als je een tiener bent, houden je ouders je scherp in de gaten en heb je geen enkele vrijheid. Je gaat je ouders haten, omdat ze je dwingen afschuwelijke dingen te doen die je niet wilt. Je moet thuis al het werk doen, ook al heb je daar nog zo'n hekel aan. Ze willen de tradities voortzetten. Ze willen hun manier van leven niet veranderen. Je kunt niet meer met ze praten, want dan nemen ze je je laatste restje vrijheid ook nog af. Alleen op school ben je vrij, maar ze kunnen je altijd thuishouden, ook al is dat tegen de wet. Je haat je broers omdat zij veel meer mogen dan jij. Je moet hen bedienen en gehoorzamen alsof het prinsen zijn. Je ziet er als een berg tegen op dat je uiteindelijk van school moet, omdat dat het einde van je leven betekent. Dan ben je echt al je vrijheid kwijt. Elke dag overweeg je of je zult weglopen.

Mevrouw Zorba gaf me een hoog cijfer voor het opstel. Daarna probeerde ze, omdat ze besefte hoe moeilijk ik het had, nog een keer me te helpen. Ze vroeg of ik nog eens met de maatschappelijk werker wilde praten. Ik antwoordde dat ik nog liever doodging. Ze liet het erbij, want ze wist niet wat ze verder nog kon doen.

Ik zou binnenkort zestien worden en mijn angst voor de toekomst werd steeds groter. Op een dag zag Sabina op tafel een aanvraag voor een paspoort liggen, met mijn naam erop. Ze vertelde het me. Sinds ik op school voor haar op de bres was gesprongen, was ze iets aardiger tegen me, al plaagde ze me nog steeds.

'Papa stuurt je naar Pakistan,' zei ze pesterig. 'Ik hoop dat je je daarop verheugt. Binnenkort maak je kennis met je paki verloofde...'

Ze bedoelde het niet slecht, ze plaagde me alleen. Ze was heel anders dan ik. Ze wilde bij onze gemeenschap horen en was trots op haar traditionele kleding. Ze had er geen enkel bezwaar tegen dat er een huwelijk voor haar zou worden geregeld en ze zei dat ze graag in Pakistan wilde wonen. Er lag een onoverbrugbare kloof tussen ons.

Toen ze me plaagde met mijn 'paki verloofde' ging ik er niet op in. Het nieuws verbaasde me niet, ik had niet anders verwacht. Ik wist dat ik me er niet in zou schikken, ik wist alleen nog niet wat ik zou doen om eraan te ontkomen. Ik had mijn pillen nog: paracetamol, aspirine en wat ik ook maar had gevonden. Die wetenschap schonk me een grimmige, bittere kracht.

Sabina had geen idee van mijn angst voor een gedwongen huwelijk en wat ik bereid was te doen om eraan te ontkomen.

15

De geketende bruid

In mei van dat jaar werd ik zestien. Het was geen vrolijke tijd voor me. Ik overwoog zelfmoord. Ik deed eindexamen en wist dat ik het niet goed had gedaan. Ik wist dat ik heel slechte cijfers zou krijgen en dat mijn vader dat zou aangrijpen als een excuus om me meteen naar Pakistan te sturen.

Inderdaad had ik heel slechte cijfers. Mijn hoogste cijfer was voor Engels, twee vakken waren net voldoende en de rest was onvoldoende. Een rampzalig resultaat, maar niet onverwacht. In mijn laatste schooljaar had ik vooral gespijbeld, gevochten, me opstandig gedragen en nauwelijks gestudeerd.

Toch gaf ik me op voor een bovenbouwschool en een herexamen, zonder het mijn ouders te vertellen. In de zomervakantie was er een open dag van de school waar ik naartoe wilde en daar wilde ik heen om te zien welke vakken ik kon kiezen. Met mijn slechte cijfers zou de keuze beperkt zijn, maar hoop doet leven. Ik vroeg mijn moeder of ik die morgen vrij mocht en tot mijn verbazing zei ze ja. Ik geloof dat ze het zelfs voor mijn vader verzweeg.

Het bleek dat ik vier voldoendes nodig had en toelatingsexamen moest doen, dus voorlopig kon ik het vergeten. Maar ik mocht wel herexamen doen. Ik besloot dat ik daarna wiskunde, godsdienst, sociologie en bedrijfskunde zou kiezen. Natuurlijk was ik stomverbaasd toen mijn vader me uiteindelijk toestond naar de bovenbouwschool te gaan. Het leek wel of het hem niet meer kon schelen wat ik deed, en ik vroeg me af wat er aan de hand was.

Ik kon nauwelijks geloven dat ik in september voor het eerst naar South Bermford Sixth Form College mocht, zo vast was ik ervan overtuigd geweest dat ik tegen die tijd zou zijn vastgeketend aan een echtgenoot in Pakistan. Sabina had me zelfs verteld dat ze mijn ouders over mijn aanstaande huwelijk had horen praten. Toch mocht ik nu weer naar school. Wilde dat zeggen dat ik nog twee jaar een soort vrijheid had? Of dat ze me gewoon nog mijn gang lieten gaan tot hun plannen vaste vorm hadden aangenomen? Ik had geen idee.

Van mijn vriendinnen van de vorige school was ik de enige die naar de bovenbouwschool was gegaan. Lara en Amanda hadden gekozen voor het Bermford Technical College, waar je kon leren voor administratief medewerker, kok, kinderverzorger en andere vakken van het beroepsonderwijs. Karen had een baan gevonden in een winkel.

Op de eerste dag maakte ik kennis met de vrouw die mijn favoriete lerares zou worden: mevrouw Jones. Ze gaf godsdienstles. Ze was begin veertig, lang en slank, en ze had een modern kort kapsel. Ze zag er elegant uit en ik had meteen bewondering voor haar persoonlijkheid en mooie verschijning.

Ze was een zorgzame vrouw met een groot hart. Ze sprak vrijuit over haar familie. Ze begon elke les met een informeel praatje over haar eigen leven om het onderwerp in te leiden.

Mevrouw Jones was ook onze mentor en na een paar maanden besloot ik met haar te gaan praten over mijn angst voor een gedwongen huwelijk.

'Ik ben er vreselijk bang voor, mevrouw,' zei ik. 'Ik weet dat ze me naar Pakistan willen sturen om daar te trouwen en ik wil niet.'

'Ach, arm kind,' zei mevrouw Jones meelevend. 'Eerlijk gezegd heb ik zoiets al eens eerder gehoord, van andere meisjes die naar me toe zijn gekomen. Dus is dit helaas niets nieuws voor me. Heb je hier al met je ouders over gepraat? Kun je met ze praten?'

175

'O nee,' antwoordde ik. 'Mijn vader is de imam van onze gemeenschap, ons gezin is erg op zichzelf en mijn ouders zijn heel streng. Praten helpt niet, dat maakt het alleen maar erger.'

'Nou ja, je mag altijd met mij komen praten, als je daar behoefte aan hebt. Maar als je goed je best doet en mooie cijfers haalt, zien je ouders misschien in dat je verder moet studeren. Gedwongen huwelijken worden een ernstig probleem en we proberen een manier te vinden om er iets aan te doen. We luisteren goed naar je, Hannan, en we willen je helpen.'

Toen ik met mevrouw Jones zat te praten, besefte ik dat zij de 'mevrouw Zorba' van mijn nieuwe school was, maar zij had veel meer ervaring met de problemen van opgroeiende meisjes uit onze gemeenschap. Na ons gesprek voelde ik me opgelucht. Ze had me echt begrepen, dacht ik, en bij haar voelde ik me veiliger dan ik me ooit bij iemand anders had gevoeld. Maar ik kon haar niet aankijken, ik kon geen enkele volwassene recht in de ogen kijken. Ik keek naar de grond, de muren, ik ontweek hun blik. Wat dat betrof, gedroeg ik me als een kind van twaalf, zo timide was ik.

Aan het eind van ons gesprek zei mevrouw Jones: 'Je bent moslim, dus hoor ik dit misschien niet te zeggen, maar God houdt oprecht van je, Hannan.'

'God houdt van mij?' Ik lachte spottend. 'Ja ja, daar heb ik nog nooit iets van gemerkt.'

God houdt van mij? De god van mijn vader hield van niemand. De god van mijn vader was een wrede, wraakzuchtige god die lachte om mijn ongelukkige leven. De god van mijn vader was bikkelhard in zijn oordeel en had me allang verdoemd tot de hel. Dat zei mijn vader, de imam, en hij voegde eraan toe dat hij zelf naar de hemel zou gaan. Maar als mensen zoals mijn vader naar de hemel gingen, wilde ik niets met hun god te maken hebben en wilde ik beslist niet naar de hemel.

De eerste keer dat ik naar mevrouw Jones toe ging, vertelde ik haar hoe bang ik was voor een gedwongen huwelijk, en dat ik ervan droomde naar de universiteit te gaan en in vrijheid te leven. De tweede keer vroeg ze of ik met een maatschappelijk werker wilde praten. Eerst weigerde ik dat. In geen geval. Ik wilde geen herhaling van het drama met Omer, de verrader. Maar uiteindelijk haalde ze me over het toch te doen.

Ik zei dat het geen Aziaat mocht zijn. Dat was mijn enige voorwaarde. Ik legde niet uit waarom niet en ze vroeg er niet naar. Ze scheen het te begrijpen.

Een paar dagen later kwam Barry naar onze school. Hij was blank, achter in de dertig, klein en gedrongen en hij had een grote snor. Hij droeg een pak en een overhemd met open kraag. Ik voelde meteen dat hij een hartelijke, zorgzame man was. Hij had vriendelijke ogen en ik wist instinctief dat ik hem kon vertrouwen. Hij had een brede, oprechte glimlach.

Barry praatte nooit over eer, schande of de reputatie van onze familie. Hij wilde alleen weten waar ik bang voor was en me zorgen om maakte. Hij zei dat ik alleen over mezelf moest praten, vrijuit en los van religieuze of culturele restricties. Na een paar gesprekken vertrouwde ik hem volkomen. Ten slotte beloofde hij me ronduit dat hij me zou helpen.

'Hannan, als je denkt dat je ouders van plan zijn je iets te laten doen wat je niet wilt of als je denkt dat je in gevaar bent, waarschuw me dan en dan zal ik je helpen. Dan vind ik een oplossing. In dit land zijn er allerlei manieren om je daadwerkelijk te beschermen.'

Het waren geruststellende woorden en misschien zouden ze de redding bieden waarvan ik tot dan toe alleen nog maar had durven dromen. Toch vroeg ik me af of hij zijn belofte zou kunnen nakomen, want hij behoorde niet tot onze gemeenschap. In onze gemeenschap was mijn vader veel machtiger dan hij. Mijn vader, de imam, was de machtigste man in mijn leven. Dat stond als een paal boven water.

Ik wist dat mijn vader de macht had om me naar Pakistan te sturen. Ik wist dat onze familie en de gemeenschap in dat geval achter hem zouden staan. Iedereen verwachtte dat hij dat zou doen en iedereen was het ermee eens. Dat deden de meeste ouders met hun dochters. Als er daarna iemand zou vragen waar ik was gebleven, zouden ze liegen en zwijgen. Dan zouden ze allemaal zeggen dat ik uit vrije wil was vertrokken en gelukkig was met mijn nieuwe leven in Pakistan.

Barry praatte ook over mijn gebrek aan zelfvertrouwen en wat ik daaraan kon doen. Ik moest een lijst maken van dingen die anderen in me waardeerden en van de dingen die ik van mezelf bewonderde. En hij leerde me dat ik hem tijdens onze gesprekken moest aankijken.

De oefeningen die hij me opgaf hielpen echt, en ik kwam tot de ontdekking dat ik veel beter kon communiceren als ik mensen aankeek. Ik begreep beter wat Barry bedoelde als ik naar zijn gezicht en de uitdrukking in zijn ogen keek. Ik ging ook mijn leraren aankijken en door hun reactie daarop werd ik steeds zelfbewuster. Het was een vicieuze cirkel.

In mijn laatste jaar op de vorige school had ik me slecht gedragen en op mijn nieuwe school ging het steeds beter. Misschien heeft mevrouw Jones gelijk, dacht ik. Misschien zouden hard studeren en mooie cijfers halen me een uitweg bieden. Misschien zouden mijn ouders me dan naar de universiteit laten gaan. Ik begon harder te werken dan ik ooit had gedaan.

Thuis vertelde ik niets over mijn nieuwe ervaringen op school, maar ik had weer hoop. Mevrouw Jones had me weer hoop gegeven. In oktober stelde mevrouw Jones voor dat de school een brief naar mijn ouders zou sturen om hun te laten weten hoe goed ik het deed.

'Denk je dat het zal helpen?' vroeg ze me.

'Het kan geen kwaad. Misschien moeten we het proberen.'

Een paar dagen later kreeg ik de brief mee naar huis. Hij zag er officieel uit, met het logo van Bermford Sixth Form College op de envelop. Mijn ouders konden nog steeds geen Engels lezen, dus moest ik de brief voorlezen en vertalen in het Punjabi. Dit stond erin:

Hannan werkt heel hard en het resultaat van dat harde werken wordt steeds duidelijker. Het belooft veel voor de toekomst. Onlangs heeft ze voor proefwerken wiskunde en godsdienst een uitstekend cijfer gehaald, een van de hoogste cijfers van haar klas. In beide gevallen is ze geprezen om haar toewijding. Ze is een bijzonder prettige leerling.

Mijn moeder was er blij mee. 'Goed zo!' zei ze glimlachend.

Mijn vader snoof. 'Ach, nou ja.'

Dat was zijn enige commentaar en mijn ouders kwamen niet op de brief terug. Ik bewaarde hem goed. Ik was niet eens zo heel erg teleurgesteld, want van mijn vader had ik eigenlijk niet meer verwacht.

Twee weken later, toen ik 's avonds thuis mijn huishoudelijke taken verrichtte en langs de deur van de woonkamer liep, hoorde ik daar mijn vader telefoneren. Instinctief bleef ik staan luisteren.

'Ja, ja... We vliegen overmorgen en komen 's middags in Karachi aan. Je komt ons afhalen? Mooi zo. Is alles klaar voor het huwelijk?'

O mijn god, nu ging het gebeuren!

Ik had mezelf ervan overtuigd dat Sabina het mis had en dat het niet waar was dat er stiekem een huwelijk werd geregeld. Ik was gaan geloven dat ik via mijn studie een uitweg had gevonden. Ik wist niet eens dat ik inmiddels een paspoort had. Maar ik had me vreselijk vergist!

Mijn vader, die wist hoe opstandig ik zo langzamerhand was geworden, had alles in het geheim geregeld. Zijn toestemming om weer naar school te gaan was bedoeld om me voorlopig te sussen, een truc om me rustig te houden tot ze me mee naar Pakistan konden nemen. Zodra ik daar in een dorp met een ver familielid was getrouwd, lag Engeland en het verdorven leven dat ze daar leidden voorgoed buiten mijn bereik. Dan was het probleem van mijn vader – zijn rebelse dochter – voorgoed opgelost.

De afgelopen maanden had ik geleefd met valse hoop en een vals gevoel van veiligheid. Dat wist ik nu zeker. Alles voor mijn ontvoering de volgende dag was geregeld. Ik zou 's avonds na schooltijd op het vliegtuig worden gezet en de volgende dag in Pakistan landen. Mijn vader zou met me meegaan.

Ik rende naar mijn slaapkamer. Ik hyperventileerde. Ik was totaal in paniek. Ik moest ontsnappen, maar hoe? Het enige wat ik kon bedenken, was de volgende dag gewoon naar school gaan en doen alsof alles normaal was.

En dan zou ik nooit meer naar huis gaan.

16

Eer en schande

De telefoon stond in de woonkamer, maar er was ook een aansluiting in onze slaapkamer. Mijn broers namen het toestel vaak mee naar boven om daar privé te bellen. Ik wachtte tot papa weg was, ging de telefoon halen en nam die mee naar boven. De anderen zaten beneden tv te kijken.

Ik belde Skip. Ik was als de dood dat iemand me zou horen, maar ik moest iets doen. Mijn moeder of een van mijn zusjes kon elk moment binnenkomen. Mama zou mijn Engels niet woordelijk verstaan, maar ze zou wel beseffen waar ik het over had. Zelfs zij zou woorden zoals 'huwelijk' en 'Pakistan' herkennen. Mijn zusjes zouden alles verstaan en ik wist zeker dat Sabina het tegen mijn ouders zou zeggen.

Bij Skip bleef de telefoon eindeloos rinkelen voordat er werd opgenomen: 'Hallo?'

'Skip? Skip, met Hannan! Het gaat morgenavond gebeuren! Mijn huwelijk! Ze hebben een paspoort en een vliegticket voor me! Ik ben doodsbang!'

'O mijn god! Laat me even nadenken. Morgen na schooltijd?'

'Na schooltijd. De nachtvlucht naar Karachi.'

'Dan moet je daar meteen weg.'

'Dat kan niet! Ik mag 's avonds niet weg en al helemaal niet alleen! Waar moet ik trouwens naartoe?'

'Oké, oké... Dan moet je morgenochtend vertrekken, anders zit je in de val. Ga naar school en blijf weg. Ik kom je met de auto van school halen, goed?'

'Dat is goed.'

'Ik wacht voor het hek. Je kent mijn auto, dus kom meteen naar me toe en stap in.'

Skip was secretaresse op een kantoor en verdiende genoeg geld om een auto te hebben. Maar ze woonde tijdelijk weer bij haar ouders, omdat de huurtermijn van haar flat was verlopen. Ze popelde om weer zelfstandig te wonen. Omdat het de reputatie van haar familie geen goed deed als de ongetrouwde dochter buitenshuis woonde, hadden haar ouders haar toestemming gegeven om weer zolang bij hen in te trekken, maar ze was druk op zoek naar een andere flat. Het betekende wel dat ik niet bij haar kon logeren.

'Waar moet ik naartoe?' vroeg ik haar.

'Dat weet ik nog niet, maar we bedenken wel iets. In het ergste geval kun je in mijn auto slapen. Alles is beter dan met je vader mee naar dat verdomde Pakistan.'

Die nacht deed ik van de angst en de zenuwen geen oog dicht, maar ik twijfelde geen moment. Dit was het, alles of niets. Ik moest weg, ik moest ontsnappen. Nerveus probeerde ik te bedenken wat er met het plan van Skip allemaal mis kon gaan. Ik had maar één kans, dus moest ik die niet verprutsen.

Ik stond op de normale tijd op en deed alles wat ik anders ook deed. Ik maakte voor de hele familie het ontbijt klaar, op van de zenuwen. Ik pakte mijn schooltas in en stopte een spijkerbroek die ik van Sonia had gekregen onder de boeken. Toen ik klaar was en naar de voordeur liep, zei ik, misschien voor de laatste keer, mijn jongste zusje Aliya gedag. Ik deed mijn best om normaal te klinken en het kostte me moeite om mijn hevige emoties te onderdrukken.

Ik liep onze straat uit in het besef dat ik er nooit terug zou keren, terwijl ik geen idee had waar ik terecht zou komen. Ik kon natuurlijk niet naar een vriendin in de buurt gaan, want haar ouders zouden meteen mijn vader bellen. Ik wist niet of iemand op school me zou kunnen helpen, maar ik zou het vragen. Bovendien had Barry, mijn maatschappelijk werker, me een belofte gedaan, en dit was het moment om me te laten zien dat hij het meende.

Ik was vijf minuten te laat. Ik bleef even achter in de klas staan en staarde naar de lerares, mevrouw Smith, een blanke vrouw van in de dertig. Ze kende mijn omstandigheden, omdat mevrouw Jones het schoolbestuur op de hoogte had gebracht. Plotseling begon ik te schreeuwen: 'Ik ben weggelopen! Ik ga nooit meer naar huis! Nooit! Ik ga nooit meer terug! Wat jullie ook zeggen!'

De klas zat vol en alle leerlingen draaiden zich geschrokken naar me om. Normaal was ik een verlegen, stil meisje en trok nauwelijks aandacht, nu was ik bijna hysterisch. Ze begrepen natuurlijk wel dat er iets aan de hand was, maar ze wisten niet wat. Gelukkig begreep mevrouw Smith het meteen.

Ze kwam naar me toe. 'Oké, Hannan, dat is goed. We zullen een oplossing zoeken. Maak je geen zorgen. Rustig nou maar...'

Ze zei tegen de klas dat ze zichzelf even bezig moesten houden terwijl ze met mij naar de directeur ging. Hij was er niet, maar ze zei dat ik in zijn kantoor moest blijven wachten.

'Ik ga mevrouw Jones en je maatschappelijk werker bellen,' zei ze geruststellend. 'Maak je geen zorgen. Ze komen zo bij je, goed?'

Een paar minuten later kwam mevrouw Jones binnen en kort daarna kwam Barry. Ik flapte er meteen uit wat er was gebeurd.

'Mijn vader was gisteravond aan het bellen en toen hoorde ik wat hij zei en ze nemen me vanavond mee naar Pakistan om met iemand te trouwen en ik ga niet en niemand kan me dwingen vanmiddag weer naar huis te gaan! Ik ga niet!'

Barry wierp een blik op mevrouw Jones en zei: 'Oké. Om te beginnen hoef je je geen zorgen te maken. We zoeken een veilige plek voor je waar je kunt slapen. Dat zal ik meteen doen. Heb je het nummer van mijn kantoor? Bel me na schooltijd op, dan zal ik je vertellen wat we gaan doen. Maar je hoeft niet bang te zijn, zul je dat onthouden? Bij ons ben je veilig.'

Ik wist niet of Barry zomaar onderdak voor me zou kunnen regelen, maar ik vertrouwde erop dat hij in elk geval zijn best zou doen. Ik ging niet meer naar huis, dat stond vast. Zo nodig zou ik in Skips auto slapen, al was het november en steenkoud buiten en vond ik het geen prettig idee. Ik was bang en voelde me alleen en zag ertegen op mijn eerste nacht als vluchteling in een auto door te brengen. Maar ik ging niet naar huis.

Aan het eind van de schooldag wist ik nog steeds niet wat er met me zou gebeuren. Ik sloop het hek uit en tot mijn grote vreugde zag ik daar Skip staan in haar blauwe autootje. Ze zwaaide naar me, ik rende naar haar toe en stapte in, en ik vertelde haar hoe de zaak ervoor stond.

We reden naar het centrum en in de buurt van Barry's kantoor ging ik naar een telefooncel. Ik was onzeker en doodsbenauwd dat iemand van mijn familie me zou zien. Maar meteen toen ik Barry's stem hoorde, wist ik dat hij een plek voor me had gevonden.

'Ik heb een adres voor je,' zei hij. 'Alles is in orde. Kom naar mijn kantoor, dan breng ik je ernaartoe.'

Mijn hart begon te bonzen van hoopvolle opwinding. Skip omhelsde me. Ze reed de hoek om naar Barry's kantoor, bracht me naar hem toe en wenste me geluk.

'Ik breng je naar een veilige plek,' zei Barry toen we op weg waren naar zijn auto. 'Het is niet ver hiervandaan.'

We reden de stad door. Even later besefte ik dat we langs onze straat zouden rijden en met een flits van angst dacht ik heel even dat Barry me dezelfde streek zou leveren als Omer had gedaan en me terug zou brengen naar mijn verschrikkelijke ouders. Maar we reden door naar de rand van de stad, een ritje van een minuut of twintig.

We stopten voor een groot, vrijstaand bakstenen huis met een grasveld ervoor. We liepen naar de voordeur en Barry klopte aan. Tot mijn grote verbazing was degene die opendeed niemand anders dan mevrouw Jones! Ik was sprakeloos.

'Welkom, Hannan,' zei ze met een lieve glimlach. 'Ik ben blij dat je er bent. Kom binnen.'

We gingen naar de voorkamer. Mevrouw Jones bracht haar twee jackrussellterriërs naar de keuken zodat ze ons niet lastig zouden vallen en gaf ons een kop thee met een koekje. Ik klemde mijn schooltas stevig tegen mijn borst en wachtte zenuwachtig en niet op mijn gemak op wat er zou gebeuren. Mijn hele leven had ik ervan gedroomd dat ik zou weglopen en aan mijn familie zou ontsnappen en nu was het zover. Ik had niet genoeg tijd gehad om me erop voor te bereiden en de schok was bijna te groot voor me.

'Nadat we met jou hadden gepraat, hebben Barry en ik met elkaar overlegd,' begon mevrouw Jones. 'Ik heb een slaapkamer voor je en mijn man en ik willen graag dat je bij ons blijft, als je dat wilt. Wat vind je daarvan, Hannan? Heb je zin om een poosje bij ons te blijven?'

Ik wist niet wat ik moest zeggen en glimlachte zwakjes. Ik kon bijna niet bevatten dat ik bij háár mocht blijven, in háár huis. Ik had gedacht dat we alleen even bij haar langs zouden gaan op weg naar een ander adres. Ik raakte in een soort shocktoestand en vreesde dat mijn ouders erachter zouden komen waar ik was en me zouden komen halen. Mijn vader had meer macht dan wie ook, dacht ik, hij zou me beslist vinden en me mee terugsleuren naar huis.

Het was inmiddels zes uur en mijn ouders waren waarschijnlijk nog niet tot de ontdekking gekomen dat ik ervandoor was gegaan. Ze zouden denken dat ik op weg was naar huis. Het vliegtuig naar Karachi vertrok tegen middernacht, dus waren ze nog niet in paniek geraakt. Maar dat deed niets af aan mijn bezorgdheid en angst.

'Wil je je moeder niet even bellen?' vroeg Barry, alsof hij gedachten kon lezen. 'Laat haar weten dat je niets is overkomen, dan hoeft ze zich geen zorgen te maken.'

'Nee!' zei ik angstig. 'Ze mogen niet weten waar ik ben!'

'Dat komen ze ook niet te weten,' zei mevrouw Jones vriendelijk. 'Niet door een kort telefoontje. Zeg dat je vannacht bij een vriendin blijft slapen en verder niets.'

'Ik ben bang om met ze te praten.'

'Dat spreekt vanzelf,' zei Barry. 'Maar je moet ze bellen om te voorkomen dat ze je gaan zoeken. Dat hoort erbij als je je wilt verschuilen.'

Mevrouw Jones nam me mee naar de telefoon in de hal en met een trillende hand toetste ik ons nummer in.

Meteen nadat iemand had opgenomen, zei ik vlug: 'Hallo, ik ben het, alles gaat goed met me, maar ik kom niet naar huis. Ik ben bij een vriendin. Dag.'

Voordat die persoon kon antwoorden, smeet ik de hoorn op het toestel. Ik wist niet eens wie het was geweest. Kort daarna vertrok Barry en ging ik met mevrouw Jones, haar man en hun zoon Jonathan aan tafel voor het avondeten. Ik viel van de ene verbazing in de andere. Mevrouw Jones en ik, de vrouwen, zaten tegelijk met de mannen aan tafel en onder het eten werd er gezellig gepraat. Hun zoon, een volwassen man, hielp zelfs mee de tafel te dekken en af te ruimen.

Eerst kregen we een vreemde grijze vloeibare massa, die ze champignonsoep noemden. Het enige Engelse voedsel dat ik ooit had gegeten was frieten; die soep was iets heel nieuws voor me. Iets heel anders dan de hete curry's van mijn moeder, maar mevrouw Jones had me gemalen glas voor kunnen zetten en dat had ik nog lekker gevonden. Ik was ontsnapt. Ik was veilig. De rest was niet belangrijk.

Onder het eten zei ik bijna niets. Daarna nam mevrouw Jones me mee naar een slaapkamer, die van Julie, hun geadopteerde dochter. Er stonden een eenpersoonsbed, een kleerkast en een bureau.

'Ik hoop dat je je hier thuis voelt,' zei ze. 'Julie zit op de universiteit, zij vindt het prima dat je hier slaapt.' Ze zweeg even en vervolgde: 'Hannan, wil je morgen naar school gaan of liever hier blijven?'

Ik dacht erover na. 'Ik wil liever naar school. Ik wil zo hard mogelijk blijven studeren.'

'Mooi zo.' Mevrouw Jones omhelsde me, gaf me een opgevouwen pyjama en wenste me welterusten.

Ik had nooit een pyjama gehad. Thuis sliepen we in normale kleren. Maar op tv had ik mensen in pyjama gezien, dus wist ik wat ik ermee moest doen. Toen mevrouw Jones de deur achter zich dicht had gedaan, was ik eindelijk alleen. Ik werd overmand door een gevoel van eenzaamheid en vroeg me af hoe het verder zou gaan. We hadden niet besproken hoe lang ik bij mevrouw Jones zou blijven. Ze had gezegd dat ik eerst een beetje moest uitrusten en bijkomen van de schok.

Ik was wel ontzettend opgelucht. Eindelijk was de dreiging van een ontvoering, gevolgd door een gedwongen huwelijk, verdwenen. Mevrouw Jones had me onder haar hoede genomen en ik vertrouwde haar. In haar huis voelde ik me veel veiliger dan thuis bij mijn ouders.

Met mijn gezicht in het kussen gedrukt huilde ik een beetje en toen viel ik in slaap.

17

Bij mevrouw Jones

De volgende morgen ontbeten we aan de keukentafel met cornflakes en thee. Ik had het gevoel dat ik droomde: ik zat in een vreemd huis bij een blank gezin onbekend voedsel te eten.

De echtgenoot van mevrouw Jones was een rustige, vriendelijke man en het viel me meteen op dat hij heel anders was dan mijn vader. Hij liet zijn genegenheid en waardering voor zijn vrouw duidelijk blijken, en aan het ontbijt zei hij tegen haar dat ik een lief, charmant meisje was. Ik glimlachte blozend. Hoewel niemand ooit eerder zoiets over me had gezegd, klonk het uit zijn mond als een heel normaal complimentje.

Meneer Jones was docent aan de Universiteit van Leeds. Jonathan was begin twintig en hij werkte in de bouw. Hij was verlegen, rustig en vriendelijk; wat dat betrof leek hij op zijn vader. Uiterlijk leek hij op zijn moeder, hij was even lang en knap om te zien. Voordat hij naar zijn werk ging, speelde hij met de honden en maakte zijn moeder aan het lachen.

Op weg naar school vertelde mevrouw Jones me het verhaal van Julie. Mevrouw Jones had zich toen Julie een tiener was over haar ontfermd en haar ten slotte geadopteerd. Ze behandelde haar als een eigen kind, stuurde haar naar school en daarna naar de universiteit. Vóór Julie had ze een Chinees meisje dat problemen had met haar ouders, in huis genomen.

Ik denk dat mevrouw Jones me dat allemaal vertelde om me op mijn gemak te stellen, en het werkte. Ze had een hart van goud. Ze wist wat ze deed toen ze had besloten mij te helpen.

We reden rechtstreeks door naar het parkeerterrein voor de leerkrachten en ik mocht door de personeelsingang naar binnen. Ik was doodsbang dat mijn vader en mijn broers op me zouden staan wachten, maar tot mijn opluchting was dat niet het geval. Maar ik besefte dat ze binnenkort toch wel een keer voor mijn neus zouden staan en eigenlijk wilde ik die confrontatie zou gauw mogelijk achter de rug hebben. Mevrouw Jones wist ook dat ze zouden komen, ik hoefde haar niet te waarschuwen.

'De kans is groot dat ze vandaag hiernaartoe komen,' zei ze toen ze met me meeliep naar het klaslokaal. 'Maar je hoeft niet bang te zijn, wij zullen je helpen. Wij staan volkomen achter je.'

Ik liep de klas in en mevrouw Jones ging met de directeur praten. Ze legde hem uit dat ik van huis was weggelopen om aan een gedwongen huwelijk te ontkomen, dat ik bij haar logeerde en net zo lang mocht blijven als ik wilde. Gelukkig begreep de directeur de situatie en was hij bereid om mee te werken. Halverwege de morgen kwam hij naar ons klaslokaal en overlegde zacht iets met de leraar. Ik wist meteen dat mijn vader was gekomen.

'Hannan, ga naar het kantoor van mevrouw Jones,' zei de leraar. 'De directeur zal met je meegaan.'

In het kantoor van mevrouw Jones zei de directeur tegen mij: 'Je vader zit in mijn kantoor en wil je zien. Als je wilt, stuur ik hem weg. Jij mag beslissen.'

Ik wierp een blik op mevrouw Jones voordat ik antwoordde: 'Stuur hem niet weg. Ik zal met hem praten, dan heb ik dat gehad. Ik wil tegen hem zeggen dat ik niet meer naar huis kom. Dat hij me niet tot een huwelijk kan dwingen. Dat wil ik hem zelf vertellen. Hij moet weten dat het mijn eigen beslissing is, dat ik niet meer doe wat hij zegt.'

We gingen naar het kantoor van de directeur. De directeur deed de deur open en daar zat mijn vader. Hij had iemand uit de moskee meegebracht om te vertalen. Ik schrok niet alleen toen ik hem daar zo zag zitten, maar vooral omdat hij zat te huilen. Hij zat openlijk te huilen. Hij had nooit andere emoties laten zien dan woede, haat en begeerte, en nu zat hij hier openlijk te huilen. Ik kon nauwelijks geloven dat ik hem zo van streek had gemaakt en heel even begon ik te twijfelen.

Maar toen wist ik dat het geen oprechte tranen waren. Hij huilde niet om mij. Hij huilde omdat ik hem, zijn gezin en onze gemeenschap te schande had gemaakt. En waarschijnlijk huilde hij om de leraren een rad voor ogen te draaien, zodat ze medelijden met hem zouden hebben en zouden denken dat hij een aardige, liefdevolle vader was. Misschien dacht hij dat ik spijt zou krijgen, dat zijn tranen me ertoe zouden brengen mijn besluit te herzien.

'Hoe kan ik met opgeheven hoofd onze gemeenschap leiden nu jij ons te schande hebt gemaakt?' jammerde hij. 'De oneer! De oneer die je ons aandoet!'

Ik wilde het niet meer horen. Nadat mijn vader me zestien jaar lang had geslagen en misbruikt, wist ik hoe koud en berekenend hij was. Dat hij een donker, dood hart had. Ik zag geen greintje berouw in zijn ogen en dat bevestigde me in mijn oordeel. Ondanks zijn tranen kon hij zijn kille woede niet verbergen. Zijn grootste fout was dat hij toen niet één keer zei dat hij spijt had. In plaats daarvan vervolgde hij in het Punjabi zijn klaagzang over eer en schande.

'De schande! De schande!' jammerde hij. 'Kijk nou eens wat je ons hebt aangedaan! De schande voor onze familie! Kom alsjeblieft mee naar huis, Hannan. Kom alsjeblieft weer thuis. Hoe moeten we anders met de schande leven?'

Toen wist ik absoluut zeker dat zijn tranen onecht waren. Hij speelde op een misselijkmakende manier toneel. Hij gaf geen cent om me. Het enige wat telde, was zijn kostbare eer.

'Geen sprake van,' antwoordde ik in het Punjabi. 'Ik ga vandaag niet naar huis en morgen ook niet. Ik ga nooit meer naar huis.'

Nog een tijdje bleef ik zijn jammerklacht over mijn schandalige gedrag aanhoren. Het was emotionele chantage en hij deed zijn uiterste best.

'Je hebt de hele familie te schande gemaakt! De oneer! Kom naar huis! Je moeder kan het niet verdragen! Ze kan er niet mee leven! Kom alsjeblieft naar huis!'

Uiteindelijk zei ik tegen de directeur: 'Ik heb hem niets meer te zeggen. Ik heb hem verteld dat ik nooit meer naar huis ga. Mijn besluit staat vast.'

'Dan zijn we hier klaar mee,' zei de directeur. 'Je mag weg als je wilt. Het was erg flink van je dat je bent gekomen.'

Zonder nog iets tegen mijn vader te zeggen, liep ik het kantoor uit.

Mevrouw Jones ging met me mee. 'Gaat het een beetje? Je bent erg dapper geweest.'

'Het gaat prima met me,' zei ik. 'Mag ik nu weer naar mijn klas?'

Maar daarmee was de zaak nog niet afgehandeld. De volgende paar dagen stuurde mijn vader al onze familieleden naar school. Eerst om beurten mijn broers. Daarna mijn moeder met mijn zusjes. Toen mijn ooms. Ik weigerde met hen te praten. Ik liet bij de schoolreceptie de boodschap achter dat ik niemand van mijn familie wilde zien of spreken.

Ik had al mijn tijd nodig om eraan te wennen dat ik niet meer bij mijn ouders woonde, dat ik een nieuw gezin en een nieuw leven had. Ik wilde er niet over nadenken wat mijn vlucht uit huis in ons gezin en onze gemeenschap teweeg had gebracht. Wat ging mij dat nog aan?

Wanneer ik er toch even bij stilstond, voelde ik geen voldoening om hun situatie. Ik wilde ons gezin niet kwetsen, verdriet doen of in verlegenheid brengen, maar ik voelde me niet schuldig om wat ik had gedaan. Ik had juist gehandeld, dat wist ik zeker. Het belangrijkste was dat ik niet langer werd mishandeld en verkracht. De directe aanleiding voor mijn daad was het gedwongen huwelijk, maar de achterliggende problemen wogen veel zwaarder.

Ik was op een dinsdag weggelopen. De volgende zaterdag vroeg mevrouw Jones of ik met hen mee wilde gaan lunchen in een res-taurant. Zoiets had ik nog nooit gedaan. Ik had nooit buiten de deur gegeten, al dan niet met ons gezin. Ik vond het een heel vreemd idee om ergens naartoe te gaan om je door onbekenden een maaltijd te laten voorzetten en voor dat voorrecht veel geld te betalen. Ik keek hoe de anderen zich gedroegen en deed hen na, en zo overleefde ik mijn eerste bezoek aan een restaurant.

De familie Jones zat gezellig te praten terwijl ze op hun gemak hun eten opaten. Ik mocht hen bij hun voornaam noemen: James, Felicity en Jonathan of Johnny. James vertelde wat hij die week op de universiteit had gedaan en praatte over dingen die te maken hadden met hun kerk. Hij en Felicity waren christen. Felicity praat-te over Zoë, de vriendin van Johnny, en stelde voor haar de volgen-de dag uit te nodigen voor de lunch. Vrienden van hen liepen het restaurant in en uit of kwamen langs voor een praatje. Het was een onbekende wereld.

Ze gedroegen zich als een normaal Engels gezin. Ik genoot ervan naar hun gesprekjes te luisteren. Thuis hadden we zelden als een gezin met elkaar zitten praten. Mama en papa gaven ons bevelen, dat was alles. Papa zat bijna nooit met de vrouwen aan tafel, meest-al wilde hij dat zijn eten naar zijn eigen kamer werd gebracht. De rest at voor de tv.

Bovendien was hij van mening dat maaltijden bestemd waren om op te eten, niet om bij te praten. Praten tijdens het eten was ha-ram, dus aten we zwijgend. Soms zeiden mijn broers iets tegen el-kaar, maar niet als mijn vader erbij was. Dan kon niemand zich ontspannen.

In mijn nieuwe leven had ik zo veel vrijheid dat ik bijna niet wist wat ik ermee moest doen. In de voorstad waar de familie Jones woonde, kende niemand me. Daar kon ik onopvallend rondwande-len. Ik was niet langer de slavin van het gezin. Ik mocht natuurlijk wel meehelpen, maar het hoefde niet. En ik werd niet geslagen als ik iets verkeerd deed. Vrijheid, het recht om te kiezen en anonimiteit waren nieuwe dingen voor me, waarmee ik moest leren omgaan.

Mevrouw Jones moedigde me aan om contact te houden met mijn familie. Op een avond belde ik hen en nam mijn broer Raz op.

'Hoi Raz, met Hannan,' zei ik. 'Het gaat goed met me. Dat wilde ik jullie laten weten. Ik logeer bij vrienden.'

'Waar ben je?' vroeg hij. Hij klonk bezorgd, niet boos. 'Waarom kom je niet meer naar huis?'

'Ik ben bij vrienden, Raz. En ik kom niet meer thuis. Ik blijf hier.'

'Wil je even met mama praten?' vroeg hij. 'Ze is hier ook.'

'Nee. Dit is genoeg, Raz. Dag.'

Ik wilde niet met mijn moeder praten, want ik wist dat zij door te huilen en te klagen op mijn gemoed zou werken. Ze zou van alles verzinnen om me ertoe over te halen terug te komen. *Ik ben ziek en dat is jouw schuld. Ik ben ziek van bezorgdheid. Ik mis je verschrikkelijk. Kom naar huis.* Vreselijk om te horen, en ik wílde het ook niet horen.

De enige schakel met mijn vorige leven was Skip, mijn mederebel. We belden elkaar regelmatig en zij hield me op de hoogte van wat er in onze straat gebeurde, al was ik daar absoluut niet nieuwsgierig naar.

'Je ouders vragen me steeds of ik weet waar je bent,' zei ze. 'Maar goed dat ik dat niet weet en dat kunnen we maar beter zo laten. Dan hoef ik niet te liegen.'

Het verbaasde me niet dat ze probeerden me te vinden. Ik had niet anders verwacht. Maar mijn ouders kenden het deel van de stad waar de familie Jones woonde niet en er woonden geen Aziaten, dus kon niemand hun mijn aanwezigheid melden. Het kwam bij me op dat ze natuurlijk wel voor de school konden wachten en dan de auto van Felicity konden volgen, want ik reed elke dag met haar mee. We letten erop dat we niet werden gevolgd door een paarse Skoda, maar dat gebeurde niet.

Een paar weken na mijn ontsnapping nam Felicity me mee uit winkelen om kleren voor me te kopen. Ik had bijna niets om aan te trekken en had kleren van Julie geleend. Ik had nooit eerder kleren gekocht in een winkel, alleen de kanariegele stof waarvan mijn moeder mijn shalwar kamiz naaide. Felicity liet me topjes, truien en jeans zien en vroeg wat ik leuk vond, en ik wist niet wat ik moest zeggen. Ik schaamde me omdat zij kleren voor me kocht.

'Je hebt ook een paar warme dingen nodig,' zei ze, en ze pakte een dik katoenen nachthemd versierd met pluizige schaapjes.

Ze had gelijk. Het was eind november en erg koud. Op weg naar huis praatte Felicity over Johnny en Zoë. Ze hadden al een paar jaar een relatie en Felicity hoopte dat ze met elkaar zouden trouwen. Zo ging het dus als je zelf een partner mocht kiezen. Het was een groot verschil met onze gewoonten en de ontvoering en het huwelijk waaraan ik was ontsnapt.

'Ik trouw nooit,' zei ik zacht.

Dat meende ik. Na wat mijn vader allemaal met me had gedaan, vond ik alleen al de gedachte aan een fysieke relatie met een man weerzinwekkend. Ik zou nooit een man op die manier kunnen ver-trouwen. Op het gebied van mannen kende ik alleen pijn, misbruik en smerigheid. Ik had Felicity niet verteld dat mijn vader me jaren-lang had verkracht en ze dacht natuurlijk dat ik zo fel tegen een hu-welijk was doordat ik op het nippertje aan een gedwongen huwelijk was ontsnapt.

'Misschien ga je daar in de toekomst anders over denken,' zei ze lachend.

'Dat denk ik niet,' zei ik.

'Je weet maar nooit. Misschien kom je op een dag de man van je dromen tegen en word je verliefd op hem.'

18

Afvalligheid

Op een zondag ging Felicity met haar man en zoon naar de kerk.

'Doe alsof je thuis bent, Hannan,' zei ze tegen me. 'We blijven niet lang weg.'

In een opwelling vroeg ik of ik mee mocht. Niet omdat ik bang was om alleen achter te blijven, want ik vond het heerlijk om alleen te zijn en mijn eigen gang te kunnen gaan. Ik vroeg het omdat ik nieuwsgierig was, ik wilde graag weten of de dienst in haar kerk net zo verliep als in de kerk waar ik op de lagere school vaak was geweest, met onbegrijpelijke gebeden in het Latijn. In die kerk had ik me net zo verveeld als in de moskee, behalve dat ik er nooit was geslagen omdat ik in slaap was gevallen.

Felicity aarzelde. 'Je hoeft niet mee, hoor. Dat is helemaal niet nodig.'

'Ik wil graag mee. Ik wil graag weten hoe het is.'

Ze was niet meteen overtuigd. Ze was mijn godsdienstlerares en ze wilde me op geen enkele manier beïnvloeden. Ze wilde dat ik mijn eigen keuzes maakte en ik moest haar beloven dat ik echt uit vrije wil met hen mee zou gaan.

Omdat ze het risico had genomen me op te nemen in haar gezin, wilde ik graag meer over haar, haar gezin en hun geloof weten. Het was ondenkbaar dat mijn ouders ooit een vreemdeling van een ander ras en met een ander geloof in huis zouden nemen en ik vroeg me af hoe het kwam dat mevrouw Jones zo'n edelmoedig mens was.

Mijn ouders hadden me mijn hele leven voorgehouden dat ik een waardeloos, goddeloos kind was dat naar de hel zou gaan. Dat had ik altijd geloofd, ik had altijd geloofd dat ik nooit goed genoeg zou zijn voor hun god. Toen Felicity maanden daarvoor tegen me had gezegd dat God ook van mij hield, had me dat verbijsterd. Een liefdevolle god, hoe was dat mogelijk? De god van mijn ouders strafte en veroordeelde, voor die god zou ik nooit goed genoeg zijn. Ik was nieuwsgierig geworden naar de god van Felicity, al kon ik nauwelijks geloven dat die bestond.

De kerk was een oud gebouw van solide grijze natuursteen. Een methodistische kerk, zei Felicity, al wist ik niet wat dat betekende. Binnen stonden rijen houten banken en de kerk stroomde vol.

Ik ging naast Felicity zitten en keek om me heen. Er waren geen andere Aziaten, alleen blanken. Eerst voelde ik me niet op mijn gemak en ik zag dat er naar me werd gekeken. Maar Felicity stelde me aan een aantal mensen voor en die reageerden erg vriendelijk. Dat stelde me gerust en ik wachtte nieuwsgierig op wat er zou komen.

De man van Felicity speelde piano voor in de kerk. De muziek golfde over me heen en ik keek naar de prachtige glas-in-lood-ramen en de gebeeldhouwde pilaren. Ik vond het een heel mooie kerk, er hing een bijzondere sfeer. Ze zongen een gezang en ik luisterde naar de onbekende woorden. Felicity hield me haar gezangenboek voor en wees de regels aan. Vervolgens werd er voorgelezen uit de bijbel en toen kwam de preek.

De dominee heette Bob. Hij was in de vijftig. Zijn menselijke, persoonlijke preek raakte me meteen. Hij begon met een grappig voorval dat hem onlangs was overkomen en iedereen lachte om zijn pech. Ik was stomverbaasd. Niemand lachte ooit om een islamitische geestelijke, dat was onvoorstelbaar. Niemand lachte ooit om mijn vader en hij zou nooit vol zelfspot zo'n leuk, menselijk verhaal vertellen.

Bob gebruikte zijn verhaal als basis voor zijn preek. De mensen luisterden aandachtig en lachten om dingen die hij zei. Bob sprak op een boeiende manier en er klonk liefde door in zijn stem. Bij de gezangen speelde hij gitaar. Hij kende maar een paar akkoorden en af en toe hield hij op en deed alsof hij speelde, waarbij hij de draak stak met zichzelf.

Ik kon me niet voorstellen dat een imam van in de vijftig zich ooit zo zou gedragen als Bob. De imams die ik kende, namen zichzelf en hun woorden veel te serieus. Na de gezangen werd er gebeden, er werden mededelingen gedaan en tot slot kwam er nog één gezang: 'Amazing Grace'. Tijdens het zingen schoten de woorden me weer te binnen, want ik had dat lied op de lagere school wel eens gezongen. De meeste aanwezigen kenden het uit het hoofd en te oordelen naar het geluid was het een favoriet gezang.

Na afloop van de dienst voelde ik me gelukkig en zat ik vol vragen. Ik vroeg me af hoe Bob de dominee zich zo ontspannen kon gedragen en zelfs in een godshuis, in het bijzijn van zijn parochianen, de spot met zichzelf kon drijven. Bob leek blij te zijn met zijn geloof en het leven van Jezus, terwijl ik thuis de naam van Jezus niet eens had mogen noemen. Waarom was hij dan voor Bob zo'n boeiende figuur?

Een week later vroeg ik Felicity of ik weer mee mocht naar de kerk en dat vond ze goed. Alles ging op dezelfde manier, maar Bob hield een andere preek. Wel zongen ze tot slot weer 'Amazing Grace'. Opnieuw vertelde Bob een grappig verhaaltje over zichzelf en praatte hij opgewonden over Jezus. Hij was een levenslustige man, dat was duidelijk. Vreemd genoeg had ik het in zijn kerk naar mijn zin, terwijl ik het in een godshuis nooit echt leuk had gevonden.

Ik was nog steeds moslim en ging ervan uit dat ik dat de rest van mijn leven zou blijven. Maar ik vond niet dat ik er verkeerd aan deed als ik naar de kerk ging. Ik was op de lagere school ook naar de kerk geweest, dus was het geen onbekend terrein. Maar een heleboel dingen verbaasden me. Ik zag dat sommige mensen hun bijbel op de grond legden en daar schrok ik van. Was dat geen gebrek aan respect voor een heilig boek? Het zou nooit bij ons opkomen de Koran op de grond te leggen.

De hele dienst was in het Engels en ik kon alles verstaan. Vooral de gebeden vond ik mooi. Ze baden voor zieken en zelfs voor arme, ongelukkige mensen in andere landen en met een ander geloof. Ze baden voor rampen die de afgelopen week waren gebeurd, zoals een aardbeving in Zuid-Amerika of een overstroming in Bangladesh. Ze bekommerden zich om de wereld om hen heen, zowel het christelijke deel als de rest.

In een islamitische omgeving had ik nog nooit zoiets meegemaakt. De gebeden in de moskee bestonden uit Koranverzen die steeds werden herhaald. Er was geen variatie.

God is groot
God is groot
Er is slechts één God...

Wat me het meest verbaasde, was dat christenen baden voor andersdenkenden. Dat vond ik heel ongewoon. Moslims kennen wel het begrip *zakat* – liefdadigheid – maar dat geldt alleen voor medegelovigen. In de Koran wordt liefdadigheid uitgelegd als het helpen van iedereen die arm of behoeftig is, maar daar had ik nooit veel van gemerkt.

En zo legde mijn vader het in elk geval niet uit. Volgens hem was zakat iets voor moslims onder elkaar, voor de *ummah*, de islamitische wereldgemeenschap. Als ze in de moskee geld verzamelden voor aardbevingen of andere rampen, was dat alleen bestemd voor een islamitisch land. Slachtoffers van een aardbeving in Peru hoefden bijvoorbeeld niet op hun hulp te rekenen.

***

Ik bleef een paar maanden bij mevrouw Jones logeren en dat waren de gelukkigste maanden van mijn leven. Ik mocht zelfs mee op vakantie. We gingen twee weken naar Cornwall, naar een camping aan de kust in Coverack, bij Lands End. Voor het eerst kon ik genieten van de zee en mocht ik zelfs pootjebaden in de golven.

Het kamperen zelf was een uitdaging voor me. Ik vond het niet erg om in een veld te slapen en ik hou van de natuur, maar na al die jaren te zijn mishandeld had ik last van claustrofobie. Dat merkte ik de eerste nacht in mijn eenpersoonstentje: ik deed geen oog dicht.

De volgende morgen zei ik dat tegen Felicity. Ze was vol begrip en daarna mocht ik samen met Zoë in een grotere tent slapen. Die had twee slaapafdelingen en een woondeel in het midden. Ik liet de rits van mijn slaaphokje open zodat ik het gevoel had dat ik eruit kon en toen ging het beter.

Vanaf de camping had je een prachtig uitzicht over zee. 's Morgens ontbeten we voor de tenten en keken naar de eindeloze, machtige oceaan. Ik was er diep van onder de indruk, van die schitterende vrijheid, ik vond het absoluut niet angstaanjagend. We ontbeten altijd met eieren en spek. Ik was een moslimmeisje en mocht geen bacon of worst eten, maar ik vond het een zalige geur.

's Morgens gingen we naar het strand en 's middags bijvoorbeeld naar een kunstgalerie in de buurt. Die was gehuisvest in een leuk natuurstenen huis en er was een restaurantje bij. Nadat we in de galerie de zeegezichten en andere schilderijen hadden bewonderd, gingen we heerlijk genieten van thee met taartjes.

Daar op die camping op de rotsen aan zee kwam ik helemaal tot rust. Ik had het gevoel dat ik in het paradijs was beland. Ik dacht niet veel aan mijn vroegere leven, ik was gewoon blij dat het achter me lag. Ik wilde het vergeten. De slavernij, de dreigementen, de angst, de eenzaamheid en de mishandelingen... Ik wilde alles achter me laten en mijn nieuwe wereld omarmen.

Ik leerde Zoë beter kennen en we sloten vriendschap. Het was een vriendschap met een nieuwe dimensie: ik was ervan overtuigd dat ik haar volledig kon vertrouwen. Ik kwam in de verleiding haar tot in de details te vertellen wat me bij ons thuis allemaal was overkomen, maar ik was er nog niet aan toe. Ik wilde eerst een poosje genieten van mijn fijne nieuwe leven voordat ik terugkeerde naar die duistere tijd.

Voor het eerst voelde ik me werkelijk vrij. Ik wilde nog niet dat mijn vader zijn donkere schaduw over me heen zou werpen, al bestond die alleen nog maar uit herinneringen.

***

Elke zondag in die periode dat ik bij de familie Jones was, ging ik mee naar de kerk. Ik zat er rustig op mijn plaats, keek om me heen en luisterde. De zorgzaamheid en liefde die me in dat gezin en in die kerk ten deel vielen, moest ergens vandaan komen, dacht ik. Als die voortkwam uit hun god, moest ik hem misschien leren kennen. Ik begon de bijeenkomsten voor jonge mensen bij te wonen en daar ontmoette ik Rachel.

Rachel kwam uit een blank gezin uit het noorden van Engeland. Haar vader was maatschappelijk werker en een echte heer. Haar moeder was onderwijsassistent op een lagere school. Rachel was klein, tenger en blond. Ze was twee jaar jonger dan ik en op school heel populair, zowel bij de meisjes als bij de jongens.

Ik vond het grappig dat dit blonde engeltje sprak met zo'n sterk noordelijk accent. Ik sprak met een zangerig Pakistaans accent, al werd dat, nu ik niet meer thuis woonde, steeds minder. Daar was ik blij om. Afgezien van mijn huidskleur, die ik niet kon en ook niet wilde veranderen, wilde ik me graag ontdoen van alles wat me herinnerde aan mijn vorige leven.

Rachel hielp me met mijn overgang naar een leven als vrije jonge vrouw. Ze ging kleren met me kopen en hielp me experimenteren met make-up en sieraden. Bij haar thuis speelden we spelletjes; ik was dol op scrabble. Ik merkte dat ik beschikte over een groot vocabulaire, waarschijnlijk doordat ik vroeger thuis zo veel had gelezen. Soms mocht ik bij Rachel blijven slapen en dan kletsten we urenlang met elkaar. Haar moeder was ook vaak thuis en dan was het net alsof zij ook onze vriendin was.

Als we er geld voor hadden, gingen we naar de bioscoop. Ik was nooit eerder naar de film geweest en een van de eerste films die we zagen, *Titanic*, maakte diepe indruk op me. De special effects waren op zo'n groot scherm overweldigend. Maar vooral het liefdesverhaal vond ik prachtig, het idee dat de door Leonardo DiCaprio gespeelde jongeman bereid was te sterven om zijn geliefde te redden. Ik genoot van zijn gevoel voor humor en bewonderde zijn tekentalent. Toen hij een portret tekende van zijn geliefde, die werd gespeeld door Kate Winslet, ontroerde me dat. Dat soort liefde wilde ik zelf ook vinden, ooit.

Omstreeks die tijd stelde Felicity voor dat ik naar de sociale dienst zou gaan om subsidie voor mijn verdere opleiding en een eigen woonplek aan te vragen. Tot op dat moment had zij me gegeven wat ik nodig had. Ze bracht me naar dat kantoor en even later vertelde ik een medewerker, een jonge blanke man, dat ik van huis was weggelopen omdat ik anders tot een huwelijk zou zijn gedwongen. Hij nam me mee naar zijn bureau en begon me het hemd van het lijf te vragen, ook allerlei dingen over ons gezin.

'Ik moet het telefoonnummer van je ouders hebben,' zei hij. 'Anders kan ik je aanvraag niet in behandeling nemen.'

'Waarom niet?' vroeg ik.

'In de eerste plaats moeten zij je verhaal bevestigen. Ik kan je toch niet zomaar geloven?'

'U begrijpt het niet,' zei ik. 'Ik heb u net uitgelegd dat ze me wilden uithuwelijken en dat ik daarom ben weggelopen. Ik wil niet het risico lopen dat ze erachter komen waar ik ben en wat ik doe.'

Hij haalde zijn schouders op. 'Nou ja, dan kunnen we je niet helpen. Dat zou trouwens toch al een probleem zijn. Waarschijnlijk zul je terug moeten naar je ouders.'

De angst sloeg me om het hart. Waar had die idioot het over? Tot overmaat van ramp liep hij steeds het kantoor in en uit om met iemand anders te overleggen, waarna hij me allerlei nieuwe vragen stelde. Uiteindelijk zei hij botweg dat ik terug moest naar mijn ouders. Mijn ouders hoorden me te onderhouden, niet de sociale dienst. Hij bleef om hun telefoonnummer vragen, zodat hij hen kon bellen en alles kon 'regelen'.

'Ik denk er niet over u het telefoonnummer van mijn ouders te geven,' zei ik. 'Het is al laat, ik moet weg.'

Ik stond op en liep het kantoor uit. Op straat begon ik te huilen. Ik ging naar een telefooncel en belde Felicity.

'Blijf daar op me wachten,' beval ze toen ik had verteld wat er was gebeurd. Ik hoorde dat ze kwaad was. 'Ik kom eraan en dan zal ik wel eens met ze praten.'

Ze kwam meteen vanuit school naar me toe en we gingen samen naar binnen.

'Wees maar niet ongerust, niemand zal je naar huis terugsturen,' zei ze sussend. 'Daar zal ik wel voor zorgen.'

Ze vroeg me met wie ik had gesproken. Ik wees hem aan, achter zijn loket. Ze liep naar hem toe. Het was laat in de middag en het was niet druk.

'Hoe durft u tegen dit meisje te zeggen dat ze terug moet naar haar ouders!' zei ze fel tegen hem. 'U weet niets van haar situatie. Daar hebt u geen idee van, en toch zegt u dat ze weer naar huis moet gaan.'

'Wie bent u dan wel?' vroeg de man op brutale toon.

'Ik ben haar mentor van school,' zei Felicity gedecideerd. 'En haar voogd. Als u zich zo blijft gedragen, zal ik de schooldirecteur en haar maatschappelijk werker waarschuwen. Dit is onacceptabel. Misschien melden we het zelfs aan de politie. Het kan zijn dat u het leven van dit meisje in gevaar hebt gebracht.'

Nu keek de man haar bezorgd aan. Het was tot hem doorgedrongen dat het Felicity ernst was. 'Het spijt me,' zei hij. 'Ik weet inderdaad niets van haar situatie. Ik wilde alleen maar een paar punten bevestigd hebben om er zeker van te zijn dat ze niet loog...'

'Controleren of ze de waarheid spreekt wil niet zeggen dat u haar moet dwingen terug te gaan naar gevaarlijke ouders die haar mishandelen,' zei Felicity ijzig. 'Of begrijp ik iets niet?'

'Eh... Kunnen we opnieuw beginnen?' vroeg de man nerveus.

'Laten we nieuwe formulieren invullen om studiefinanciering en een woontoelage voor haar aan te vragen, dan vergeten we wat ik eerder heb gezegd. Is dat goed?'

Toen we het kantoor uiteindelijk verlieten, was ik doodmoe. Maar het was gelukt. Voortaan zou de sociale dienst me een toelage geven om van rond te komen.

In de maanden dat ik bij mevrouw Jones logeerde, leerde ik een heleboel nieuwe dingen. Niet alle blanke Engelsen vulden hun dagen met zich te bedrinken en met iedereen naar bed te gaan. Dat had mijn vader altijd gezegd, maar dat maakte deel uit van zijn vooroordelen en zijn leugens. Er was ook nog een heel ander Engeland, dat werd bevolkt door mensen zoals mevrouw Jones: goede, eerlijke, ruimdenkende, tolerante mensen die een godsdienst beleden die hun vreugde schonk en hun leven betekenis gaf.

Ik dankte God voor mevrouw Jones, al wist ik nog niet zeker welke god ik eigenlijk bedankte.

19

Dit is mijn kerk

Ik bracht de kerstdagen door bij mijn 'adoptiegezin', de familie Jones.

Bij ons thuis en in onze straat was Kerstmis een vrije dag, meer niet. Alleen waren er betere films op tv. We hadden geen kerstboom, het huis werd niet versierd, we kregen geen cadeaus. Niets deed denken aan een feest dat in het hele land werd gevierd.

Een paar schoolvriendinnen stuurden me een kerstkaart en mama gaf me stiekem geld om zelf een paar kaarten te kunnen sturen. Maar ik mocht mijn kaarten thuis niet ergens neerzetten, ik verstopte ze in mijn schooltas en schoof die onder het bed. Na de kerst gooide ik ze weg, zodat papa ze niet zou vinden.

We deden sowieso niet aan cadeautjes. Voor het moslimfeest Eid kregen we meestal wat geld. Op mijn verjaardag gaven mijn schoolvriendinnen me een kaart of een cadeautje, maar thuis ging die dag ongemerkt voorbij. Sommige families in onze straat vierden de verjaardagen van hun kinderen wel, maar in onze cultuur kwam dat niet vaak voor.

Bij Felicity thuis werd een kerstboom neergezet en het hele huis werd versierd. We pakten cadeaus in en stalden die uit onder de boom. Ik hielp Rachel met het versieren van hun boom. Ik genoot van de verwachtingsvolle sfeer – iets wat ik thuis nooit had meegemaakt. Het was koud buiten en het was geweldig om binnen te komen in het feestelijk versierde huis en voor de brandende open haard te gaan zitten. Het was perfect.

Als kerstcadeau voor de familie Jones kocht ik een doos bonbons, meer kon ik me niet veroorloven. Ik wist dat Rachel iets voor mij had gekocht, dus kocht ik oorbellen voor haar. Op kerstavond gingen we naar de nachtdienst. Bob vertelde het verhaal van de geboorte van Jezus. Zoals altijd wekte hij de indruk dat hij hartstochtelijk geloofde in wat hij ons vertelde en in de liefde van zijn liefhebbende god. Op de lagere school werd in de kersttijd altijd een kerstspel opgevoerd, maar dat was meer een toneelstukje zonder diepere betekenis.

Pas toen ik Bob het verhaal hoorde vertellen, drong de betekenis ervan tot me door. Hij herhaalde een paar keer de zin 'God werd mens' en daar bleef ik over nadenken. Het verbaasde me dat God zoiets nederigs kon zijn als een gewoon mens. Bob was een nederig mens en God dus ook. De god van Bob was een nederig mens geworden om zijn woorden op aarde duidelijk te kunnen maken. Dat raakte me diep. Het was heel iets anders dan het gebral van mijn vader.

Bob had het steeds maar weer over liefde: de liefde van een god die als mens op aarde wilde komen om met ons te communiceren en ons lief te hebben. Hij hamerde op het woord 'liefde'. Liefde. De liefde van God. Julie zat naast me en ik boog me naar haar toe en fluisterde: 'Hoe kan iemand christen worden?'

Julie glimlachte. 'O, dat is helemaal niet moeilijk. Je vraagt Jezus gewoon of hij in je leven wil komen. Vraag hem je je zonden te vergeven en bedank hem omdat hij aan het kruis is gestorven en voor jou is opgestaan.'

'Is dat alles?'

Julie knikte. 'Dat is alles.'

'Je hoeft geen gelofte af te leggen in het bijzijn van getuigen of zo?'

'Nee, dat hoeft niet. Je mag je laten dopen als je wilt, maar dat hoeft ook niet.'

Het was blijkbaar een heel persoonlijke ervaring en dat sprak me aan. Om moslim te worden, moet je de volgende zin driemaal uitspreken, bij voorkeur in aanwezigheid van een islamitische getuige: 'Ik verklaar dat God de enige God is en Mohammed zijn ware profeet.' Daarna verklaart een imam je tot moslim. Ik had verwacht dat het er bij de christenen even formeel aan toe zou gaan, maar ik had me blijkbaar vergist.

We gingen naar huis en ik dacht aan de bergen cadeautjes onder de boom, en ik kon niet slapen. Bobs preek en wat Julie had gezegd maalden door mijn hoofd. Voor het eerst van mijn leven bad ik tot een christelijke god: 'God, als u bestaat en een liefdevolle god bent, wil ik u leren kennen en wil ik graag dat u in mijn hart komt.'

Dat was het moment waarop ik me bekeerde tot het christendom, maar ik stond er niet bij stil. Het gebeurde in een opwelling. Ik dacht niet aan het verleden, aan de afgelopen zestien jaar van mijn leven als moslim. Ik dacht niet aan de godsdienst die ik bij mijn geboorte had meegekregen. Ik liet me meevoeren met de emoties van het moment. Ik vroeg me ook niet af wat het voor me betekende dat ik van godsdienst was veranderd, maar gaf me over aan de onstuitbare stroom die me meevoerde naar een nieuwe plek – een omgeving vol liefde, vreugde en licht.

De dagen daarna dacht ik niet serieus na over wat ik had gedaan. We pakten de cadeaus uit, er kwam bezoek, we aten een kerstmaaltijd... Dat nam me helemaal in beslag. Ik liet de enorme verandering in mijn leven en de invloed die dat zou hebben op mijn relaties, vooral die met mijn familie, nog niet tot me doordringen. Ik ging helemaal op in de sfeer van mijn eerste kerstfeest en zei geen woord over wat er met me was gebeurd, zelfs niet tegen mevrouw Jones.

Toen we op eerste kerstdag de cadeautjes uitpakten, keek ik goed hoe de anderen het deden. Ze haalden het papier eraf en bedankten vriendelijk. Ik moest erg wennen aan het in ontvangst nemen van iets anders dan straf of mishandeling en voelde me nogal onhandig, maar ik genoot. Ik had nooit verwacht dat ik ooit zo gelukkig zou zijn.

Ik begon de Bijbel te lezen en wat erin stond, sprak me aan. Ik vergeleek dit boek niet met de Koran, maar probeerde te begrijpen wat het betekende om christen te zijn en ik vroeg me af hoe Jezus zou willen dat ik mijn leven leidde. Ik was dankbaar voor de vrijheid om mezelf te zijn en voor mijn recht op liefde, wat niet afhing van liefde waard zijn of verdienen. Ik was niet langer verdoemd, Gods liefde was onvoorwaardelijk. Er kwam vrede in mijn hart.

Voor het eerst van mijn leven had ik vrede met mezelf.

***

Mijn bekering tot het christendom was een heel persoonlijke gebeurtenis. Twee weken na Kerstmis was ik eraan toe er met iemand over te praten en Felicity was de eerste die ik het wilde vertellen. Toen ik op een dag met haar, James en Jonathan zat te lunchen, keek ik hun een beetje nerveus aan en zei: 'Op kerstavond... Eh... Toen ben ik eh... Ik geloof dat ik toen christen ben geworden.'

Natuurlijk was er geen enkele reden om nerveus te zijn. Felicity begon stralend te lachen, stond op en omhelsde me. We dansten door de kamer en daarna omhelsden de anderen me ook. Bij ons thuis was lichamelijk contact taboe – behalve de mishandelingen – en ik moest eraan wennen, maar ik vond het fijn dat ze me omhelsden.

Hoewel ik de reactie van de familie Jones wel een beetje gek vond, al dat lachen en dansen, vond ik het ook geweldig dat ze hun gevoelens zo openlijk lieten blijken. Hun vrije, vrolijke gedrag was als een frisse wind. In onze straat waren er ook wel gezinnen waarin genegenheid werd getoond, zoals bij Amina en Ruhama thuis, maar onder het regime van mijn vader kwam zoiets niet voor.

De enige emotie die mijn vader ooit toonde, was woede. Hij was een en al woede. Waarschijnlijk was die woede gericht op hemzelf. Waarschijnlijk besefte hij diep vanbinnen dat hij een slecht mens en een bedrieger was. Hij koelde zijn woede op alles wat buiten hemzelf volgens hem niet deugde: andere culturen, rassen, religies, traditie... En op zijn gezin als iemand zijn regels overtrad. Maar voor de buitenwereld kon hij zijn woede goed verbergen.

Felicity sprak het niet uit, maar ze wist dat mijn bekering een enorme stap was. Ze wist dat ik erdoor in de problemen kon raken en daar maakte ze zich zorgen om. Ik had mijn ouders en mijn cultuur – de draaimolen van eer en oneer – al achter me gelaten en nu had ik hetzelfde gedaan met mijn godsdienst. Maar ze liet niets van haar bezorgdheid blijken en deelde mijn geluk.

Ik ben blij dat ze toen zo reageerde. Ze liet me vrij en moedigde me aan om mijn eigen weg in te slaan, ook wat mijn geloof betrof, en om mijn eigen fouten te maken. Ik had me mijn hele leven aan strenge regels en afschuwelijke 'straffen' moeten onderwerpen en eindelijk mocht ik kiezen wat ik zelf wilde en ontdekken wie ik zelf was.

Een paar weken nadat ik de familie Jones had verteld dat ik me tot het christendom had bekeerd, besloot ik daar ook een aantal schoolvriendinnen van op de hoogte te stellen. Enkelen van hen waren moslim en ze reageerden heel kalm, maar in de weken daarna gingen ze me mijden en wilden ze niet meer naast me zitten.

Zoiets had ik eigenlijk wel verwacht en het verbaasde me dan ook niet. Ik had ervoor gekozen het hun te vertellen om iets wat ik wel wist – dat de moslimgemeenschap me zou buitensluiten – bevestigd te krijgen. Hun vriendschap was niet oprecht geweest en had aan allerlei voorwaarden moeten voldoen die met onze cultuur en godsdienst te maken hadden. Dat soort vriendschap wilde ik niet meer.

Felicity, Julie, Rachel en Zoë hadden me een vriendschap geboden die gevaarlijk voor hen kon zijn en waarbij ze het feit dat ik tot een ander ras en een andere godsdienst behoorde, hadden genegeerd. Dat was oprechte vriendschap, de enige vriendschap waaraan ik nog waarde hechtte.

20

Doorgaan en instorten

Een paar maanden later verhuisde ik vanuit het huis van Felicity naar een kamer die me was aangeboden door het PAB – *Project for Accomodation in Bermford* – een organisatie die huisvesting vond voor jonge mensen die geen thuis hadden. Ik werd ondergebracht bij een echtpaar, dat een toelage ontving om me op te nemen in hun gezin.

In het gezin van Felicity had ik een heerlijke tijd gehad, maar aan alle goede dingen komt een eind en ik wilde leren helemaal onafhankelijk te zijn. En om op eigen benen te kunnen staan, moest ik – met tegenzin – het huis van Felicity verlaten.

Ik wilde leren mijn eigen geld te beheren, voor mezelf te koken en voor mezelf te zorgen. Ik wilde vrij zijn om mijn eigen leven te leiden, zoals jonge mensen dat horen te doen. Het PAB bracht jongens en meisjes zoals ik onder bij mensen die hen hielpen bij hun overgang naar een zelfstandig leven.

Bij dat gezin bleef ik anderhalf jaar, terwijl ik me concentreerde op mijn studie. Ik wist dat ik goede cijfers moest halen. Ik had mijn oude leven de rug toegekeerd en moest mijn uiterste best doen om een succes te maken van mijn nieuwe leven.

De familie Jones liet me niet aan mijn lot over. Johnny haalde me op om met hen naar de kerk te gaan. Een keer of drie, vier in de week reed ik na schooltijd met Felicity mee om bij hen te eten. Toch begon ik me af te vragen of ik met mijn streven naar zelfstandigheid niet te hard van stapel was gelopen. Ik had in korte tijd zo veel meegemaakt dat het me een beetje te veel begon te worden. Bovendien had ik in mijn verlangen om van mijn nieuwe, vrije en gelukkige leven te genieten, de herinneringen aan de verschrikkingen die ik thuis had meegemaakt, onderdrukt.

Niet lang na mijn vertrek uit het huis van Felicity kreeg ik het daar moeilijk mee. Hoewel ik zelf was weggegaan, had ik het gevoel dat de grond onder mijn voeten wegzakte. Het was natuurlijk helemaal niet vreemd dat het toen misging. Ik raakte gedeprimeerd en ik kon niemand bekennen dat ik me nog steeds een smerig, slecht meisje voelde.

In januari liet ik me opnemen in een psychiatrisch ziekenhuis, uit vrije wil. Elke keer als iemand daar voorstelde mijn familie te waarschuwen, begon ik te gillen. Het enige wat ik de psychiater die me was toegewezen kon vertellen, was dat ik als kind was misbruikt en verkracht. Ik wilde er niet over praten en zei er niet bij door wie.

Ik was volkomen in de war. Ik vroeg me af wie ik was. Een als moslim geboren Aziatisch meisje dat zich tot het christendom had bekeerd en alleen blanke vriendinnen had. Waar hoorde ik in vredesnaam thuis? Mijn vrienden van de kerk hielden van me en bekommerden zich om me, maar ze hadden geen flauw idee van mijn achtergrond. En mijn familie wees af wie ik was geworden en zou me verafschuwen als ze ontdekten dat ik de islam had afgewezen.

Ik had er geen spijt van dat ik van huis was weggelopen en christen was geworden, integendeel. Maar ik maakte een onzekere periode door. Ik vond troost in het leven en de vervolging van Jezus. Hij was ook afgewezen, verraden door zijn naasten en gekruisigd, en hij had het allemaal doorstaan.

De diagnose van mijn toestand luidde 'klinische depressie' en ik kreeg er medicijnen voor waarvan ik doodmoe werd. Ik viel voortdurend in slaap. Felicity kwam elke dag en vaak kwam Zoë, Johnny of Rachel met haar mee. Ook mijn leraren, de directeur en de vrouw van het echtpaar bij wie ik woonde kwamen langs en zelfs

Barry, mijn maatschappelijk werker, kwam op bezoek.

Ik had een obsessie voor Penguin-repen en iedereen bracht die voor me mee. Ik leefde erop. Al die lieve mensen waren de rotsen waaraan ik me met mijn verwarde, sombere geest vastklampte. Ik wist dat ze me altijd zouden helpen en dat gaf me de moed om door te gaan.

Een zaal vol geesteszieke mensen is een vreemde omgeving. Ik sloot vriendschap met een schizofrene man. Zolang hij zijn medicijnen innam, was hij erg aardig, maar wanneer hij dat niet deed, werd hij een monster. Op een avond vergat hij zijn pillen te slikken en kwam hij naar me toe en gaf me een stomp tegen mijn neus.

Een andere keer zat ik in de woonkamer in de Bijbel te lezen toen er een jongen die moest afkicken van heroïne naast me kwam zitten. Hij was een reusachtige, getatoeëerde skinhead en zag er angstaanjagend uit – hij deed me denken aan die kerels die mijn broer Zakir in elkaar hadden geslagen toen ze ons hadden uitgescholden voor 'paki aanhangers van Saddam'.

'Ik heet Freddie,' zei hij.

Hij vertelde me allerlei dingen over zijn leven en daarna vroeg hij wat ik las. Hij wilde mijn bijbel van me lenen en de volgende dag vroeg hij me hoe hij christen kon worden. Ik gaf hem hetzelfde antwoord dat Julie me maanden geleden in de kerk had gegeven en liet het verder aan hem over.

Gek genoeg werden we vrienden. Hij was het prototype van iemand die mijn ouders een drugsverslaafde, ongelovige schooier noemden, maar hij was een heel vriendelijke, zachtmoedige man. We hielpen elkaar wanneer we het moeilijk hadden. Later is hij getrouwd en heeft kinderen gekregen, en hij is dominee geworden. Een grote ommekeer voor iemand die er zo erg aan toe was als hij.

Langzamerhand werd ik beter. Na een paar weken vond ik dat ik wel weer naar huis kon om de draad van mijn leven weer op te pakken. Ik had het gevoel dat ik eindelijk was begonnen aan de lange reis naar het onthullen van de hele waarheid over mijn verleden. Tegen de psychiater had ik er al iets over losgelaten en dat was de eerste stap. Nu moest ik de kracht vinden om de reis voort te zetten.

Ik werd steeds sterker. Ik was vaak bij Felicity thuis en was haar erg dankbaar voor haar steun. Op een morgen zaten we te ontbijten. Felicity had ontbijtspek gebakken en zette de ingrediënten voor een baconsandwich op tafel: wit of bruin brood, gebakken bacon en tomatenketchup. Iedereen bediende zich en het rook heerlijk.

Zonder erbij na te denken maakte ik een baconsandwich voor mezelf: een snee brood, boter, reepjes spek, een klodder ketchup en dan weer een snee brood. Meteen toen ik een hap nam, besefte ik wat ik al die jaren had gemist, zo lekker vond ik het.

Ik keek naar de anderen en verwachtte commentaar, maar niemand zei iets. Ik weet zeker dat het hun was opgevallen wat ik had gedaan. Misschien wilden ze niet onbeleefd zijn of misschien wilden ze de ervaring niet voor me bederven, ik weet het niet. Maar niemand had me kunnen beletten van die sandwich te genieten, hij was goddelijk lekker.

Terwijl ik hem opat, stond ik er niet bij stil wat ik deed. Maar later dacht ik: *o mijn god, ik heb varkensvlees gegeten!* Wel een paar uur daarna verwachtte ik dat ik misselijk zou worden, maar dat gebeurde niet, en nog later moest ik lachen om mijn schrik. Daarna was ik dol op baconsandwiches.

Het andere taboe dat me moeite kostte was blote benen. Het duurde bijna twee jaar voordat ik op straat een rok durfde te dragen.

***

Een paar maanden na mijn vertrek uit de psychiatrische inrichting besloot ik weer contact op te nemen met mijn familie. Ik had mijn moeder vanuit het ziekenhuis een paar keer gebeld, maar haar geen telefoonnummer gegeven. Het enige wat ze me vroeg, was wanneer ik thuis zou komen.

'Je hebt me ziek gemaakt,' klaagde ze steeds. 'Mijn gezondheid lijdt eronder. We missen je vreselijk. Wanneer kom je weer thuis?'

Elke keer had ik geantwoord: 'Mama, ik kom nooit meer thuis. Je weet best waarom niet. Dat weet je heel goed en dat moet je accepteren. Ik wil wel contact met je houden, maar ik kom nooit meer thuis.'

Mama's gedrag was niet veranderd, ze probeerde me nog steeds emotioneel te chanteren. Ze zei nooit iets waaruit bleek dat ze om me gaf en dat het haar speet. De dingen die ze wél zei, maakten me van streek, omdat ze totaal niet was veranderd. Ik ging verder met mijn leven, maar zij gaf mij nog steeds de schuld van haar ongelukkige leven. Ik deed het nog steeds verkeerd. Ik wist zeker dat ik, als ik toch weer naar huis zou gaan, meteen weer het slechte meisje zou zijn dat niet goed genoeg was voor hun god.

Op een dag had ik na schooltijd een afspraak met Skip. Zij en haar zus woonden inmiddels samen in een flat. Ze stelde voor dat we naar O'Reilly's zouden gaan, een Ierse kroeg.

'Waarom wilde je hiernaartoe?' vroeg ik even later. Het was mijn eerste bezoek aan een pub.

'Wind je niet op, hier zitten we prima,' zei Skip. 'Ik kom hier vaak, en er komen in elk geval geen moslims.'

Ze bestelde een glas bier. 'Proef maar eens,' zei ze tegen me. 'Hoe vind je het?'

Ik nam een slok. 'Jakkes, wat vies! Waarom drink je dit spul?'

Skip lachte. 'Omdat ik het lekker vind. Wat wil jij dan hebben?'

Ik bestelde jus d'orange. Met bier hoefden ze bij mij niet meer aan te komen.

Skip en ik zagen elkaar regelmatig. Ze was de enige schakel met mijn ouderlijk huis, al had zij ook niet veel contact meer met onze gemeenschap. Ze haatte de autoritaire, totalitaire, vrouwonvriendelijke versie van de islam waarmee we waren opgegroeid en was spiritueel nog op zoek naar iets anders. Zowel het hindoeïsme als het boeddhisme sprak haar aan.

De flat van Skip was een toevluchtsoord geworden voor meisjes uit onze gemeenschap die tot een huwelijk waren gedwongen of die dat binnenkort te wachten stond. Toen ik een keer bij haar was, waren er ook drie zussen die zich in een afschuwelijk parket bevonden. Ze waren ouder dan ik en alle drie getrouwd met een man die ze niet zelf hadden gekozen. Ze vertelden me wat hun was overkomen.

Ze waren alle drie naar Pakistan gestuurd om met een onbekende man te trouwen. Een ver familielid in een afgelegen dorp. Met hun man waren ze naar Engeland teruggekeerd. Een jaar of zes later was hun huwelijk een hel. Ze woonden met zijn zessen in één huis, omdat ze zich geen drie aparte huizen konden veroorloven.

In onze stad waren fabrieken waar ongeschoolde arbeiders aan de slag konden. Ze hoefden geen Engels te spreken en werden slecht betaald, maar het was het enige waarvoor die drie mannen geschikt waren. De drie zusjes hadden ieder een administratieve opleiding genoten. Ze konden veel betere banen krijgen dan die mannen en hadden voor hun trouwen gewerkt, maar dat mocht niet meer van hun man. Zo zaten ze in de armoedeval.

En het was nog erger. Ze hadden thuis geen leven. Natuurlijk werden ze regelmatig door hun man geslagen. Ze waren slavinnen geworden. Bovendien dronken die mannen te veel goedkope drank en wanneer ze beschonken waren, wilden ze het bed met een van de andere zussen delen.

De zussen walgden van die mannen en waren doodsbang. Ze weigerden zich als hoeren te laten behandelen en deden hun slaapkamer op slot, maar dan werden die mannen nog gewelddadiger. Soms sliepen de zussen met zijn drieën in één bed, met voor het ergste geval een paar messen onder de kussens, maar ze vreesden dat ze het niet lang meer vol zouden houden. De mannen hadden de macht en de vrouwen konden niet klagen bij hun ouders en de familie te schande maken. Ze schaamden zich voor hun situatie.

Ze wisten dat gedwongen seks verkrachting is en dat verkrachting in Engeland strafbaar is, maar ze vonden dat ze niet naar de politie konden gaan, omdat ze dan hun hele gemeenschap te schande zouden maken. En het had absoluut geen zin om naar de imam, mijn vader, te gaan, want hij zou het probleem voorleggen aan het bestuur van de moskee – wat betekende dat de zussen hun familie op een onvoorstelbare manier oneer hadden aangedaan door de kwestie openbaar te maken. Het kwam erop neer dat hun leven, wát ze ook deden, was verwoest.

Skip vond het vreselijk. Ik vond het vreselijk. We beseften hoe wij hadden geboft door aan een gedwongen huwelijk te ontkomen. Wat konden we die drie zussen aanraden? Dat ze hun mannen moesten verlaten. Maar ze waren te bang: voor de schande, de oneer, het vooruitzicht dat ze dan door hun familie en hun gemeenschap zouden worden verstoten.

Ik wist dat die drie zussen zich bij hun situatie zouden neerleggen. Ze durfden niets anders te doen. Toen ik zag hoe bang en ongelukkig ze waren, niet in staat om zich uit hun gevangenis te bevrijden, was ik zielsblij dat ikzelf aan zo'n soort leven was ontsnapt. Ik moest nieuwe hindernissen nemen, maar die waren lang niet zo moeilijk en ik gaf er verreweg de voorkeur aan.

***

Ik besloot mijn familie te vertellen dat ik christen was geworden, omdat ik het belangrijk vond dat ze begrepen hoe groot de afstand was die ik van hen had genomen. Ze moesten inzien dat er geen weg terug was en dat ze de hoop moesten opgeven dat ik slechts tijdelijk van het rechte pad was afgeweken. Dat ik nooit terug zou komen en nooit meer de rol van plichtsgetrouwe dochter zou spelen. Dat ik er nooit in zou toestemmen met mijn verre neef te trouwen om hen voor oneer te behoeden.

Mijn familie had geprobeerd me in de doodskist van schande en oneer te leggen en mijn bekering tot het christendom was mijn beslissende weigering om me te laten begraven. Ik belde Billy en maakte een afspraak om elkaar in een park te ontmoeten. Hij begroette me met een glimlach en ik vroeg naar de andere familieleden.

Hij haalde zijn schouders op. 'Ach, net als altijd. Mama's astma wordt steeds erger en iedereen geeft jou daar de schuld van. Denk je dat je ooit weer thuiskomt?'

'Nee, Billy. Ik ga nooit meer naar huis. Maar ik moet je iets belangrijks vertellen. Ik ben christen geworden.'

Hij begon te lachen. 'Nee toch! Dat meen je niet.'

'Ik meen het wel. Ik heb me bekeerd.'

'Dat is gewoon een onderdeel van je rebellie,' zei hij. 'Ik weet dat je een moeilijke periode doormaakt, maar uiteindelijk zul je inzien dat je weer naar huis moet. Je bent moslim, Hannan. Moslim.'

'Je luistert niet, Billy. Ik heb me bekeerd tot het christendom. Ik ben christen geworden. Denk je echt dat ik thuis nu nog welkom ben?'

Billy schudde hulpeloos zijn hoofd. 'Je bent als moslim geboren, Hannan, en je zult altijd moslim blijven. Tot aan je dood. Die bekering van je... Flauwekul.'

'Ik ben christen, Billy. Ik heb ervoor gekozen. Dat zul je vroeg of laat moeten accepteren.'

Billy werd niet kwaad of gewelddadig. Hij dacht dat ik er wel overheen zou komen. Ik had gewoon nog wat tijd nodig. We namen afscheid met de belofte dat we contact met elkaar zouden houden.

Eerst werd ik boos omdat Billy me niet serieus had genomen. Maar ik had het hem in elk geval verteld. Ik had hem op de hoogte gesteld en nu moest ik het van me afzetten.

Ik had meer dan genoeg te doen.

21

Bloeddoop

Een hand greep me ruw vast en duwde me naar een kleine houten deur die me afschuwelijk bekend voorkwam. Ik probeerde te gillen, maar ik bracht geen geluid voort. De hand greep mijn haar vast en trok mijn hoofd naar achteren. Ik zag woede en minachting in zijn ogen. Ik werd een houten trap af gesleurd naar een koude, donkere kelder. Er ging een golf van misselijkmakende weerzin door me heen. Mijn verkrachter had me weer te pakken.

Ik schrok wakker. Ik had steeds dezelfde nachtmerrie: terugkeer naar die verstikkende, donkere kelder, waar ik opnieuw werd verkracht. Ik voelde me steeds wanhopiger en eenzamer.

Nog steeds had ik niemand verteld wat mijn vader allemaal met me had gedaan. Ik had de twee maatschappelijk werkers, Omer en Barry, alleen verteld dat hij me sloeg. Ik had tegen de psychiater in het ziekenhuis gezegd dat ik was verkracht, maar niet door wie. Ik had nooit tegen iemand gezegd dat mijn vader me seksueel had misbruikt. En nu werd ik steeds vaker geplaagd door herinneringen.

Het kwam bij me op dat het zou helpen als ik het toch aan iemand zou vertellen en de enige die daarvoor in aanmerking kwam, was Felicity. Zij was een tweede moeder voor me geworden. Ik besloot er met haar over te praten. Op een dag bleef ik na schooltijd na, ging naar haar toe en begon te vertellen. Al heel gauw begon ik te huilen. Ze sloeg haar armen liefdevol en beschermend om me heen en drukte me stevig tegen zich aan.

'O Hannan, arm kind, ik hou van je. God houdt van je. Je zult hierdoorheen komen, heus waar.'

Ik vroeg of ze het tegen niemand wilde zeggen, maar ze zei dat ze het niet geheim mocht houden. Ze was mijn mentor en mijn voogd, en ze was verplicht te melden wat mijn vader had gedaan. Nu ze wist hoe verdorven hij was, maakte ze zich zorgen om mijn zusjes. Ik was het met haar eens, ik maakte me soms ook zorgen om mijn zusjes, vooral nu ik niet meer thuis was.

'Ik ben bang om naar de politie te gaan,' zei ik. 'Dat wil ik niet. Ik geloof niet dat ik dat aankan. Want dan moet ik allerlei details vertellen en ik wil die afschuwelijke herinneringen niet ophalen, al helemaal niet voor vreemde mensen.'

Als mijn vader zou worden gearresteerd voor seksueel misbruik van zijn dochter, wist ik wat dat in mijn familie en onze gemeenschap teweeg zou brengen. De schande van een dochter die zich had onttrokken aan een gedwongen huwelijk zou erbij in het niet vallen. Een imam die in een Engelse rechtbank zou worden berecht voor het tien jaar lang verkrachten van zijn eigen kind zou de gemeenschap verscheuren.

Bovendien betwijfelde ik of de politie me zou geloven. Ik was een schoolmeisje, mijn vader was de steunpilaar van de gemeenschap. Omer, de maatschappelijk werker, had mijn vader eerder geloofd dan mij. De politie zou niet eens onbevooroordeeld naar me willen luisteren, laat staan me geloven. Dat had mijn ervaring me geleerd. Ik vertelde Felicity hoe ik erover dacht.

'Ik begrijp dat je zo denkt,' zei ze. 'Maar wat vind je ervan als we met Barry gaan praten? Misschien weet hij hoe we dit moeten aanpakken. Zou je dat willen?'

'Goed, dat wil ik wel proberen,' zei ik.

Een paar dagen later had ik een afspraak met Barry. Hij reageerde zo vriendelijk en bemoedigend dat ik hem min of meer kon vertellen wat er in al die jaren met me was gebeurd. Maar hij werkte niet voor de kinderbescherming, dus moest ik met een andere maatschappelijk werker gaan praten. Ze heette Vicky en zij zei dat ik naar de politie moest gaan. Dat ik niets anders kon doen. Dus stemde ik toe.

Vicky bracht me naar het politiebureau. Een vrouwelijke agent nam me mee naar een kantoortje en zette een taperecorder aan. Ze pakte een vel papier en een pen.

'Hannan, vertel me nu eens precies wat er allemaal is gebeurd. Maar eerst moet je me je volledige naam en het adres van je ouders opgeven.'

'Ik heet Hannan Shah. Ik... Ik...'

Ik probeerde verder te praten, maar ik verstijfde. Mijn keel was dichtgeknepen. Ik kreeg het vreselijk benauwd. Ik begon te trillen en mijn ogen vulden zich met tranen. Ik was opeens doodsbang voor wat er allemaal zou gebeuren als ik hiermee door zou gaan. Ook met mij. Ik probeerde mezelf te dwingen verder te praten, maar ik raakte in paniek. Ik wist dat mijn verklaring een reeks gebeurtenissen in gang zou zetten die ik niet zou kunnen stoppen.

'Ik eh... Ik kan dit niet,' bracht ik uit. 'Het gaat niet.'

De agente bleef kalm. 'Als je er nog niet aan toe bent, mag je terugkomen als je denkt dat je het wél kunt,' zei ze. 'Maak je maar geen zorgen, dat is voor ons geen probleem. We willen dat je je op je gemak voelt en vrijuit kunt praten.'

Ze stelde me gerust en dat deed me goed. Ik besloot dat ik de volgende keer genoeg moed zou hebben. Vicky van de kinderbescherming zei dat ze me naar huis zou brengen. Het eerste stuk van de weg zat ze zwijgend naast me, toen keek ze me van opzij aan en zei: 'Nou, Hannan, dat heb je mooi verpest, hè? Dit heeft geen enkele zin gehad. Je hebt geen woord gezegd en een hoop tijd verspild.'

Ik wist niet wat ik moest zeggen. Ik begon te huilen en weer te trillen. De rest van de weg naar huis bleef ze tegen me razen en ze zei dat ik een waardeloze getuige was. Thuis belde ik Barry. Ik vertelde hem wat er was gebeurd en wat Vicky had gezegd. Hij werd woedend. Later belde hij Vicky's meerdere en diende een klacht tegen haar in. Maar het was fout gegaan en ik wilde niet meer naar de kinderbescherming, voorlopig niet.

Daarna ging er iemand van de kinderbescherming naar de lagere school van mijn zusje Aliya om te zien of zij tekenen van mishandeling vertoonde en om te vragen of de leerkrachten zich zorgen om haar maakten, want dan zouden ze haar in de gaten blijven houden. Gelukkig was alles in orde, al had ik ook niet verwacht dat mijn vader haar hetzelfde zou aandoen als mij. Voor zover ik wist, had hij haar nooit geslagen. Toch was ik opgelucht.

Ik was blij dat ik het hierbij had gelaten. In de eerste plaats voor mezelf, omdat ik nog niet genoeg moed had om ermee door te gaan, maar ook omdat ik mijn familie wilde beschermen. Ondanks alles gaf ik nog steeds om mijn moeder, mijn zusjes en mijn broers, en als ik het misbruik bij de politie had gemeld, was hun wereld ingestort.

Zolang ik wist dat mijn zusjes veilig waren, kon ik mezelf er niet toe brengen de wandaden van mijn vader openbaar te maken en mijn familie aan het kruis te nagelen. Ik wilde hen hun man en vader niet afnemen. Ook al was hij nog zo'n slechte, wrede man, in onze cultuur zouden ze zonder hem nog slechter af zijn.

In onze cultuur was een vrouw zonder man helemaal niets, mijn moeder zou worden beschimpt en gemeden. En mijn zusjes zouden nog veel kwetsbaarder zijn. Ik wilde mijn familie niet voor de leeuwen gooien.

***

Op een dag gingen Rachel en ik met twee jongens van haar jeugdvereniging bowlen. Een soort dubbel afspraakje. Een van die jongens, Ian, was een neef van Felicity. 's Zondagsavonds zat hij op dezelfde Bijbelles als ik en de zondag daarna kwam hij na afloop naar me toe.

'Hallo Hannan,' zei hij een beetje zenuwachtig. 'Eh... Ik vind je erg aardig.'

Ik bloosde. Hoe kwam hij daarbij? Ik was lelijk en waardeloos, dat was me vaak genoeg verteld. Hoe kon deze lange, knappe jongen met blauwe ogen mij aardig vinden?

'Ik ga dinsdag met een paar vrienden stappen,' vervolgde hij. 'Heb je zin om mee te gaan? Met mij?'

'Ja, dat lijkt me wel leuk,' stamelde ik. Ik kon het nauwelijks geloven.

Hij kwam me dinsdagavond halen en we gingen weer bowlen. Toen we op straat liepen, pakte hij mijn hand. Ik trok hem bijna terug, omdat ik het vreemd vond zo dicht naast een man te lopen. In onze gemeenschap zou dat worden afgekeurd en zou er flink over geroddeld worden.

Ik hield mezelf voor dat ik rustig moest blijven en er gewoon van moest genieten. Ik wist dat het niets betekende. Hand in hand lopen was niet verkeerd. Onze relatie was trouwens niet van lange duur. We pasten niet bij elkaar. Ian was een aardige jongen, maar hij was een beetje dom. Hij was op school geen goede leerling geweest, hij had het ene na het andere baantje en hij had geen vast doel voor ogen.

Zijn enige interesse was voetbal en dat veroorzaakte onze breuk. Hij was een fan van Manchester United en toen dat team een keer tegen Southampton speelde, ging ik met hem mee. Tijdens de wedstrijd ging hij zich steeds vreemder gedragen. Na elk doelpunt van zijn team, en dat waren er heel wat, omhelsde hij het meisje aan zijn andere kant. Een blank meisje van ongeveer mijn leeftijd, en elke keer keek ze hem geschrokken aan.

Ik begreep er niets van. Was hij vergeten met wie hij was gekomen? Hé, wacht even, dacht ik, wat gebeurt hier? Ik ben er ook nog! Ik was niet van plan het nog langer aan te zien.

Om zijn aandacht te trekken, begon ik te roepen: 'Southampton! Kom op, Southampton! Southampton!'

Ik had er niet bij stilgestaan dat ik tussen de fans van Manchester United stond, maar die kregen algauw door wat er aan de hand was. Ze moesten vreselijk lachen wanneer Ian het verkeerde meisje omhelsde en ik het verkeerde team aanmoedigde.

Na de wedstrijd had Ian de pest in. Juichen voor het verkeerde team was natuurlijk de grootste fout die je kon maken, maar wat had hij anders verwacht? Toen wist ik dat het tussen Ian en mij niets zou worden. Ik liet de relatie een natuurlijke dood sterven en daarna zag ik Ian een keer hand in hand met een ander meisje.

Ik vertelde het Rachel en Zoë, en ze keken me een beetje schuldbewust aan.

'Sorry, maar ik wist dat hij een nieuwe vriendin had,' zei Rachel. 'Ik wilde het niet tegen je zeggen omdat ik dacht dat je dat erg zou vinden.'

Ik lachte. 'Erg? Die rare jongen? Ze mag hem hebben, hij is niets voor mij.'

Niet lang daarna verloofde hij zich met dat meisje en ik wenste hun van harte het beste.

Ik deed ontzettend mijn best op school. Na afloop van het eindexamen had ik het gevoel dat ik het er goed van af had gebracht en ik besloot dat ik, ongeacht de uitslag, een jaar vrij zou nemen. Ik had heel veel meegemaakt en vond dat ik tijd nodig had om alles op een rijtje te zetten voordat ik naar de universiteit zou gaan.

Op mijn eindrapport had ik hoge cijfers voor sociologie, godsdienst en Engels. Ik was dolblij en heel trots op mezelf, en ik wist dat ik verder zou kunnen studeren. Inderdaad voldeed ik ruimschoots aan de toelatingseisen voor de studie sociale wetenschappen aan de Universteit van Lancaster, waarvoor ik me had opgegeven. Mijn droom was werkelijkheid geworden.

***

Die zomer organiseerde de jeugdvereniging van de kerk een reis naar India. We zouden naar een dorp gaan in Tamil Nadu, een vrij arm gebied helemaal in het zuiden van het land. Het was een hindoestaans dorp en we zouden er een waterput graven. Het was een reis van vier weken. De enige keer dat ik in het buitenland was geweest, was toen mijn ouders me als driejarig kind hadden meegenomen naar Pakistan. Ik verheugde me erg op de reis.

Onze kerk had het project toegewezen gekregen door een liefdadigheidsorganisatie die ontwikkelingswerk deed in heel India. Iedereen die mee op reis wilde, moest zijn eigen onkosten betalen plus een deel van de bouw van de put. En we wilden boeken kopen voor de dorpsschool. Het was de bedoeling dat we ieder 1.500 pond bij elkaar zouden krijgen.

Ik deed van alles om dat geld te verdienen, van auto's wassen op de braderie van de kerk tot het organiseren van een talentenjacht. Op de braderie hadden we ook een kraam waar je moest betalen om iemand die de meeste stemmen kreeg te mogen insmeren met een smurrie die bestond uit een mengsel van meel, eieren en blauwe verf. Drie van ons hadden ons als eventueel slachtoffer aangeboden: ikzelf, nog een lid van de jeugdvereniging en Bob, de dominee.

We moesten met zijn drieën op plastic stoelen voor de kraam gaan zitten terwijl Felicity voorlas hoeveel stemmen iedere kandidaat had gekregen, maar we wisten al bij voorbaat wie zou winnen: dominee Bob natuurlijk. In een mum van tijd zat hij van hoofd tot voeten onder de smurrie, terwijl iedereen stond te juichen. Later kostte het hem de grootste moeite om die troep uit zijn haar te wassen.

Ik hoef natuurlijk niet te zeggen dat mijn vader of welke imam dan ook zich nooit op die manier zou laten bekliederen. De gedachte alleen al! Mijn vader nam zichzelf en wat hij te vertellen had bloedserieus en het was dan ook nooit bij me opgekomen dat een godsdienst belijden ook léúk kon zijn. Ik was onze kerkgemeenschap erg dankbaar dat ze me hielpen het bedrag voor mijn reis naar India bij elkaar te krijgen.

Een van de dingen die ik deed om aan geld te komen, was voor mij geen grote opgave: ik kookte een currymaaltijd voor een lunch. We zouden hem opdienen in een vertrek in de kerk, maar vlak daarvoor gebeurde er iets vreemds. Op de eerste verdieping was een van de muren gebarsten en de beheerder had al gezegd dat daar iets aan moest worden gedaan. Net toen we van boven naar beneden waren gekomen om mijn currymaaltijd te gaan eten, klonk er boven een donderend lawaai.

Een paar mensen renden de trap op om te gaan kijken en even later kwamen ze onder het stof beneden. Het dak was ingestort doordat die muur het had begeven. Als we niet vlak daarvoor met z'n allen naar beneden waren gelopen om aan tafel te gaan, waren we onder de stenen bedolven. Gelukkig was niemand gewond geraakt, dus vonden we dat we toch maar eerst lekker moesten gaan eten.

Ik had kip tikka masala, een groentegerecht, rijst en naanbrood gemaakt, en ik was zuinig geweest met de specerijen. De kerkgangers hadden me de ingrediënten gegeven en anderen brachten allerlei nagerechten mee. Het was een feestmaal. Iedereen was vrolijk en ik vond het geweldig dat ze het eten dat ik had gekookt zo lekker vonden. Ongeveer honderd mensen hadden er 5 pond per persoon voor betaald, een koopje, dus die lunch leverde me 500 pond op!

Voordat we naar India vertrokken, had ik 1.758 pond verdiend, meer dan genoeg voor mijn reis. Ik vond het een geweldig avontuur. Toen we in Tamil Nadu aankwamen, was het daar bloedheet. De dorpelingen verwelkomden ons met een hindoeïstisch ritueel, waarbij ze de goden bedankten voor de door ons meegebrachte schoolboeken en de waterput die we zouden graven.

Op een smalle dam in de rivier die door het dorp stroomde hadden ze een gouden bord gezet met kaarsen, wierook en jasmijnbloesem erop. Er werd gezongen en gedanst. De *sadhu* – een heilige man met een wilde bos haar, kralenkettingen om zijn hals en een lendendoek – ging zingend voor in de gebeden. Daarna was de beurt aan ons.

Hoewel ik in India veel armoede en gebrek zag, vond ik het er geweldig. En ik genoot ervan dat ik daar iets voor anderen kon doen en niet aan mijn eigen situatie hoefde te denken. Ik vond het heel boeiend te zien hoe andere mensen leefden, een andere cultuur en godsdienst te ontdekken. Overal kwamen kinderen naar me toe, pakten me bij de hand en liepen met me mee. Ik had nog nooit zo veel spontane hartelijkheid en genegenheid meegemaakt.

Ik maakte pret met de kinderen door ze een Engels kinderversje te leren:

Round and round the garden
Like a teddy bear,
One step, two step,
Tickly under there.

Bij de laatste regel kietelde ik hun buik. Ze vonden het prachtig, vooral dat kietelen.

Aan het eind van ons verblijf brachten we een paar dagen door in de aangrenzende provincie Kerala. We gingen er naar het strand om te zwemmen en te zonnebaden. Er was een café waarvan de baas een Duitser was. Hij probeerde ons drugs te verkopen, zakjes heroïne zelfs. We zagen dat hij die aan kinderen gaf om aan toeristen te verkopen. Je kon zien dat die kinderen stoned waren: vergrote pupillen en een vreemde manier van doen. Dat was afschuwelijk.

Ik werd woedend op die cafébaas. Er liep een klein meisje rond dat eruitzag alsof ze een jaar of zes was, maar waarschijnlijk was ze ouder. Ze was broodmager, vuil en lusteloos. Ze had droge, gebarsten lippen en ze slenterde doelloos rond. Ik had diep medelijden met haar en ging een keer naar haar toe om haar een banaan te geven, maar ze staarde me aan en nam de banaan niet aan. Ze maakte een lege indruk en ik kon haar niet bereiken.

Ik vond het een akelige ervaring en ik vroeg me af hoe het kwam dat ze zo was geworden en of ze familie had. Ik voelde een band met haar, ik deelde haar pijn. Ik was ook een eenzaam, verloren kind geweest. Niemand zorgde voor haar, ook de andere kinderen niet, precies zoals niemand voor mij had gezorgd.

Ik had in India zo veel behoeftige mensen gezien dat ik op een andere manier naar mijn eigen leven ging kijken. Ja, ik had het zwaar gehad. Ik had veel narigheid moeten doorstaan, en heel erge dingen. Maar sommige kinderen hadden het nog veel zwaarder, zoals dat aan heroïne verslaafde meisje op het strand. In Engeland had ik mensen gevonden die me hadden geholpen: mevrouw Zorba, Barry en Felicity. Wie zou dat meisje helpen? Wie zou haar leven redden en haar een toevluchtsoord bieden?

Die reis gaf me meer zelfvertrouwen. En het schonk me veel voldoening dat ik het geld ervoor zelf had verdiend. Na mijn thuiskomst hield ik er een lezing over voor de mensen die me hadden geholpen het geld bij elkaar te krijgen. Ik vertelde waar ik was geweest en wat ik had gedaan. Ik vertelde ook over het meisje op het strand. Vroeger zou ik zoiets nooit hebben gedurfd.

Mijn leven werd steeds beter. Tijdens mijn afwezigheid had mijn vriendin Rachel een nieuw onderkomen voor me gevonden. Ik mocht een kamer huren bij een gezin dat ook bij onze kerk hoorde. Ik vond het prettig weer bij een gezin te wonen, nadat ik een poos alleen was geweest. Daar had ik genoeg van. Ik had het mezelf moeilijk gemaakt, maar nu wilde ik graag weer gezelschap.

Op een dag ging ik met Rachel mee naar een kerk waar ze vrienden had. Na de dienst zag ik een wat oudere, blanke vrouw die me bekend voorkwam. Plotseling herkende ik haar: Edith Smith, de vrouw die jaren geleden bij ons thuis was gekomen om mijn moeder Engels te leren. Ik ging naar haar toe en zei wie ik was. Ik had haar voor het laatst gezien toen ik vijf was, maar ze herinnerde zich nog steeds dat ze bij ons thuis was geweest.

'Ja, ik weet het nog,' zei ze glimlachend. 'Hoe gaat het met je lieve moeder?'

'Ik heb niet veel contact meer met haar,' antwoordde ik. 'Het gaat wel goed met haar, geloof ik. Maar ik ben christen geworden, dus hoor ik er niet meer bij.'

'Wat bijzonder! Ik zou het leuk vinden als je bij me komt theedrinken. Dan kun je me er alles over vertellen.'

Toen ik haar stem hoorde, kwamen er allerlei herinneringen bij me boven, en niet alleen prettige. Ik herinnerde me dat mama en zij in de achterkamer zaten te lachen en grapjes maakten over mama's uitspraak, maar ook dat papa mama sloeg en ik tussen hen in ging staan, en de verschrikkingen die daarop volgden.

'Eerlijk gezegd gaat het niet zo goed met mijn moeder,' zei ik wat later tegen Edith Smith. 'Ze heeft veel last van astma. Ik spreek mijn familie wel eens via de telefoon, maar de verhouding is niet goed, dat kunt u zich zeker wel voorstellen.'

Ik vertelde haar niet tot welke ellende haar Engelse lessen bij ons thuis hadden geleid. Ik vertelde niet dat mama door papa was geslagen en waarom mama met de lessen was gestopt. Ik wilde haar niet van streek maken. En ik wilde haar in geen geval vertellen dat haar bezoekjes uiteindelijk hadden geleid tot papa's gewelddadige wangedrag jegens mij.

Edith Smith was niet verantwoordelijk voor wat er daarna allemaal was gebeurd. De enige die verantwoordelijk was voor het zieke, wrede gedrag van mijn vader was hij.

***

Toen het jaar dat ik vrij had genomen bijna om was, besloot ik me te laten dopen. Ik had het gevoel dat ik dat moest doen om mijn bekering te vieren en te bevestigen. Het was de volgende stap naar groei in mijn geloof en mijn leven als vrij mens in een vrije maatschappij.

Ik besloot ook dat ik mijn familie voor de doop zou uitnodigen. Ik wilde dat ze zouden zien hoe belangrijk mijn nieuwe geloof en identiteit voor me waren. Ik wilde dat ze zagen hoe vrij ik was geworden nadat ik aan het getto in onze straat was ontsnapt. Tijdens de plechtigheid wilde ik getuigenis afleggen van de ommekeer in mijn leven. Ik wilde uitdrukking geven aan de vreugde die gepaard ging met het ontdekken van mezelf en wat ik met mijn leven kon doen, zoals spreken in het openbaar, geld inzamelen en naar India reizen, goed leren, toegelaten worden tot de universiteit en echte vriendschappen sluiten.

Ik hoopte dat mijn familie wanneer ze dat allemaal hoorden, een andere blik op het leven zou krijgen. En ik wilde hun laten weten dat ik hen, ondanks alles, hun daden wilde vergeven. Ik wist hoe belangrijk vergiffenis was in ons geloof en ik was vastbesloten daar zelf ook mijn best voor te doen. Ik had er behoefte aan te onderzoeken of ik mijn familie vergiffenis kon schenken. Ik wilde mijn moeder duidelijk maken dat ik haar haar gedrag niet langer toerekende. De uitnodiging voor mijn doop was een teken van mijn vergevingsgezindheid. Al wist ik niet of ik mijn vader ooit zijn wreedheden zou kunnen vergeven.

Ik besefte dat het heel naïef van me was mijn familie uit te nodigen. Dat het eigenlijk erg dom en misschien zelfs gevaarlijk was. Ik had nog nooit van het woord 'afvalligheid' gehoord en wist niet dat de hadith (de verzamelde uitspraken van de profeet Mohammed met betrekking tot wat is toegestaan of verboden) gebiedt dat iemand die de islam de rug toekeert en weigert zich te bedenken, moet worden gedood. Ik wist niet dat het afzweren van de islam als een van de grootste zonden wordt beschouwd. Maar zelfs als ik dat wel had geweten, dan had ik mijn familie waarschijnlijk toch uitgenodigd. Want ik wilde dat ze met eigen ogen zouden zien voor welk leven ik had gekozen en wat mijn vrijheid me had gebracht.

Ik belde Billy. We maakten een praatje over de familie en toen zei ik: 'Billy, ik heb je toch een keer verteld dat ik christen ben geworden? Binnenkort word ik gedoopt en ik wil graag dat jullie komen. Het is een heel bijzondere gebeurtenis voor me, Billy. Ik wil echt graag dat je erbij bent, en mama en Raz en de anderen.'

Billy snoof luidruchtig en zei niets, maar ik vertelde hem de datum en de plaats. Mijn aardige broer Billy reageerde niet en verbrak de verbinding.

Het was alsof hij de deur voor mijn neus had dichtgesmeten en ik was erg van streek, maar eigenlijk niet verbaasd. Zie je nou wel, dacht ik, ze komen niet. Billy was de meest tolerante van de familie, dus als hij zo reageerde, hoefde ik wat de anderen betrof geen enkele hoop te koesteren. Ik haalde diep adem en besloot de hele kwestie van me af te zetten. Ik had mijn best gedaan en dat was dat.

Een paar dagen later was ik alleen thuis. Het was middag en ik zat in mijn slaapkamer te studeren. Plotseling hoorde ik lawaai op straat. Ik ging naar het raam, keek naar buiten en kon mijn ogen niet geloven.

Voor het huis stonden een stuk of veertig Pakistaanse mannen, gewapend met hamers, stokken en messen. Mijn vader stond vooraan, briesend van woede en haat. Tot mijn ontzetting was zelfs mijn tolerante oom Kramat erbij, die even hard schreeuwde als de anderen. Mijn broers zag ik niet en ook geen vrouwen, maar ik bleef niet voor het raam staan om beter te kijken.

Ik rende naar een achterkamer om me te verstoppen. De voordeur zat op slot, maar het was een gewoon Yale-slot en een troep razende mannen met hamers en messen kon dat gemakkelijk breken. Ik zag al voor me hoe die brullende, bloeddorstige woestelingen zwaaiend met hun wapens de trap op zouden stormen en ik werd doodsbang.

Ik hoorde ze schreeuwen.

'Vuile verrader!' dat was mijn vader. 'Verrader! Verrader! Verrader! Je hebt je familie verraden! Je hebt je geloof verraden! Vervloekte verrader! We snijden je keel door! We verbranden je levend!'

Ze begonnen op de voordeur te roffelen. Ik kroop onder het bed, trillend van angst, en smeekte God me te beschermen.

Ik hoorde de brievenbus klepperen en mijn vader brulde erdoorheen: 'Vuile, smerige verrader! Verrader! We hakken je in mootjes! We leggen je het zwijgen op! We verbranden je! We rukken je je verraderlijke hart uit je lijf! Verrader! Je zult branden in de hel!'

Ik was nog nooit zo bang geweest. Ik wist wat me te wachten stond als ze de deur intrapten en mijn vader me te pakken zou krijgen.

Dan zouden ze me doodslaan.

22

Dollemannen

Ik woonde in een blanke arbeidersbuurt en ik had geen idee hoe mijn vader me had gevonden. Maar het was hem gelukt. Aan het angstaanjagende gebonk van hamers en stokken op de voordeur en het gebrul van scheldwoorden en dreigementen leek geen eind te komen.

Maar opeens werd het stil. Ik bleef onder het bed liggen en durfde nauwelijks adem te halen. Mijn hart bonsde van angst. Wat gebeurde er? Waren ze weg? Waren ze binnen en slopen ze de trap op? Waren ze achterom gegaan? Ik wist het niet.

Ten slotte raapte ik al mijn moed bijeen en kroop onder het bed vandaan. Ik sloop naar mijn kamer. Het bleef stil. Ik schoof de vitrage een stukje opzij en keek naar buiten. De straat was leeg. De dollemannen waren even snel verdwenen als ze waren gekomen.

Het enige wat ik kon bedenken, was dat bewoners van andere huizen naar buiten waren gegaan. Misschien had mijn vader eindelijk eens een keer beseft dat hij niet altijd zijn zin kon krijgen. In deze buurt woonden mensen die niet gauw bang waren en die een invasie van brullende 'paki's' niet zouden tolereren.

Of misschien was mijn vader tot de conclusie gekomen dat ik niet thuis was. Ik had boven even uit het raam gekeken en misschien had niemand dat gezien. Misschien was het langzaam tot hen doorgedrongen dat ze voor een leeg huis stonden en waren ze teleurgesteld afgedropen. Maar ik had het gevoel dat mijn gebed had geholpen en me kracht had gegeven.

Toch stond ik hevig te trillen. Ik had geluk dat ik nog leefde. Toen ik zeker wist dat de mannen weg waren, belde ik Rachel.

'Ja?'

'Rachel, met Hannan,' fluisterde ik.

'Hannan! Wat is er? Is er iets?'

'Nee. Ja, er is iets vreselijks gebeurd. Ik ben verschrikkelijk bang. Je moet me helpen, Rachel...'

'Wat moet ik doen?' Ik hoorde angst in haar stem. 'Wat is er dan gebeurd?'

Ik was bang dat ze me, als ik haar vertelde over die troep woeste mannen en hun dreigementen, niet zou willen helpen. Dat ze dan te bang zou zijn om me te komen halen. In paniek gaf ik zo weinig mogelijk uitleg.

'Dat kan ik je door de telefoon niet vertellen, maar kun je me komen halen? Ik ben thuis en ik heb je nodig, Rachel. Echt.'

'Natuurlijk, ik kom eraan. Maak je geen zorgen.'

Ik propte wat spullen in een tas. Vijf minuten later hoorde ik een auto stoppen en werd er op de deur geklopt. Ik gluurde naar buiten en tot mijn grote opluchting was het Rachel. Ik rende naar buiten en stapte vlug in de auto.

We reden naar haar huis en daar bleef ik die nacht slapen en daarna nog een paar dagen logeren. Ik vertelde Rachel en haar familie niet precies wat er was gebeurd, alleen dat mijn familie me had bedreigd en dat ik niet meer naar dat huis terug kon.

Ik was diep geschokt en doodsbang. Het was geen moment bij me opgekomen dat mijn vader in het openbaar op zo'n extreme, gewelddadige manier zou kunnen reageren. Vroeger had hij zijn brute wandaden geheimgehouden, maar nu had hij zijn agressie openlijk getoond en de gemeenschap bleek hem te steunen.

Al die haatdragende gezichten van mannen uit onze straat. Al die wraakzucht en doodsbedreigingen. Alleen omdat ik had durven denken dat ik vrij was om mijn eigen geloof te kiezen. Het liet me niet los.

Ik liet mijn doop doorgaan, maar omdat mijn familie wist waar die zou plaatsvinden, moest ik een andere kerk kiezen. Rachel drong erop aan dat ik naar de politie zou gaan om mijn vader aan te geven, maar dat wilde ik niet. Net als de vorige keer wilde ik niet midden op het slagveld staan. Ik wilde doorgaan met mijn leven en met rust worden gelaten, en ik wilde niet de vernietiging van mijn familie op mijn geweten hebben.

Maar opnieuw moest ik mijn leven veranderen. Ik moest me beter verbergen en me erbij neerleggen dat het contact met mijn familie voorgoed was verbroken.

**

Een paar weken later belde ik Skip en vroeg om nieuws. Ze zei dat iedereen wist wat mijn vader had gedaan en ze waarschuwde me dat mijn familie me zocht, met behulp van de hele straat. Dat ik erg voorzichtig moest zijn. De hele gemeenschap was kwaad omdat 'een van hen' de islam de rug had toegekeerd. Dat verdroegen ze niet, vooral niet doordat mijn vader het vuur van de haat flink aanwakkerde. Meisjes liepen weg van huis, dat was zo. Ze vluchtten weg voor een gedwongen huwelijk, dat was zo. Maar de islam afwijzen... Dat was ondenkbaar.

Ik maakte me zorgen om Skip. Mijn familie wist dat ze mijn beste vriendin uit onze gemeenschap was en ze probeerden van alles om haar ertoe te bewegen hun te vertellen waar ik was. Maar Skip de rebel hield haar mond stijf dicht. Nog beter, steeds wanneer het nieuws haar bereikte dat iemand achter mijn verblijfplaats was gekomen, waarschuwde ze me zodat ik mijn spullen kon inpakken om vlug weer te verkassen.

Gelukkig kon ik erop rekenen dat mijn vrienden van de kerk me zouden helpen. Zodra ik iemand belde, kwamen ze me halen en brachten ze me ergens naartoe waar ik een tijdje mocht blijven. Ze begrepen niet precies waarom ik voortdurend in gevaar verkeerde, maar wel dat het belangrijk was me onmiddellijk te helpen. Steeds weer zorgden ze ervoor dat ik diezelfde dag kon verhuizen.

Mijn familie had tegen Skip gezegd dat ik mijn nieuwe geloof moest opgeven, anders zouden ze me nooit met rust laten. Ik moest terug naar huis en naar de islam, en trouwen met de man die zij voor me hadden uitgekozen. Mijn vermoeden was juist geweest. De familie van mijn moeder had al bij mijn geboorte besloten dat ik met die verre neef, wiens foto ik had gezien, zou trouwen. Als mijn vader met me in dat vliegtuig was gestapt, was ik inmiddels met die man getrouwd en woonde ik waarschijnlijk in een verafgelegen Pakistaans dorp, omringd – ingesloten – door zijn familie.

Inmiddels was tot me doorgedrongen dat ik volgens de Pakistaanse gemeenschap de grootst mogelijke misdaad had gepleegd: het afwijzen van de islam. Daarom moest en zou mijn familie me vinden. Ik was geschokt, heel verdrietig en erg bang, maar ik probeerde er niet te veel bij stil te staan.

Ik wilde vergeten en doorgaan met mijn leven. Mijn verleden was emotioneel een te zware last. Ik moest ervoor zorgen dat ze me nooit zouden vinden en mijn vrijheid blijven koesteren.

***

In het jaar nadat mijn vader en zijn troep dollemannen me wilden vermoorden, moest ik ongeveer om de drie maanden verhuizen. Ik logeerde bij vrienden of familie van hen, of ik huurde tijdelijk een kamer. Ik had één tas om mijn spullen in te doen en kon elk moment weg.

Ik veranderde mijn naam van Hannan in het Engelse Hannah, al maakte ik mezelf niet wijs dat ik dan voor mijn familie opeens onvindbaar zou zijn. Ik leefde bij de dag en dat maakte het moeilijk om toekomstplannen te maken. Ik was bang dat mijn droom van een universitaire studie niet zou uitkomen zolang het kat-en-muisspel doorging.

Ik voelde me nergens thuis en kon me niet ontspannen. Ik kon me niet op een studie of een baan concentreren. Ik had het gevoel dat ik weliswaar fysiek aan mijn vader was ontsnapt, maar dat hij mijn geest nog steeds gevangenhield.

Dat jaar slaagde ik er niet in met mijn studie aan de universiteit te beginnen. Pas het jaar daarna was ik in staat om het opnieuw te proberen. Ik had geen contact meer met mijn familie, maar hun bestaan hing altijd als een donkere wolk van vooroordelen en haat boven mijn hoofd. Deze keer schreef ik me in bij de Universiteit van Lancaster voor de studie theologie en godsdienstwetenschappen.

Ik had gehoord dat de theologische faculteit van Lancaster een uitstekende naam had. Ik had altijd veel belangstelling voor de verschillende godsdiensten gehad, en op de middelbare school had ik ook filosofie gedaan en genoten van de discussies waarin ik op allerlei nieuwe manieren had leren denken.

Mijn bekering tot het christelijke geloof had mijn interesse voor andere godsdiensten niet verminderd. Een van de vakken die ik kon kiezen was islamitisch feminisme en daar was ik natuurlijk extra nieuwsgierig naar. Andere vakken waren judaïsme, boeddhisme en hindoeïsme; daar wilde ik ook meer van weten.

Ik wist nog niet wat ik uiteindelijk wilde worden. Misschien lerares, net als Felicity, of maatschappelijk werker, zoals Barry. Voor die twee mensen had ik het grootste respect. Ik wilde jonge vrouwen helpen die in net zulke omstandigheden verkeerden als ik had gedaan en eveneens wilden ontsnappen, dat wist ik wel. De problemen die ik had gehad, kwamen steeds vaker voor. Er stonden steeds vaker artikelen in de krant over meisjes die vluchtten voor een gedwongen huwelijk en over eermoorden.

Skip vertelde me regelmatig over dat soort gevallen en ook in onze kerk kwamen jonge moslimmeisjes hulp zoeken. Al minstens drie keer was iemand van onze kerk me komen vragen wat ze voor zo'n meisje konden doen en hoe ze haar familie duidelijk moesten maken wat er mis was.

Soms kwamen meisjes uit een veel moderner gezin dan het mijne. Eén keer kon een meisje met haar ouders praten en uitleggen hoe ze zich voelde, en maakten ze een afspraak. Ze mocht naar de universiteit mits ze bereid was om na haar afstuderen nog eens over het huwelijk na te denken, en daar stemde ze mee in.

Soms leek het een hopeloze zaak en kwam er na een openhartig gesprek en een beetje toegeven van beide kanten toch nog een oplossing, waardoor de patstelling van eer en schande werd voorkomen. Dat meisje bofte. Maar nooit was afvalligheid in het geding.

Het moslimnetwerk zorgde ervoor dat mijn familie er steeds achter kwam waar ik woonde. Elke vrijdag deelde mijn vader in de moskee een foto van me uit met zijn telefoonnummer eronder en vroeg hij de mensen hem te bellen als ze me hadden gezien. Hij had net zo goed in de hele stad posters met een opsporingsbevel kunnen ophangen: GEZOCHT WEGENS AFVALLIGHEID: HANNAN SHAH.

Zo organiseerde mijn vader een spionnennetwerk om me te vangen. Als iemand me ergens op straat had zien lopen, wisten ze in welke buurt ik woonde en dan speurden ze verder tot ze me hadden gevonden.

Ik overwoog of ik uit het noorden zou vertrekken om buiten het bereik van mijn familie en het spionnennetwerk te zijn, maar dan moest ik ook mijn vrienden achterlaten. Zij waren mijn nieuwe familie en ik wilde hen niet kwijt. Bovendien was ik toegelaten tot de Universiteit van Lancaster om mijn droomstudie te volgen. Lancaster was een grote, multiculturele stad. Daar kon ik anoniem zijn en mijn vervolgers vergeten.

Daar zou ik, godzijdank, beslist veilig zijn.

23

De zekerheid van onwetendheid

Mijn eerste paar dagen aan de universiteit voelde ik me ongekend vrij en onbelast. Opeens had ik het gevoel dat het totaal niet belangrijk was wat ik droeg, hoe ik eruitzag, wat mijn huidskleur was of wat ik geloofde. Ik was omringd door mensen van elke kleur, elk ras en elk geloof dat je je kon voorstellen. En door leden van elke maatschappelijke groepering: gothics, hippies, hockeymeisjes, voetbalfans en alles ertussenin.

Ik kreeg er snel vrienden. Al meteen sloot ik vriendschap met drie meisjes die dezelfde studie volgden als ik. We werden een hecht groepje en gingen samen op kamers wonen midden in de stad.

Anna was een blank meisje uit Durham. Ze was klein en mollig, met krullend zwart haar. Ze had een heel aparte smaak en studeerde theologie, filosofie en talen.

Tamsin was een blank meisje uit dezelfde stad. Ze was lang, slank en beeldschoon. Alle jongens spraken haar aan, maar ze kwamen er al gauw achter dat ze een saaie studiebol was en geen feestbeest. En ze was van plan met haar jeugdvriendje te trouwen. Zij had voor vakken gekozen zoals het Oude Testament, het Nieuwe Testament en bijbelse archeologie.

De derde was Jenny, een blank meisje met lichtbruin haar. Ze kwam uit Bury en droeg lange gebloemde hippiejurken. Ze was heel creatief, ze speelde gitaar en schreef en zong haar eigen liedjes.

Zij studeerde talen: Grieks en Hebreeuws, en net als ik Urdu.

Ik was nummer vier. Ik had lang, krullend haar en was behoorlijk dik geworden. Jongens lieten mij met rust en dat vond ik prima. Wanneer een enkele keer een jongen een praatje met me maakte, reageerde ik lauw. Ik concentreerde me op mijn studie en wekte niet de indruk dat er met mij veel te beleven viel.

Soms gingen we 's avonds met zijn vieren naar een pub in de buurt of naar de kroeg van de studentenvereniging. Ik had ontdekt dat ik alcoholische drankjes niet lekker vond en dronk ze zelden. Het enige drankje dat ik wel lekker vond, was Malibu met ananassap, maar dat was te duur om regelmatig te drinken. Een jongen die me een Malibu met ananassap aanbood, kon rekenen op een glimlach!

We woonden vlak bij de beroemde straat met Indiase restaurants. Wanneer een van ons jarig was, gingen we er een currymaaltijd eten, steeds ergens anders. We waren geen van allen feestnummers, we wijdden ons aan onze studie en deden ons best. En daar waren we trots op!

Geen van de vakken die ik had gekozen vereiste dat ik de Koran in het Engels zou lezen, maar ik besloot het toch te doen. Jarenlang hadden geestelijken zoals mijn vader me verteld wat ik moest geloven en nu wilde ik wel eens ontdekken wat er echt stond. Als kind had ik een heleboel Koranverzen in het Arabisch uit mijn hoofd moeten leren terwijl ik er niets van begreep, nu wilde ik de waarheid weten.

In de boekhandel kocht ik een Engelse vertaling en die begon ik te lezen, thuis, nadat ik klaar was met mijn werk. Inderdaad kwam ik er de wraakzucht en woede in tegen die mijn vader voortdurend op me had losgelaten, maar er stonden ook heel zachtmoedige, menselijke dingen in. Bijvoorbeeld dat je geld aan de armen moest geven en voor weduwen en wezen moest zorgen. Waarom had mijn vader die verzen genegeerd? Er stond nergens dat je alleen jegens moslims liefdadig mocht zijn, wel dat je je moest bekommeren om iedereen die behoeftig was, ongeacht ras, kleur of geloof.

Toen ik de Koran voor het eerst las en ook begreep, begon ik te beseffen dat een heleboel dingen die daar volgens mijn vader in werden behandeld, er niet eens in voorkwamen. Ik kon ze tenminste niet vinden. Daarnaast waren een heleboel dingen die er wél in voorkwamen door mijn vader en mannen zoals hij volkomen verdraaid en verkeerd uitgelegd.

Dat begon al met de simpelste dingen. Er staat bijvoorbeeld niet hoe je moet bidden, welke woorden je moet gebruiken en wat je erbij moet doen. Nergens in de Koran staat dat je moet knielen in de richting van Mekka en met je voorhoofd de grond moet raken. Er staan wel gebeden in de Koran, maar er staat nergens dat je die vijfmaal per dag op vaste tijdstippen moet zeggen en daar niet van mag afwijken.

Volgens mijn vader zijn die vijf dagelijkse gebeden de essentie van de islam. Zolang je je daaraan houdt, kom je in het paradijs. Staat dat in de Koran? Ik kon het nergens vinden. Het zijn instructies uit de hadith.

Ik las de Koran zonder ook maar één bladzijde over te slaan en toen las ik hem nog een keer. Ik werd vreselijk boos toen bleek dat er ook niets in stond over het door de ouders geregelde huwelijk. Mijn vader had vaak gezegd dat de Koran voorschreef dat een moslimvrouw met een man moest trouwen die door haar ouders was uitgekozen, maar dat is gewoon niet waar. Volgens de Koran is het huwelijk een wettelijk contract waarbij de vrouw ook rechten heeft. Niemand mag haar dwingen om te trouwen.

Het is zelfs zo dat je, als je het leven van de profeet Mohammed zelf in aanmerking neemt, moet toegeven dat hij met zijn eerste vrouw, Khadija, is getrouwd uit liefde. Ze was een rijke weduwe en ouder dan hij, en hij was als handelaar bij haar in dienst. Na verloop van tijd werden ze verliefd op elkaar en daarom trouwden ze. Ze was geen familie van hem, ze waren zelfs van verschillende stammen. Waar komt dan in vredesnaam het idee vandaan dat moslimmeisjes met een neef moeten trouwen?

Volgens mijn vader stond dat in de Koran, maar dat was een leugen. Misschien was het traditie bij de stammen in het deel van Pakistan waar mijn ouders vandaan kwamen. In de Koran, het heilige boek van de moslims, wordt er met geen woord over gerept.

Ook andere dingen verbaasden me. In de Koran staat wat Allah tegen zijn profeet Mohammed heeft gezegd, maar het is niet alleen het levensverhaal van Mohammed. Er staan ook een heleboel andere verhalen in. Zoals dat van de geboorte van Jezus (Isa): dat de engel Gabriël aan Maria (Maryam) verscheen en haar meedeelde dat Jezus zou worden geboren en door Allah als profeet zou worden gezonden. Het verhaal van Izaäk en Ismaël, en dat van de vrouw van Abraham (Ibrahim) en haar slaaf. En verhalen over Mozes (Musa), Jakob (Yaqub) en Job (Ayub).

In het hoofdstuk 'Vrouwen' staat hoe vrouwen horen te worden behandeld. Er staat dat zowel mannen als vrouwen zich zedig horen te kleden, en dat vrouwen gekoesterd en beschermd moeten worden. Er staat wel dat een man zijn vrouw mag slaan als ze zich slecht gedraagt, maar niet dat vrouwen zich van top tot teen moeten bedekken en al helemaal niet dat ze hun haar en gezicht niet mogen laten zien. Ze hoeven zich alleen maar, net als mannen, zedig te kleden.

Dus waar komen al die restricties in vredesnaam vandaan? Mijn vader stond erop dat het hele lichaam altijd werd bedekt. Een vrouw moest altijd een shalwar kamiz en een hoofddoek dragen. Dit volgens hem zeer belangrijke voorschrift stond in de Koran. Maar dat is niet waar. In het heilige boek van de islam wordt het nergens vermeld.

Sommige soera's verbaasden me en stelden me teleur. In soera 2:223 staat dat een vrouw voor haar man een akker is, klaar om te bebouwen. Volgens het commentaar in de Engelse versie die ik las, betekende dit: 'Een man mag elke soort seksuele relatie met zijn vrouw hebben, mits in de vagina en niet in de anus.' Andere verzen geven eveneens blijk van een afkeer van vrouwen.

De tweede keer dat ik de Koran las, telde ik de keren dat Jezus erin wordt genoemd. Dat zijn er vijfennegentig, terwijl Mohammed zevenentwintig keer wordt genoemd. Dus waarom had mijn vader kwaad tegen me geschreeuwd dat ik de naam van Jezus niet eens mocht uitspreken? Wat een onzin. In de Koran staat dat Jezus een heelmeester was en dat hij wonderen verrichtte. Hij was absoluut geen paria, zoals mijn vader beweerde.

Vooral het verhaal van Hagar en Ismaël sprak me aan. In het Oude Testament staat dat Abraham werd gevraagd zijn enige zoon, Izaäk, te offeren. In de Koran wordt hem gevraagd Ismaël te offeren. In het Oude Testament staat dat Izaäk uitverkoren was om het geslacht van Abraham voort te zetten, het heilige geslacht van God. De joden zijn de nakomelingen van Izaäk. Maar volgens de Koran is Ismaël de stamvader van het heilige geslacht en stamt Mohammed van hem af. De moslims zijn de nakomelingen van Ismaël.

Om dit verhaal draait de vraag wie door God werd aangewezen om het heilige geslacht voort te zetten: Izaäk of Ismaël? De joden of de moslims? Een heel precaire, maar ook vage kwestie. Veel verhalen in de Koran en de Bijbel komen met elkaar overeen, zowel wat de karakters, de gebeurtenissen als de boodschap betreft.

De Koran die ik las was absoluut niet dezelfde Koran als die van mijn vader. Ik heb de Koran intensief bestudeerd en ook de hadith, die erbij hoort. Ik heb extra veel aandacht besteed aan wat er staat over afwijzing van de islam, afvalligheid. Er staat inderdaad dat een moslim een geloofsgenoot die zich afkeert van de islam en weigert terug te keren moet doden, maar daar hoort wel een wettig proces aan vooraf te gaan. Ik werd er niet bozer of banger van en betwijfelde of mijn vader dit zelf had gelezen.

Het stond voor me vast dat mijn vader en zijn troep woestelingen me hadden willen vermoorden. Maar ik geloofde niet dat mijn vader soera 4:89 had gelezen, daar was hij veel te dom voor. Ik wist zeker dat zijn wens om me te doden en de door hem aangewakkerde bloeddorst in zijn gemeenschap meer met de traditie van eer en oneer dan met de Koran te maken hadden.

Voordat ik zelf de Koran las, had ik me nooit afgevraagd hoe het met mijn vaders kennis van het heilige boek was gesteld. Als hij die niet had, kon hij immers geen religieus leider zijn. Ik had aangenomen dat de dingen die hij me bijbracht bij het islamitische geloof hoorden. Nu kende ik de waarheid. Maar heel weinig van zijn starre overtuigingen en blinde vooroordelen hadden iets met de islam te maken. Dat hij had beweerd dat ze werden voorgeschreven door de Koran bewees niet alleen zijn ongelooflijke onwetendheid, arrogantie en hypocrisie, maar het was ook heiligschennis.

Natuurlijk waren er andere imams in de gemeenschap waartoe ik had behoord, die zijn mening deelden. Zij beweerden dezelfde dingen. Je moest veel moed hebben om hun uitspraken te onderzoeken en op te komen voor de waarheid en wat je zelf geloofde. Maar volgens mijn vaders generatie sprak je ouderen of leraren nooit tegen. Die generatie dankte zijn religieuze kennis aan mondelinge overlevering en domweg uit het hoofd leren.

In die generatie was de kans groot dat geaccepteerde interpretaties elke keer dat ze waren doorgegeven nog meer waren verminkt. Eerst was de waarheid ontkend, daarna vergeten. Uiteindelijk was de foute interpretatie de geaccepteerde versie van de waarheid geworden.

Dat is natuurlijk geen excuus. Ik was boos op mijn vader en alle anderen zoals hij. Wat brachten ze jonge moslims in Engeland en waar dan ook ter wereld in 's hemelsnaam bij? Ongetwijfeld dat wat mij ook was bijgebracht: mijn vaders versie van de islam.

Voor het eerst van mijn leven kreeg ik een helder inzicht in de islam. De versie van mijn vader geloofde ik niet meer. Ik geloofde wat ik zelf in de vertaling van het heilige boek had gelezen: de Koran.

***

Ik begon met moslimstudenten van mijn jaar over de Koran te praten. Ik vroeg naar hun mening over de vijfennegentig keer dat Jezus erin voorkwam en het hele hoofdstuk over Maria, zijn moeder. De meesten wisten dit niet. Ik vertelde hun waar het stond en ze be-

241

loofden het te zullen lezen. Het bleek dat de meesten de Koran nooit zelf hadden gelezen, alleen in het Arabisch uit het hoofd hadden moeten leren. Net als de bewoners van onze straat hadden ze geen idee wat er werkelijk in stond. Het was verbijsterend.

Ze waren van mijn generatie en hadden ongeveer dezelfde achtergrond als ik, dus had ik zoiets wel verwacht. Daarom stelde ik hun die vragen. Jonge, goed opgeleide moslimmannen en -vrouwen die aan een van de beste universiteiten van Engeland theologie studeerden... Als zelfs zij niet wisten wat er werkelijk in de Koran stond, moest het met de kennis van de rest van de moslims al helemaal droevig gesteld zijn.

Wat me oprecht verbaasde, was dat het bij niemand van hen was opgekomen om voor hun studie zelf de Koran te lezen om hun eigen godsdienst, de islam, beter te kunnen begrijpen. Ze gingen ervan uit dat ze door hun opvoeding de Koran al kenden en dat het verkeerd was dat boek in een andere taal dan het Arabisch te lezen.

Wat de docenten betrof, kreeg ik de indruk dat ze huiverig waren om de Koran of de islam kritisch te onderzoeken. Elke keer als ik een discussie op gang probeerde te brengen, werden er een paar moslimstudenten boos. Ze konden er niet tegen dat iemand de betekenis of de interpretatie van hun heilige boek in twijfel trok, en de docenten hielden daar rekening mee in plaats van hen uit te dagen hun standpunt te verdedigen.

In een van de colleges over islamitisch feminisme zei ik een keer dat er nergens in de Koran staat dat vrouwen een sluier moeten dragen.

'Wel waar,' zei een moslimstudente met een hijab. 'Hoe weet jij dat nou? Jij bent geen moslim, jij bent christen. Hoe durf jij ons heilige boek te interpreteren?'

'Heb je jullie heilige boek ooit gelezen in een taal die je begrijpt?' vroeg ik.

'Eh... Nee. Maar dat mag ik niet doen. Ik mag het alleen in het oorspronkelijke Arabisch lezen. Dat geldt niet voor de Bijbel.'

'Ik heb de Koran in het Engels gelezen,' zei ik. 'In de taal van mijn geboorteland. Ik weet precies wat erin staat. Lees soera 24:31 maar eens. Daar staat in dat een vrouw haar sluier over haar boezem moet trekken, maar niet dat ze haar haren of haar gezicht moet bedekken. En mannen horen zich even zedig te kleden als vrouwen. Dus als een vrouw een sluier draagt, moet een man dat ook doen.'

De studente werd rood van verlegenheid. Ze wist niets meer te zeggen. Ze had geen idee wat er werkelijk in de Koran stond, dus kon ze er niet over in discussie gaan.

Bij dat soort gelegenheden geneerden moslimstudenten zich, omdat bleek hoe slecht ze hun heilige boek kenden. De docenten vonden het lastig als ik zo'n soort onderwerp ter sprake bracht. Ze doceerden de geschriften van feministische moslimauteurs en wilden niet betrokken raken bij discussies over de Koran. Het leek wel of van alle heilige boeken de Koran onaantastbaar was.

Buiten de colleges had ik gesprekken met moslimstudenten die toch nieuwsgierig waren geworden. We bespraken de Koran en ik wees hun op bepaalde verzen. Sommigen lazen die dan ook, en daarna zetten we de discussie voort. Enkelen gaven dan zelfs toe dat er niet in de Koran stond wat hun was geleerd.

'Je hebt gelijk,' zei een van de meisjes op een dag. 'Er staat niet dat we ons gezicht moeten bedekken. Maar wel dat we ons zedig moeten kleden. In soera 24:31.'

'Dat is zo, maar lees die soera dan eens goed.' Ik had mijn Engelse koran bij me en wees het vers aan. 'Er staat duidelijk dat mannen én vrouwen zich zedig moeten kleden. Dus als vrouwen een sluier moeten dragen, moeten mannen dat ook. Of niet soms?'

Een student zei dat de schoonheid van een vrouw wordt vertegenwoordigd door haar haren en haar borsten en dat dat niet voor mannen geldt, dus dat mannen die niet hoeven te bedekken. En hun gezicht dan? vroeg ik. Daar had hij geen antwoord op.

Ik merkte dat moslimstudenten die de Koran in het Engels begonnen te lezen behoorlijk in de war raakten. Ze werden onzeker. Maar de meesten wilden er niet aan. Zij hielden zich aan de Arabische Koran en weigerden verder te kijken. Ze verkozen de zekerheid van onwetendheid en daar hadden ze natuurlijk het recht toe.

Geen van hen heeft ooit toegegeven dat ik, door de Koran in het Engels te lezen – iets wat zij altijd verwerpelijk hadden gevonden – hun de moed gaf dat ook te doen. Geen van hen heeft ooit gezegd dat zij daardoor zelf ook op het idee kwamen. Maar ik weet dat het zo is. Het was het zoveelste bewijs van mijn rebelse geest.

Het woord 'imam' betekent 'onderwerping'. Voor velen is de kern van het islamitische geloof onderwerping aan het woord van Allah, terwijl slechts weinigen de taal waarin dat woord zich uitdrukt, begrijpen. Voor mijn medestudenten was twijfelen aan de interpretatie van dat woord een schokkende gedachte. Dat was me inmiddels duidelijk. De Koran gebruikt de term 'slaaf van Allah'. Misschien horen slaven niet aan hun meester te twijfelen of die zelfs maar te begrijpen.

Mijn relatie met de moslimstudenten was gespannen en dat kwam vooral door mijn neiging tot debatteren. Hun houding ten opzichte van mij was een mengeling van respect, omdat ik de Koran kon citeren, en wantrouwen. Waarom stelde ik vragen over hun geloof? Wie was ik om wat volgens de imams de waarheid was en wat zij geloofden in twijfel te trekken? Enkele mannelijke studenten waren boos op me en lieten dat merken. Ze zeiden dat de Koran het heilige woord van God was en daar mocht ik niet aan tornen.

'Maar ik zeg helemaal niet dat je aan het heilige woord van God moet tornen,' protesteerde ik. 'Ik zeg alleen dat je het moet lezen in een taal die je begrijpt. Ben je het dan niet met me eens dat je beter kunt geloven vanuit weten dan vanuit niet-weten? Dat het beter is te geloven omdat je het heilige boek zelf hebt gelezen dan omdat je alleen maar naar anderen hebt geluisterd?'

Dat viel niet altijd in goede aarde. Dat was ketterij.

24

Opgejaagd wild

Ik had gehoopt dat het kat-en-muisspel met mijn familie zou ophouden zodra ik naar de universiteit ging, maar vlak voor het begin
van mijn laatste jaar kreeg ik weer een waarschuwing van Skip. Ze
waren nooit gestopt met me te zoeken en mijn vader was er uiteindelijk toch weer achter gekomen waar ik woonde. Ik nam me voor
weer op mijn hoede te zijn en hoopte dat het mijn vader niet zou
lukken tot in het hart van de universiteitsstad door te dringen.

Op een morgen, kort nadat Skip me had gebeld, kwam ik met de
bus bij de universiteit aan. Toen ik wilde uitstappen, zag ik bij het
hek een bekende figuur staan. Het was mijn broer Raz. Ik wist dat
hij op me stond te wachten. Skip had gelijk, mijn familie had me
weer gevonden.

Ik schrok ontzettend. Ik was de universiteit en in feite mijn hele
studentenleven als een veilige vesting gaan beschouwen, de plek
waar ik was bevrijd van mijn familie en mijn duistere verleden. Nu
was de illusie verstoord. Nadat ik twee jaar een normaal leven had
geleid, moest ik opnieuw verkassen. Wat zouden ze allemaal van
me te weten zijn gekomen? Ik moest mijn rusteloze nomadenbe-
staan voortzetten.

Ik drong me door de mensen achter me heen en ging weer zitten.
Ik keek uit het raampje om te zien of Raz mij ook had gezien, maar
dat leek niet zo te zijn. Hij keek zoekend om zich heen terwijl

drommen studenten door het hek de campus betraden. Ik wendde mijn hoofd af en de bus reed door. Mijn hart bonsde en angst golfde door mijn lichaam.

Bij de volgende halte stapte ik uit en belde een vriendin. Mocht ik een paar dagen bij haar logeren? Ik was vast van plan mijn studie af te maken, dat zou mijn familie me niet kunnen beletten. Als ik weer moest rondtrekken, zou ik dat doen. Ze zouden niet winnen.

Via een andere weg ging ik terug naar de universiteit en door een zijdeur naar binnen. Ik liep rechtstreeks door naar mijn mentor filosofie, dr. Law. Hij was begin veertig, ik mocht hem graag en vertrouwde hem. We hadden heel wat discussies gevoerd over geloof, stammen en identiteit. Hij wist dat ik geen moslim meer was en het contact met mijn familie had verbroken. Ik vertelde hem wat er was gebeurd. Hij belde het administratiekantoor en zei dat ze niemand mijn gegevens mochten doorgeven. En hij belde de bewakingsdienst om extra goed op te letten.

De volgende dag vond ik een briefje in mijn postvak, van Raz. Ik begon me weer echt bedreigd te voelen, want ze hadden me werkelijk gevonden.

Dit briefje is van je broer Raz. Je moet me bellen, ik moet je dringend spreken. Dit is mijn nummer.

Hoe hadden ze me gevonden? Ik belde Skip en toen werd het me duidelijk. Jamila, een moslima die hetzelfde studeerde als ik, was een soort vriendin van me geworden. Ze was een van degenen met wie ik over de Koran had gepraat, maar zij wilde geen twijfel toelaten en de Engelse vertaling van de Koran niet lezen. Maar we deelden onze belangstelling voor Bollywoodfilms, popmuziek en tv-series.

Ik wist niet dat Jamila in dezelfde straat woonde waar Raz zijn winkel had. Via Raz had ze mijn familie leren kennen en zij had hun verteld dat we aan de universiteit van Lancaster dezelfde studie volgden. Nadat Skip me dat allemaal had verteld, ging ik op de campus naar Jamila toe.

'Ik heb gehoord dat je mijn familie hebt verteld waar ik woon. Waarom heb je dat gedaan?'

Ze schrok en durfde me niet aan te kijken. 'Hoor eens, ik kwam toevallig je broer tegen in zijn winkel. Hij kent mijn oom en ik wist dat ze je zochten, dus leek het me een goed idee hun te vertellen waar je woont. Wat is daar mis mee?'

'Heb je enig idee wat je hebt gedaan?' vroeg ik woedend. 'Besef je wel dat je me daardoor in groot gevaar hebt gebracht?'

'Wat bedoel je? Daar heb ik niets mee te maken.'

'Niets mee te maken? Nou, nu wel! Je hebt ermee te maken doordat jij hun hebt laten weten waar ik ben.'

Ik draaide me om en liep weg. Daarna hebben we elkaar nooit meer gesproken, zelfs niet voor een kort praatje. Ze had niet aan mij gedacht en zich onvergeeflijk stom gedragen. Ik was woedend. Ze had me verraden. Ze had zich voorgedaan als mijn vriendin en me verraden aan mijn familie. Misschien wist ze niet hoe gevaarlijk dat voor me was, maar ze had eerst met mij moeten overleggen en dan had ik haar dat uitgelegd.

Ik nam geen contact op met Raz, daar was ik te bang voor. Ik wist niet waarom hij was gekomen, maar na het optreden van mijn vader met zijn lynchbende zat ik niet te wachten op een herhaling.

Raz werd diverse keren op de campus gezien, maar niemand kon daar iets tegen doen. Het was openbaar terrein en zolang hij de orde niet verstoorde, mocht hij daar zijn. Ik geloof niet dat hij kwade bedoelingen had, want hij was een zachtmoedige jongen. Maar hij was een instrument van mijn vader en van hem kon ik alles verwachten.

Mijn naïeve hoop op een familiereünie bij mijn doop was allang vervlogen. Ik bad echter regelmatig voor mijn familie en ik hoopte nog steeds dat ze ooit zouden begrijpen waarom ik mijn eigen weg was gegaan. Ik bad voor de gezondheid van mijn moeder en het geluk van mijn zusjes. Ik bad om een goede verstandhouding met mijn broers. En soms bad ik zelfs voor de verlossing van mijn vader.

In de zomervakantie ging ik vrijwilligerswerk doen voor een christelijke liefdadigheidsorganisatie in Griekenland. Elk jaar huurden ze daar voor het hele seizoen een vakantiepark om er christelijke gezinnen naartoe te sturen. Ik werd aangenomen om de jeugd te begeleiden. Daar zou mijn familie me niet zo gauw vinden. Ik vond het er heerlijk en ik kreeg een band met een Engels gezin uit Farnham, een mooie stad in het zuiden van Engeland.

Door gesprekken met hen kwam ik op het idee om voorgoed te ontsnappen aan mijn familie. Dat gezin had zelden de gelegenheid om met iemand met mijn achtergrond te praten, omdat er in Farnham weinig Aziaten woonden. Ik had altijd het gevoel dat mijn familie maar één stap bij me vandaan was. Als ik hen voorgoed van me af wilde schudden, zou ik het noorden van Engeland moeten verlaten. Dan zou ik ergens naartoe moeten gaan waar ik niet steeds mensen zou tegenkomen die de een of andere connectie met de gemeenschap van mijn familie en mijn verleden hadden.

Ik vond het een moeilijke beslissing, want dan zou ik veel vrienden en het leven dat ik inmiddels leidde moeten achterlaten, maar ik dwong mezelf er serieus over na te denken. Misschien zou ik na mijn afstuderen naar Farnham moeten verhuizen. Nu mijn broer me al tot op de campus was gevolgd, werd het tijd om weer mijn biezen te pakken. Ten slotte nam ik het besluit om na mijn afstuderen uit het noorden te vertrekken.

Ik rondde mijn studie succesvol af en was trots op mijn prestatie. Ik had hard gewerkt en verdiende mijn goede cijfers. Het was jammer dat ik mijn succes en geluk niet met mijn familie kon delen, maar zo was het nu eenmaal. Felicity was dolblij en ik ging het met haar, Zoë en Rachel vieren met een etentje in een Italiaans restaurant. Felicity zei dat ze erg trots op me was. Vanaf de dag dat ik van huis was weggelopen tot die dag had ik een lange weg afgelegd.

In het laatste semester had ik gesolliciteerd naar banen in Farnham. De YMCA had me een baan aangeboden met onderdak en een salaris waarvan ik kon leven. Ik had de kans met beide handen aangegrepen en vertrok naar het zonnige zuiden van Engeland.

In Farnham woonden maar heel weinig Pakistaanse moslims en daar moest ik aan wennen. Als ik door de hoofdstraat liep, zag ik geen enkel Aziatisch gezicht en bijna uitsluitend blanken. Dat viel me op, maar zo te zien lette niemand op mij. Voor het eerst van mijn leven had ik het gevoel dat ik opging in de menigte.

Daardoor voelde ik me veilig. Ik hoefde niet meer achterom te kijken om te zien of iemand van mijn familie me volgde. Zes jaar lang had ik me opgejaagd wild gevoeld en opeens vielen de angst en de onzekerheid van me af.

Ik was natuurlijk nog wel wantrouwig. Als ik iemand voor het eerst ontmoette, zei ik niet waar ik woonde. Het duurde maanden voordat ik de mensen ging vertrouwen en me ging ontspannen.

Voor mijn werk bij de YMCA moest ik op scholen godsdienstles geven en in het opvanghuis daklozen helpen. Ik moest hun leren beter voor zichzelf te zorgen en de draad van hun leven weer op te pakken. Ik merkte dat ik goed met zwervers kon omgaan. De meesten waren ergens voor op de vlucht. Hun omstandigheden verschilden niet eens zo veel van de mijne de afgelopen jaren.

In Farnham kreeg ik het gevoel dat ik op mijn bestemming was aangekomen. Er woonden geen mensen uit onze straat of van mijn vroegere gemeenschap die me in de gaten konden houden. Heel af en toe sloeg de paniek toe en dacht ik: ik ben hier al te lang! Ik moet de trein nemen en ergens anders naartoe gaan, anders vinden ze me! Maar dan haalde ik diep adem en hield mezelf voor dat ik veilig was. Ik hoefde niet langer Skip te bellen om te vragen of ze me al op het spoor waren gekomen en dan mijn volgende verhuizing regelen.

Ik besefte dat ik eindelijk wortel kon schieten. Ik schreef me in voor een lerarenopleiding en ik betrok samen met een paar nieuwe vrienden van mijn kerk een huis. Maar naarmate mijn angst dat mijn familie me zou vinden afnam, ging ik enkelen van hen heviger missen. Ik miste mijn jongste zusje, mijn broer Billy en mijn moeder en ik vroeg me af hoe het met hen ging. Mijn angst werd vervangen door een diep gevoel van verlies.

En toen ik fysiek niet meer op de vlucht was, besefte ik dat ik psychisch ook niet meer weg mocht lopen. Ik mocht de herinneringen aan het seksuele misbruik door mijn vader niet langer onderdrukken. Het was tijd dat ik daarmee in het reine kwam.

Het was tijd om het donker in te gaan en het voorgoed te verdrijven.

25

Op zoek naar mezelf

Het seksuele misbruik gedurende tien jaar van mijn leven een plaats geven was een moeizaam proces. Ik dacht nog steeds dat het ook aan mij had gelegen. Had ik ooit geprobeerd mijn vader tegen te houden? Ik was niet weggelopen. Ik had het niemand verteld. Nog steeds voelde ik schaamte, en ik had het gevoel dat elke andere relatie in mijn leven was gebaseerd op een leugen. Wanneer een vriendin zei dat ze van me hield, dacht ik meteen: zou je dat ook zeggen als je alles wist?

Nog jaren na het misbruik voelde ik me vies, waardeloos en schuldig. Naarmate de tijd verstreek, herstelde de schade zich niet. Dat ik die zo lang voor iedereen verborgen had gehouden, droeg bij aan mijn schaamte en schuldgevoel. Het was mijn troebele geheim. Alleen God had ik de waarheid verteld. Tegen Hem was ik eerlijk geweest en godzijdank had hij me niet afgewezen.

In Farnham ontmoette ik Samantha en we werden dikke vriendinnen. Ze was cool en extravert. Ze was tegelijkertijd ontspannen en energiek. Ze was klein en tenger, ze had donker haar en zwoele, donkere ogen. Ze was fantastisch gezelschap en erg edelmoedig. Haar vermogen om te geven was onbegrensd.

We hadden elkaar in de kerk leren kennen en algauw overspoelde ze me met genegenheid. Ze nodigde me uit om kennis te maken met haar familie en langzamerhand 'adopteerden' ze me bijna, net zoals Felicity had gedaan. Samantha, haar broer Chris en ik huurden samen een huis en dat werd voorlopig mijn thuis.

Samantha was kunstzinnig en creatief. In de achtertuin stond een houten schuur en daar wilde ze haar intrek nemen. De bohémienachtige sfeer trok haar aan. Er was elektriciteit, dus had ze licht en warmte. Ze maakte er een atelier van, zodat het huis niet naar verf rook. De schuur in de tuin werd Samantha's domein.

Samantha, Chris en ik woonden samen alsof we een gezinnetje waren. We hielden onze eetwaren niet gescheiden, zoals op de universiteit, en we kookten voor elkaar. Ik maakte vaak kruidige curry's, waar Samantha en Chris dol op waren. Samantha hield van chorizo en Spaanse gerechten, en Chris kon goed pastagerechten maken.

De tuin had een boomgaard. Op een dag moesten we appels plukken zodat Samantha een appeltaart kon bakken. Daar hadden we het zo druk mee dat we later te moe waren om nog te koken. We namen de appels mee en gaven die weg aan andere bewoners in de straat. Het jaar daarna plukten we de appels om cider te maken, maar dat eindigde op dezelfde manier. Zo genoot de hele straat in de herfst van onze appels.

Samantha was een dromer, maar op een prettige manier. Als ze op straat een zwerver tegenkwam, nam ze die mee naar huis, gaf hem te eten en liet hem een nacht bij ons slapen. Wel besefte ze dat ze niet steeds vreemden in huis kon halen, dus maakte ze dan een bed op in de garage. Ze kreeg een keer een berisping van de kerk omdat ze een dakloze die was binnengewandeld tijdens een kinderfeest waarbij de kinderen in de kerk mochten overnachten, daar ook had laten slapen.

'Je bent er nu toch, dus kun je net zo goed blijven,' had ze opgewekt tegen de dakloze gezegd.

De dakloze bracht de nacht door bij de kinderen, wat niet gewaardeerd werd. De kerkvoogd was woedend. Maar ik bewonderde haar spontaniteit en goedhartigheid, en ik had respect voor de manier waarop ze haar medeleven omzette in daden. Wel maakte ik me zorgen om haar veiligheid. Als ze midden in de nacht iemand tegenkwam die na een vechtpartij onder het bloed zat, ging ze rustig naar hem toe om hem te helpen. Ze kende geen angst, maar ze was klein van stuk en vaak in haar eentje.

Ik had nooit eerder zo iemand als Samantha ontmoet of gedacht dat zulke mensen bestonden. Ze gedroeg zich alsof haar niets kon overkomen, alsof niemand haar ooit kwaad zou doen. Maar ik was bang dat er toch een keer iets ergs met haar zou gebeuren en dat ze dan heel anders zou gaan denken. Ik was bang dat ze zichzelf op een dag niet zou kunnen beschermen en dat ze haar heerlijke, wonderbaarlijke onschuld zou verliezen.

Ik wilde niet dat iemand haar ooit van haar onschuld zou beroven, zoals ik als kind van mijn onschuld was beroofd. Maar Samantha had blijkbaar een engel die goed over haar waakte, want er werd nooit misbruik van haar goedheid gemaakt. Ze was een engel voor mij.

In mijn nieuwe leven voelde ik me zo veilig dat ik mijn afweermechanisme uitschakelde. Ik kreeg nachtmerries en flitsen van de ergste momenten van het misbruik schoten door mijn geest – momenten die ik me niet had willen herinneren. Soms zat Samantha een hele nacht bij me omdat ik te bang was om weer in slaap te vallen en me door de nachtmerrie te laten meesleuren naar de hel. Samantha was mijn rots in de branding. Ik vond dat ik heel wat van haar verlangde en vroeg me af wat onze vriendschap haar eigenlijk opleverde.

Ze kwam uit een heel conventionele Engelse familie, maar zij zelf was onconventioneel. Misschien had ze in mij iemand gevonden bij wie ze haar onconventionele ideeën kwijt kon. Ze wist dat ik haar nooit ergens om zou veroordelen. Omdat ik uit zo'n heel andere omgeving kwam dan de vriendinnen uit haar blanke middenklasse, was ik vrij van de bagage die zij met zich meedroegen. En ik was altijd eerlijk tegen haar.

Inmiddels deed ik me niet meer anders voor dan ik was, tegen niemand. Ik had te lang deel uitgemaakt van een gemeenschap waar halve waarheden, ondoorzichtige tradities en de benauwende opvattingen van eer en schande het leven bepaalden, ik wilde niet meer dat ze ook mijn leven bepaalden. Ik had een grens getrokken, sprak de waarheid en hoopte dat de mensen me zouden nemen zoals ik was.

Zelfs de beleefde omgangsvormen in het zuiden van Engeland waren een struikelblok voor me. In Farnham waren de mensen te beleefd om eerlijk te zeggen wat ze ergens van vonden. Ik kon alleen maar eerlijk zijn. Als een vrouw me vroeg hoe iets haar stond, nam ik geen blad voor de mond, ook niet als ik het afschuwelijk vond. Dat werd niet altijd op prijs gesteld.

Samantha stelde mijn oprechtheid wel op prijs. Zij had liever een eerlijk dan een beleefd antwoord. Wat dat betreft, gaf ik haar iets terug, iets waaraan ze behoefte had. Maar dat haalde het niet bij wat ze mij allemaal gaf, waarvoor ik haar heel dankbaar was.

Ik leed onder de nachtmerries en wanneer Samantha de halve nacht bij me had gezeten, vond ik dat ze verdiende dat ik eerlijk was en vertelde ik haar over de dingen die ik had meegemaakt. Dan omhelsde ze me stevig, alsof ze het verdriet en de pijn die ik voelde op die manier kon laten wegvloeien. Soms huilde ze met me mee, maar meestal was ze een bron van kracht.

Ik vertelde haar meer dan ik ooit iemand anders had verteld. Ik vertrouwde haar volkomen, zelfs met mijn leven. Samantha kreeg alles te horen.

***

Op een dag ging ik naar de stad om boodschappen te doen. Plotseling merkte ik dat ik was verdwaald in een wijk waar ik nooit eerder was geweest. En het was uren later dan ik had gedacht. Ik was helemaal in de war. Ik had mijn mobieltje bij me en belde Samantha. Ze hoorde mijn verwarring en angst, en ze vroeg me de gebouwen om me heen te beschrijven. Zo kwam ze erachter waar ik was.

'Blijf waar je bent,' zei ze. 'Ik kom je halen.'

Even later kwam ze eraan en nam me mee naar huis. Ik had geen idee wat er met me was gebeurd. Ik was drie uur kwijt, ik kon me er niets van herinneren. Ik wist niet waar ik was geweest en wat ik had gedaan. Het was doodeng. Ik weet het aan oververmoeidheid, een incident. Maar daarna kwam het nog een paar keer voor, en zoals altijd hielp Samantha me erdoorheen.

We vroegen ons bezorgd af of er lichamelijk iets mis was met me, of misschien psychisch. Iets waar we niet de vinger op konden leggen en wat we niet konden oplossen. Samantha stelde voor dat ik naar de dokter zou gaan. Was het een herhaling van de depressie waarvoor ik me vroeger had laten opnemen? Ik wist het niet.

Ik ging naar de dokter en vertelde hem wat er aan de hand was. Hij zei dat het inderdaad een depressie was en schreef me pillen voor. Maar die wilde ik niet innemen. Als ik gedeprimeerd was, dan moest daar een reden voor zijn. Pillen bestrijden de symptomen, niet de oorzaak.

Er waren in Farnham niet genoeg therapeuten om iedereen te behandelen, zei mijn dokter. Er was een wachtlijst van twee jaar. Intussen kon hij me alleen helpen door me medicijnen voor te schrijven.

Ik besloot voor een andere optie te gaan en nam contact op met een christelijke, particuliere therapeutische instelling. We praatten over mijn verleden, de nachtmerries, mijn slapeloosheid en de black-outs die steeds vaker voorkwamen. Stukje bij beetje vertelde ik over de vreselijke dingen die me waren overkomen en uiteindelijk over de gruwelen in de kelder.

'Hannah, ik denk dat je lijdt aan PTSS,' zei de therapeut op een dag.

Ik ging al een paar maanden naar haar toe en was haar gaan vertrouwen.

'Wat is dat?' vroeg ik.

Ze legde uit wat het was: een posttraumatische stressstoornis. Soldaten die vreselijke dingen hebben meegemaakt kunnen die krijgen, en eigenlijk kan iedereen die een traumatische ervaring heeft opgedaan – politieagenten, brandweerlieden of slachtoffers van geweldmisdaden – eraan lijden.

Het klonk ernstig: PTSS. Het was een etiket. Was ik dan toch ziek? Maar na verloop van tijd vond ik het prettig dat ik mijn aandoening een naam kon geven. Gelukkig had de dominee van onze kerk ervaring met mensen zoals ik, voor het merendeel soldaten. Hij werd een grote steun voor me. In mijn geval had het misbruik zo lang geduurd en had ik het zo diep in mijn geheugen begraven dat er ook andere dingen meespeelden, maar eerst moest ik genezen van de PTSS.

Ik vertelde mijn dokter de diagnose en hij was het ermee eens. Hij probeerde me niet langer over te halen de pillen te slikken, want iemand die aan PTSS lijdt, kan alleen genezen door over het trauma te praten en het te verwerken. Uiteindelijk besloot ik dat ik mezelf wilde genezen door te begrijpen wat ik had doorstaan en dat een plek te geven. Ik stelde mijn eigen behandelingsplan op.

Ik vond een rustoord in de Cotswolds: Harn Hill. Een heel vredige plek tussen groene heuvels en weilanden met schapen en koeien. Het is een christelijke instelling waar je naartoe kunt om te genezen. De mensen zitten er bij elkaar en praten over hun trauma's, ze bidden en mediteren. Het is een vredig, sereen oord, ver weg van het drukke dagelijkse leven.

Mijn eerste week in Harn Hill was een wonderbaarlijke ervaring. Daarna ging ik erheen wanneer het mogelijk was, op zoek naar de vrede en de ruimte om met mijn verleden af te rekenen. Ik merkte dat ik, door er openlijk over te praten, langzaam werd bevrijd van mijn verdriet en pijn. Dat hielp geweldig, naast de therapie. Langzamerhand werd ik gezond en uiteindelijk was ik zelfs in staat om de schuldige, mijn vader, zijn daden te vergeven.

Ik wilde ook leren mannen niet langer te wantrouwen. Pas als ik dat niet meer deed, zou ik misschien een man tegenkomen van wie ik kon houden en die van mij hield. Ik voelde dat ik langzamerhand een compleet, gezond mens werd, maar een deel van me bleef leeg.

Dat deel verlangde naar liefde.

26

Liefde vinden

Kerstavond 2006. Ik ging naar de nachtmis in St. Bride's Church in Farnham. Ik mocht een stukje voorlezen uit de bijbel. Toen de dienst bijna afgelopen was, draaide een jonge man zich naar me om en bleef naar me kijken. Ik ving zijn blik op en wendde toen vlug mijn hoofd af. Ik vroeg me af waarom hij naar me keek.

Hij bleef nog een tijdje naar me kijken. Het bracht me van mijn stuk en ik vond het ongemanierd. Na de dienst liep hij naar een vriendin van me, Jenny. Ik was blij dat hij niet langer naar me keek. Later hoorde ik dat hij van haar wilde weten wie ik was.

'Wie is dat mooie meisje?' had hij gevraagd.

'Welk mooie meisje?' had Jenny gezegd. 'Er zijn hier vanavond een heleboel mooie meisjes, of is je dat niet opgevallen?'

'Zij daar.' Hij ging niet in op haar plagerige toon. 'Dat meisje dat heeft voorgelezen. Met die grote bruine ogen en dat mooie haar en...'

'Oké, laat maar,' viel Jenny hem in de rede. 'Ik weet wie je be-doelt. Dat is Hannah. Kom maar mee, dan stel ik jullie aan elkaar voor.'

Jenny en de onbekende man kwamen naar me toe. Ze stelde hem voor, hij heette Tom. Jenny legde uit dat ze vond dat we kennis met elkaar moesten maken omdat ik moslim was geweest en hij grote belangstelling voor de islam had. Maar dat was natuurlijk niet alles.

Ze probeerde ons te koppelen. Tom begon meteen over van alles en nog wat te praten en even later vroeg hij om mijn telefoonnummer. Ik had nog nooit een man meegemaakt die zo'n haast had om me te leren kennen.

Ik zei dat ik hem mijn telefoonnummer niet wilde geven. Ik vond het een beetje vrijpostig dat hij er zo vlug om had gevraagd. Toen hij me voor in de kerk had zien lezen, was hij meteen weg van me, zei hij later. Hij had zich meteen voorgenomen dat hij me wilde leren kennen. Hij wist natuurlijk niet dat ik me niet zomaar liet kennen!

Ik moet toegeven dat ik vond dat hij heel mooie blauwe ogen had. Hij zag er een beetje artistiek uit, in een gebloemd overhemd en met een sikje. Ik viel eigenlijk niet op mannen zoals hij, maar hij was veel knapper dan Ian, de jongen met wie ik jaren geleden een poosje was omgegaan en die een fan was van Manchester United. Maar ik dacht niet dat Tom romantische bedoelingen had en als dat wel zo was, dan vond ik hem toch een beetje vreemd. Waarom trok ik zulke rare mannen aan?

Tom liet zich niet afschepen en vroeg Jenny om mijn telefoonnummer. Een paar dagen later belde hij me op. Hij wist dat ik tweede kerstdag met Samantha en een paar anderen bij Jenny was geweest en had daar ook naartoe willen gaan, maar dat was niet gelukt, dus belde hij nu.

'Hallo, je spreekt met Tom. Je weet wel, van de kerk...'

'Eh... Ja, dat weet ik,' zei ik voorzichtig. 'Hoe kom je aan mijn nummer? Ik herinner me dat ik je dat niet zelf heb gegeven.'

'Ik zal je vertellen hoe ik aan je nummer kom als jij het goedvindt dat ik straks bij je langskom. Afgesproken?'

Hij was blijkbaar iemand die het niet snel opgaf. Samantha en Chris waren thuis, dus was ik veilig genoeg. En ik was toch wel een beetje nieuwsgierig. Wie was die Tom eigenlijk? Een bezoekje kon geen kwaad, dacht ik. Dan zou ik meteen weten wie hem mijn telefoonnummer had gegeven. Jenny, waarschijnlijk. Ze had een ondeugende kant die ik meestal wel kon waarderen.

'Mag ik komen?' vroeg Tom.

'Vooruit dan maar. Kom omstreeks theetijd.'

Een paar uur later stond hij voor de deur. Een uur lang zat hij bij ons op de bank en ratelde over van alles en nog wat. Hij was vreselijk druk, hij barstte van de energie. Hij vuurde de ene na de andere vraag op me af en gaf me nauwelijks tijd om te antwoorden. En hij vergat blijkbaar dat Samantha en Chris er ook bij zaten.

Toen hij weg was, had ik geen idee wat hij eigenlijk was komen doen. Wat een rare man, dacht ik. Ik hoop maar dat hij me voortaan met rust laat.

Daarna belde Jenny. 'En? En? Hoe vind je Tom?'

'Tom? Eh... Eerlijk gezegd vind ik hem een raaskallende idioot. Bedankt, Jen, maar hou hem alsjeblieft bij me uit de buurt.'

Jenny begon hard te lachen. 'Joh, doe niet zo streng. Arme Tom. Hij valt best mee. Hij heeft heel mooie ogen...'

Tom gaf het niet op. Vervolgens stuurde hij me een sms-bericht:

Kom me alsjeblieft opzoeken in Southampton. De groep. We hebben je nodig. Er zijn hier een heleboel moslims. Tom.

Hè? Wat? Waar had hij het over? Ik begreep er niets van en sms'te terug:

Oké, ik kom als ik tijd heb.

Maar ik had het erg druk met mijn werk en had bijna nergens anders tijd voor, laat staan voor die rare Tom. Ik gaf een aantal cursussen over de islam en interculturele kwesties. Het was een onderdeel van mijn werk voor Crossways, een kleinschalige liefdadige instelling. Crossways helpt mensen met een verschillende achtergrond een beter begrip te krijgen van de islam, zowel de religie als de cultuur die erbij hoort.

Ik gaf cursussen aan moslimmeisjes om hun te leren met hun ouders te praten over gedwongen huwelijken en andere proble-

men, om een dialoog in gang te zetten voordat 'eer en oneer' eraan
te pas kwamen.

Tot mijn verbazing kwam op een dag voor zo'n cursusuur Tom
het gebouw binnen wandelen. Hij viel met de deur in huis door te
zeggen dat hij gefascineerd was door de onderwerpen die ik had gekozen, dat hij wilde meeluisteren en ervan wilde leren. Hij was bijna een uur te vroeg en wilde me helpen met de voorbereidingen,
maar hij liep me steeds in de weg. Hij bleef tot op het laatst en
maakte geen aanstalten om te vertrekken.

'Tom, je moet gaan,' zei ik ten slotte. 'Ik moet deze zaal per uur
betalen. Je hebt nog een minuut, anders betaal jij voor het volgende
uur.'

Ik bood aan hem naar het station te brengen, dan wist ik zeker
dat hij vertrok. Mijn baas bij Crossways dacht dat hij wist wat er
aan de hand was en zei dat Tom verliefd op me was.

'Dat is niet waar,' zei ik. 'Hij is gefascineerd door de islam en zo.
En ik hoop het niet. Ik tref altijd alleen rare mannen.'

Bij de volgende les was Tom er weer. Ik zou het over kleren hebben en droeg een shalwar kamiz.

Tom staarde naar me en glimlachte verlegen. 'Je ziet er... sereen
uit,' zei hij dromerig. 'Heel sereen.'

Ik wist niet wat hij bedoelde en glimlachte beleefd. Gelukkig was
de shalwar kamiz niet kanariegeel.

Achter in de zaal stond een piano en omdat Tom me niet weer in
de weg wilde lopen, ging hij op de kruk zitten. Hij opende de klep
en begon plotseling te spelen. Het was een lied van Jamiroquai en
hij speelde het uit zijn hoofd. Zijn handen vlogen over de toetsen
en ik staarde naar zijn blonde achterhoofd. Het was een magisch
moment. Hij speelde prachtig, als een wilde, stralende engel. Ik
bleef als betoverd naar hem kijken.

Toen hij ophield, werd de betovering verbroken, maar heel even
had ik een andere kant van hem gezien. Een kant die ik misschien
zou kunnen... waarderen. Ik draaide me om en de gedachte kwam
bij me op dat ik hem misschien een kans moest geven. Toen hij als

een tovenaar aan de piano zat, had ik naar hem kunnen kijken zonder dat hij me afleidde met een stroom woorden. Eigenlijk was hij een heel aantrekkelijke man.

Misschien had Tom gemerkt dat ik door zijn pianospel van gedachten was veranderd, want hij vroeg me een dag naar hem toe te komen in Southampton, waar hij woonde. Ik nam de uitnodiging aan en we hadden een heerlijke tijd. Toen hij zich ontspande en niet meer zo nerveus was, bleek hij heel prettig gezelschap te zijn.

'Wil je met me mee naar mijn kerk?' vroeg hij verlegen. 'Ik wil graag dat je mijn vrienden leert kennen. Ik weet zeker dat ze veel belangstelling zullen hebben voor je verhalen.'

'Oké, waarom niet?' zei ik glimlachend.

Maar ik had alleen toegestemd omdat ik hem graag weer wilde zien.

'Enne... wil je vanavond met me gaan eten?' vroeg hij toen.

'Ja hoor, graag.'

Helaas ratelde hij op weg naar het restaurant weer aan een stuk door. Ik vroeg me af hoe dat kwam. Toen we aan een tafeltje zaten, wist ik het. Hij probeerde moed te verzamelen om me te vertellen wat hij voor me voelde.

'Hannah, ik vind je fantastisch,' flapte hij eruit. 'Je bent een bloedmooie vrouw. Ik wil graag dat je mijn vriendin wordt.'

'Oké,' zei ik glimlachend. 'Maar laten we het kalm aan doen en zien hoe het gaat.'

Dat was in mei. Aan het begin van de zomer waren Tom en ik onafscheidelijk.

Ik stelde hem voortdurend vragen over het leven, het geloof en hoe hij omging met pijnlijke situaties en verdriet. Zoals vermoedelijk veel mensen wist ik nog steeds niet hoe je daarmee om moest gaan. Je kon verschrompelen van verbittering en wrok, of je kon erboven uitstijgen en opnieuw het risico nemen je te laten meevoeren door de wonderbaarlijke, onvoorspelbare, boeiende stroom van het leven.

Je kon ervoor kiezen je door het leven te laten verrassen en accepteren dat verdriet en pijn erbij horen, maar ook liefde, vreugde en een schat aan ervaring. Dat was mijn keus, vooral wat mijn relatie met Tom betrof.

In mijn slaapkamer hing 'De uitnodiging' van Oriah Mountain Dreamer. Dat vond ik een heel poëtische beschouwing, die van toepassing was op mijn eigen leven en weergaf hoe ook ik over het leven dacht:

Het interesseert me niet wat je doet voor de kost
ik wil weten waar je hevig naar verlangt
en of je durft te dromen van vervulde wensen.

Het interesseert me niet hoe oud je bent
ik wil weten of je bereid bent je belachelijk te maken
voor de liefde
voor je dromen
voor het avontuur van het leven.

Het interesseert me niet welke planeten er om je maan draaien
ik wil weten of je de kern van je verdriet hebt beroerd
of je je hebt geopend nadat je bedrogen bent uitgekomen
of bent verschrompeld en je hebt gesloten
uit angst voor meer pijn.

Zo gaat het door. Er zijn dertien coupletten en in een ervan staat de uitdrukking 'trouweloos en daardoor betrouwbaar'. Volgens mij slaat dat op tolerantie. Dat je je niet mag vastklampen aan strenge dogma's en overtuigingen en daarbij al het andere uitsluit of minacht. Dat je onbevooroordeeld moet zijn. Vooral het laatste couplet raakte me diep:

Ik wil weten of je met jezelf alleen kunt zijn
en of je in de lege momenten
je gezelschap oprecht aardig vindt.

Na de eerste zestien jaar van mijn treurige, mismaakte leven was ik van mening dat ik eindelijk zo ver was gekomen dat ik met mezelf alleen kon zijn en mezelf 'in de lege momenten' oprecht aardig vond. Ik hoopte dat Tom dat ook deed.

Op een dag las hij 'De uitnodiging' aandachtig door. Toen hij ermee klaar was, draaide hij zich naar me om en zei: 'Wauw! Jij gaat diep!'

'Dat hoop ik,' zei ik. 'Ik heb te veel meegemaakt om oppervlakkig te zijn.'

Niet lang daarna begon ik Tom dingen te vertellen die ik als kind had meegemaakt. Ik vond het een beangstigend idee, want misschien zou hij dan weggaan. Maar als ik het hem niet tot in de details vertelde, zou onze relatie gebaseerd zijn op een leugen. En als dat zo was en hij tegen me zei dat hij van me hield, dan zou hij niet van me houden zoals ik werkelijk ben.

Daarom moest hij het weten. Als hij net als Samantha een zielsverwant van me was, zou hij zich niet van me afkeren en vertrekken. Dan zou hij me, zo beschadigd, gekwetst en door het leven bedrogen als ik was, accepteren. Als Tom nadat hij alles had gehoord nog steeds bereid was zich 'belachelijk te maken voor de liefde' , was hij de mijne.

Het was vreselijk moeilijk Tom mijn verhaal te vertellen, maar het was ook louterend en bevrijdend. Tom is een zachtmoedige, zorgzame ziel met een enorme verborgen kracht en een groot hart. Precies een jaar na onze kennismaking vroeg hij me ten huwelijk. Op kerstavond 2007, tijdens de kerstdienst in St Bride's Church. Hij vroeg of ik met hem wilde trouwen.

Ik hoefde er niet over na te denken: 'Ja, graag!'

De dominee kondigde het goede nieuws van onze verloving ter plekke aan en iedereen begon spontaan te applaudisseren en te juichen. Ik moest erom glimlachen, ik had eindelijk ja gezegd tegen die 'rare' Tom. Tom vindt het grappig dat ik hem vroeger zo raar vond. Zijn verhaal over onze eerste ontmoeting is totaal anders. Volgens hem was hij de prins op het witte paard!

Misschien kan iemand allebei zijn. Hij wel, vind ik nu. Hij is ook mijn prins op het witte paard.

27

Lavendelblauwe dromen

Misschien doordat ik Tom en de liefde had gevonden, voelde ik me weer sterk genoeg om contact op te nemen met mijn familie. Ze hadden nooit spijt betuigd over wat ze me hadden aangedaan, maar mij beschuldigd van wat ik hen had aangedaan. Ik had mijn vader onteerd en de reputatie van mijn familie bezoedeld. Toch wilde ik proberen het contact te herstellen, als dat mogelijk was. Het was mijn enige familie, niemand kon die vervangen.

Opnieuw was het geen succes. Wel kreeg ik een keer mijn jongste zusje Aliya aan de telefoon. Zij en ik hadden het altijd goed met elkaar kunnen vinden. Zij was nooit zo'n brave, perfecte moslimdochter geweest als Sabina. Ik hoopte dat ik met haar zou kunnen praten. We wisselden wat beleefdheden uit voordat ik zei wat ik had bedacht.

'Ik kan bij je op bezoek komen en mijn huisgenote Samantha meebrengen,' stelde ik voor. 'Ze is erg aardig, jij zou haar ook mogen.'

'Hoe kom je erbij om mama en papa dat te willen aandoen?' zei Aliya geschrokken. 'Na alles wat je hebt gedaan, wil je ook nog een vuile gori ongelovige mee naar huis nemen?'

'Ik ben ook een vuile ongelovige,' zei ik. 'Wij praten toch ook met elkaar?'

'Ja, dat ben jij natuurlijk ook... Je bent net zo onrein als de rest. Ik denk eigenlijk niet dat ik met jou in een kamer wil zitten.'

Dat was het eind van ons gesprek. Ik was ontsteld over haar reactie. Terwijl zij vroeger veel milder was geweest dan de anderen! Maar sinds mijn vertrek waren de domme vooroordelen en de haat van mijn vader blijkbaar ook tot diep in haar botten doorgedrongen. Hoe was het mogelijk? Ik vond het vreselijk jammer.

Om het nog erger te maken, kreeg ik kort daarna een sms'je van Raz:

Keer terug tot de islam. Keer onmiddellijk terug tot de islam. Anders ben je een afvallige en ben ik niet verantwoordelijk voor mijn daden.

Ik kon nauwelijks geloven dat ik zo'n soort bericht kreeg van mijn zachtmoedige broer Raz – de jongen die jaren geleden met me mee naar school was gegaan om mijn Engelse prijs in ontvangst te nemen. Ik wist dat zijn ervaringen in de medrese in Pakistan grote littekens hadden achtergelaten, maar dit was een nieuw, angstaanjagend aspect van zijn karakter.

In de gewapende bende die mijn vader had meegenomen om de 'verrader' – ik – te vermoorden, had ik mijn broers niet gezien. Ik had niet verwacht dat zij zich bij de haatcampagne van mijn vader zouden aansluiten, maar blijkbaar had Raz dat toch gedaan. Arme Raz. Mijn vader had ook hem zwaar beschadigd.

Voorlopig was er dus geen weg terug naar mijn familie. Hun reactie deed me veel verdriet, ik had het gevoel dat ik hen opnieuw had verloren. Had het me dan verbaasd dat ze zich zo krampachtig aan hun regels hielden? Nee, niet echt. Maar ik moet bekennen dat ik toch altijd een sprankje hoop had gekoesterd dat het ooit weer goed zou komen. Nu was ook dat sprankje gedoofd.

Mijn grootste zonde was nog steeds mijn afvalligheid. Ik was zo brutaal geweest om te denken dat ik het recht had mijn eigen geloof te kiezen en naar mijn eigen hart te luisteren.

Van al hun redenen om zich van me af te keren, deugde er niet één. Ik had er verkeerd aan gedaan van huis weg te lopen, maar dat was mijn goed recht. Ik had er verkeerd aan gedaan me tegen mijn vader te verzetten, maar dat was mijn goed recht. Ik had er verkeerd aan gedaan een gedwongen huwelijk te weigeren, maar dat was mijn goed recht. Ik had er verkeerd aan gedaan mijn eigen geloof te kiezen, maar ook dat was mijn goed recht. Al die dingen waren mijn goed recht.

De laatste reden leek me mijn kleinste zonde, maar voor mijn familie was dat hoogverraad.

De persoon die ik was geworden, wilden ze niet meer kennen, terwijl ik zelf vond dat ik een goed mens was geworden. Ik was in mezelf gaan geloven. Ik had anderen – mijn vrienden, collega's en nu mijn verloofde – veel te bieden. Maar mijn familie wilde dat niet zien en wilde me nog steeds opsluiten in een donkere gevangenis.

Ik vond ook dat ik mensen die ik niet kende veel te bieden had, door mijn werk met jeugdverenigingen en liefdadigheidsorganisaties, en door het geven van lezingen en cursussen. Wat mijn werk betrof, was mijn leven een brug tussen twee werelden, twee geloven en twee culturen, die elkaar steeds minder verdroegen. Er waren conflicten, er was wantrouwen en onbegrip, maar ik kende en begreep beide partijen. Ik hoorde bij allebei.

Ik begreep wat er nodig was om de partijen dichter bij elkaar te brengen, om de barrières van wantrouwen en vijandigheid af te breken. Het was niet gemakkelijk, want de angst, het vooroordeel en de onwetendheid waren groot. Maar het was werk – een opdracht – waarin ik geloofde. En het was een boodschap die mijn familie zou moeten horen. Maar zij weigerden koppig ook maar naar één woord te luisteren.

Ik ging naar de politie om het dreigement van Raz aan te geven. Ze namen me serieus en namen maatregelen om me te beschermen. Het ergste was dat ik niet langer met Samantha in dat huis kon blijven wonen. Ik mocht haar niet in gevaar brengen.

***

Toen ik negentien was, had ik met behulp van een oude typemachine een paar fragmenten van mijn levensverhaal op papier gezet, met hier en daar een gebrekkig gedicht waarin ik mijn verdriet en ellende probeerde te uiten. Het was niet bedoeld als autobiografie, het was alleen maar een hulpmiddel om te kunnen bevatten wat me was overkomen.

Als kind had ik een dagboek bijgehouden en verhaaltjes geschreven. Als negentienjarig meisje hoopte ik dat schrijven een methode was om mijn emoties te ordenen. Ik vond mijn gedichten gênant en slecht, maar ondanks de armzalige woordkeus en het hakkelende rijm gaven ze mijn emoties in die tijd goed weer en waren ze ook een instrument om me te leren met mijn verleden in het reine te komen.

Toen ik eenentwintig was, schreef ik 'In mijn geest'. Ik heb het onlangs opnieuw gelezen en nu vind ik het niet eens zo slecht:

In mijn geest

In mijn geest hun levens
dromen over levens die ik had kunnen leven
met U in mij
die me vasthoudt, naast me

Maar eerst moet ik U
mijn gedachten in Uw net laten vangen
om mijn vuil, mijn pijn, mijn verdriet
weg te spoelen

Ik hoop dat ik dan
kan vergeven, en leven en geven
help me, o God, het vaderskind te zijn
dat U in me ziet

U moet me genezen
mijn gedachten vangen in Uw net
om mijn vuil, mijn pijn, mijn verdriet
weg te spoelen

Ik wilde, ik wilde dat ik
Uw vaderskind kon zijn
maar hij heeft al mijn liefde gestolen
me volgestopt met leugens en modder

Hij heeft me mijn liefhebbende hart
mijn liefde, mijn kind-zijn
mijn onschuld, mijn gouden geest
afgepakt en me volgestopt met smerige modder.

In de gedichten komen steeds dezelfde thema's voor: mijn verwarring en verlaten gevoel om mijn duistere verleden, en mijn streven naar vrijheid. Het volgende gedicht heet 'Vrij'. Het is niet bijzonder goed, maar verklaart wel hoe ik me voelde:

Vrij

Ik moet weer vrij zijn
vrij om de lucht in te vliegen
zoals een vogel
ik moet vrij zijn

Ik moet weer vrij zijn
vrij om te zeggen wat ik wil
vrij om te zijn wat ik wil
ik moet vrij zijn

Ik moet weer vrij zijn
vrij om lief te hebben en te vertrouwen

vrij om te zijn en te vertrouwen
ik moet vrij zijn

Ik moet weer vrij zijn
vrij van een wereld vol angst en pijn
zo vrij als de wind
ik moet vrij zijn

Ik moet weer vrij zijn
vrij om te zijn wie ik wil zijn
vrij om mezelf te ontdekken
ik moet vrij zijn.

Na een tijdje stopte ik met schrijven, omdat ik besefte dat ik me daar te veel mee bezig ging houden en me ging afzonderen. Ik verloor me in het verhaal en sprak dagenlang geen andere mensen. Ik deed dan hetzelfde als toen ik een mishandeld kind was en me terugtrok in mijn fantasiewereld van de eenzaamheidsvogels en het lavendelveld.

Ik stopte met schrijven en ging in plaats daarvan op scholen en in kerken lezingen houden over mijn leven, om anderen ervan te laten leren. Ik weet nog dat een schooljongen me een keer vroeg: 'Waarom ben jij bruin? Heeft God je bruin gemaakt?'

Goeie vraag. Waarom was ik bruin? Ik voelde me in die tijd niet specifiek bruin, maar ik zat niet lekker in mijn vel. Mijn bruine vel was een symbool van de ellende die ik was ontvlucht. Ik wenste dat ik een blank Engels meisje was, dan zou ik een veel gelukkiger jeugd hebben gehad. Dat maakte ik mezelf wijs.

Nu vind ik mijn huidskleur mooi en zou ik geen andere kleur willen hebben. Tom en ik zijn in het voorjaar van 2008 getrouwd en ik hoop dat we cappuccinokleurige kinderen zullen krijgen. In elk geval zullen het heel mooie kinderen zijn.

Onze huwelijksdag was als een droom! We werden in St. Bride's Church in de echt verbonden en al mijn vrienden en plaatsver-

vangende familie waren erbij. Rachel en Samantha waren bruidsmeisjes. Felicity en James kwamen over uit Bermford om te helpen me weg te geven. Tom, zijn getuige, de ceremoniemeester en
zijn assistenten droegen een jacket en een witte roos in hun
knoopsgat. Tom zag er fantastisch uit in een zwarte pandjesjas met
een grijze broek, wit overhemd en lavendelblauwe das. Voor het
eerst drong het tot me door dat ik een heel knappe man in mijn
net had gevangen!

De hoofdkleur van mijn huwelijk was lavendelblauw. De kerk,
de uitnodigingen, de bloemen en zelfs de tafelkleden en servetten
waren versierd met lavendelblauwe vlinders. Het middenpad van
de lichte kerk werd omzoomd door lavendelblauwe ballonnen met
vlinders en onze namen erop: Hannah & Tom. Ik droeg een klassieke witte strapless trouwjurk, ik had een diamantje in mijn neus en
een tiara in mijn haar.

Mijn bruidsmeisjes droegen prachtige lavendelblauwe jurken.
Het lavendelblauw van het veld in mijn dromen toen ik een mishandeld kind was is mijn lievelingskleur geworden. Voor mij is die
kleur het symbool van liefde, leven en hoop. En de vlinder is voor
mij het symbool van mijn transformatie: vanuit het donker naar
het licht.

De kerk was stampvol. Vrienden en familie hadden aangeboden
de kerk te versieren, een feestmaaltijd te koken, foto's en een video-
film te maken en al het mogelijke te doen om de kosten zo laag mogelijk te houden. Aan de arm van Samantha's vader liep ik door het
middenpad naar Tom, die voor het altaar stond te wachten. Ik was
natuurlijk laat en hij was op van de zenuwen. Zijn getuige had plagend gezegd dat ik van gedachten was veranderd!

Ik was niet van gedachten veranderd. Ik twijfelde geen moment.
Ik keek Tom ingelukkig aan en zei 'Ja.' Toen mocht hij de bruid kussen. De hele kerk juichte toen Tom me omhelsde en oneindig lang
kuste. Tom doet alles op zijn eigen manier.

Daarna was de receptie in de zaal op de eerste verdieping. Jenny,
degene die Tom en mij aan elkaar had voorgesteld, had aangebo-

den voor de muziek te zorgen. Ze heeft een hese, zwoele, chocoladebruine stem die me doet rillen. Ze zong 'Summertime' voor ons toen we boven aan de trap stonden en onze vrienden en familie verwelkomden en bedankten voor hun komst op de voor ons zo bijzondere dag.

Summertime
and the living is easy
fish are jumping
and the cotton is high
your daddy's rich
and your ma is goodlooking
so hush, little baby
don't you cry

One of these mornings
you're going to rise up singing
then you'll spread your wings
and you'll take to the sky
but till that morning
there's a nothing can harm you
with daddy and mammy standing by

De periode waarin ik Tom leerde kennen en met hem trouwde, was mijn 'zomertijd'. Ik had mijn weg naar zonneschijn en het licht gevonden. Felicity en James, mijn tweede ouders en degenen die me op de weg naar het licht hadden gezet, waren bij mijn huwelijk aanwezig. Samantha en haar ouders, mijn tweede plaatsvervangende gezin, hadden me met open armen ontvangen en me een plek geboden waar ik de wraakzuchtige dreigementen van mijn familie naast me neer kon leggen. Ik had heel veel aan hen te danken: mijn leven en mijn geluk.

Na de receptie nam Tom me mee op huwelijksreis naar een voor mij onbekende bestemming. Het was een heerlijke verrassing voor me toen we na een lange vlucht landden op een paradijselijke plek met zonnige, witte, tropische stranden.

Tom is een tedere, zachtmoedige man en het is een zegen voor me dat ik hem heb gevonden. Zoals Felicity me had beloofd toen ik op mijn zestiende van huis was weggelopen, had ik de man van mijn dromen ontmoet en was ik verliefd op hem geworden. En lichamelijke intimiteit met Tom was geen enkel probleem.

***

Ik ben heel gelukkig met mijn godsdienst en met de persoon die ik ben geworden. Maar hoewel veel in Engeland geboren moslimmeisjes er net als ik in slagen te ontsnappen, doet het merendeel dat niet. Velen van hen komen gevangen te zitten in een gedwongen huwelijk – wat iets anders is dan een door de ouders geregeld en met instemming van het meisje voltrokken huwelijk – waarin ze worden mishandeld en nauwelijks meer zijn dan een slavin.

Er wonen in Engeland natuurlijk ook veel moslima's die een gelukkig, vrij leven leiden, en er zijn natuurlijk ook goede moslimhuwelijken. Maar ik ken te veel vrouwen die zijn uitgehuwelijkt aan een uit een Pakistaans dorp overgekomen man die te veel drinkt en hen slaat en verkracht. Die mannen geloven dat de Koran dat soort misbruik rechtvaardigt, dat hun vrouw hun eigendom is, waarmee ze kunnen doen wat ze willen.

Dat soort vrouwen ontmoet ik door mijn werk voor liefdadigheidsorganisaties. Er is nog maar weinig veranderd en soms denk ik dat het erger wordt. In sommige gemeenten zijn adviesbureaus voor vrouwen geopend, waar moslima's met iemand over hun situatie kunnen praten. Ze horen er wat hun rechten zijn en dat de manier waarop ze worden behandeld niet deugt en in Engeland verboden is. Er zijn ook opvanghuizen voor vrouwen, maar veel te weinig.

Door mijn werk voor Crossways maakte ik kennis met een familie uit Bangladesh: vader, moeder, vier dochters en een tienjarige zoon. Ze hadden zich bekeerd tot het christendom, maar de gemeenschap had hen zo onder druk gezet dat de ouders, de jongste dochter en de zoon waren teruggekeerd naar de islam. De andere meisjes, ze waren eenentwintig, achttien en zestien, wilden christen blijven.

Ze wisten dat ze in gevaar verkeerden en besloten dat ze hun gemeenschap moesten verlaten, dus belden ze mij. Ik belde een aantal opvanghuizen, maar niemand was bereid hen op te nemen, omdat ze niet lichamelijk waren mishandeld. Daar werd ik erg boos om. Moesten we dan wachten met hulp bieden tot het kwaad was geschied? Stel dat die meisjes net als ik zouden worden bedreigd door een troep woeste mannen, zouden ze dan net zo boffen als ik en aan hen ontsnappen? Zo niet, dan zouden ze in het ziekenhuis of het mortuarium terechtkomen en geen opvanghuis meer nodig hebben.

Gelukkig vond ik in een andere stad een gezin waar de drie meisjes een paar dagen mochten logeren. Daarna moesten we een andere oplossing vinden. Het is echt hoog tijd dat er meer plaatsen komen waar meisjes die met de dood worden bedreigd hun toevlucht kunnen zoeken.

Toevallig stonden er in die tijd een paar artikelen in de krant over afvalligheid en de gevaren voor vrouwen die de islam verwierpen, en ik vroeg me af of de vrouwen die erin werden genoemd erin waren geslaagd ergens hulp te vinden. Er waren vrouwen die zelfmoord pleegden om aan hun man te ontsnappen en ouders die hun dochter vermoordden om de 'eer' van de familie hoog te houden.

Ik dacht aan het geval waarin een tiener door haar oom en haar broer was gedwongen bleekwater te drinken voordat ze haar doodstaken. En waarom? Ze had geweigerd te trouwen. Haar moeder was bij de moord aanwezig en stak geen vinger uit om die te voorkomen. Afgrijselijk. Ik werd misselijk toen ik het las en bedacht rillend dat mij zoiets ook had kunnen overkomen.

In Londen is een grote Marokkaanse moslimgemeenschap, waarvan een aantal vrouwen in het geheim christen is geworden.

Als ze daar in hun eigen omgeving iets van zouden laten merken, zou hun man of familie hun de kinderen afpakken of nog erger. Die vrouwen waren gedwongen een dubbelleven te leiden door zich in het openbaar als moslima te gedragen en stiekem naar de kerk te gaan. Dit vindt plaats in een land waar mensen zogenaamd het recht hebben te geloven wat ze willen.

Ik heb samengewerkt met instellingen die zich inzetten voor die Marokkaanse gemeenschap, onder andere door de vrouwen Engelse les te geven en hen te helpen zich aan te passen aan het leven hier. En ik heb zelf vrouwen gesproken die een dubbelleven leiden, en gehoord dat sommigen hun keuze voor het christendom te gevaarlijk vonden en toch maar weer moslim waren geworden.

Waar is dan de vrijheid om zelf te kiezen? Vrijheid van godsdienst wordt geacht een van de fundamentele rechten van de mens te zijn, maar wat komt er in de praktijk van terecht? Wat komt er onder de moslims in Engeland van terecht?

Het is moslims niet alleen verboden de islam te verwerpen om een ander geloof te kiezen, ook als ze geen enkele godsdienst meer willen aanhangen, worden ze als afvalligen beschouwd. Ze mogen niet eens kiezen níét te geloven.

Wat me opvalt, is dat niemand bereid is erover te praten. En er staat zelden iets over in de krant, omdat de verhalen de media niet bereiken. Politici hoor je er zelden over en dat geldt ook voor organisaties die op dit terrein werkzaam zijn. Hun prioriteit is contact krijgen met zo veel mogelijk vrouwen in moeilijke omstandigheden en om dat niet in gevaar te brengen, moeten ze zwijgen.

Maar als de stilte niet wordt doorbroken, zal er niets veranderen. Waar blijft de verontwaardiging? Waar zijn degenen die op de bres staan voor de rechten van de mens en de vrouw, en voor het recht om je eigen geloof te kiezen? Daarentegen blijven eermoorden – wat een foute benaming – aan de orde van de dag. Nog steeds worden meisjes gruwelijk mishandeld, nog steeds plegen meisjes zelfmoord om te ontkomen aan de wreedheden van hun ouders en hun cultuur.

De gevallen die bekend worden, zijn slechts het topje van de ijsberg. Als ik niet zo opstandig was geweest, had mijn vader me naar Pakistan kunnen sturen om me uit te huwelijken en dan had er geen haan naar gekraaid. En als hij me had vermoord, had de gemeenschap zijn misdaad als één man vergoelijkt en verzwegen.

Hoewel ik zelf op het nippertje uit een Aziatisch moslimgetto ben ontsnapt, wil ik niet beweren dat alles wat met de islam en de islamitische cultuur en gemeenschap te maken heeft, even verwerpelijk is. Er zit ook een goede kant aan: saamhorigheid, respect voor ouderen, het gevoel ergens bij te horen en het gebod om je fatsoenlijk te kleden en te gedragen. Ik moet bekennen dat ik bepaalde dingen nog steeds mis, al ben ik van mening dat er heel veel moet veranderen.

Daarom heb ik besloten mijn verhaal te vertellen. Daarom heb ik besloten de stilte te doorbreken.

28

De stilte doorbroken

Op een dag kreeg ik een telefoontje van een van de liefdadigheids-instellingen waarvoor ik werk. Channel 4, een van de belangrijkste televisieomroepen, ging een documentaire maken over door ouders geregelde huwelijken. Wilde ik me daarvoor laten intervie-wen?

Ik aarzelde omdat ik niet wist wat dat inhield, maar ik stemde erin toe met de producer te gaan praten. We spraken af in een café in Paddington Station. De producer bleek een jonge blanke vrouw te zijn, die wist wat ze deed. Ze overtuigde me ervan dat ze, als ik bereid was om mee te doen, al het mogelijke zou doen om me te be-schermen.

Ze zei dat als ik me niet veilig voelde, ik er elk moment mee op mocht houden. In het contract werd de belofte opgenomen dat ze mijn identiteit geheim zouden houden en dat mijn gezicht of wat me dan ook zou kunnen verraden, niet zou worden gefilmd.

Het interview nam een hele dag in beslag. Ik moest ervoor naar Londen, waar ze me filmden terwijl ik op straat en door het park liep. Ze maakten alleen opnamen van mijn rug, handen en voeten – lichaamsdelen waaraan niemand me zou herkennen.

Mijn stem zou niet worden vervormd, het was mijn eigen stem, maar ik woonde inmiddels lang genoeg in het zuiden om het plaat-selijke accent te hebben overgenomen. Mijn stem was zo veranderd dat ik ervan overtuigd was dat zelfs mijn familie die niet zou her-kennen.

De vrouw die me het interview afnam, vroeg me haar te vertel-len over mijn jeugd en waarom ik van huis was weggelopen. Ik ver-telde haar over het huwelijk dat ik had moeten aangaan, mijn beke-ring tot het christendom en dat mijn afvalligheid als een misdaad werd beschouwd. Ik legde uit dat ik voortdurend had moeten ver-huizen en me had moeten verstoppen, en vertelde over de groep woedende mannen en de doodsbedreigingen. Ik verzweeg de die-pere reden voor mijn ontsnapping.

'Zijn er veel meisjes die in net zo'n soort situatie verkeren als jij vroeger?' vroeg de interviewer.

'O ja,' antwoordde ik. 'Heel veel moslimmeisjes lijden net zo erg als ik vroeger.'

'Wat kunnen we doen om hen te helpen?'

'In de eerste plaats moeten we de gevaarlijke aspecten van de is-lamitische cultuur tot ons laten doordringen,' antwoordde ik. 'En we moeten zorgen voor vluchtwegen voor meisjes zoals ik, want ze zitten in de val. We moeten de discussie op gang brengen. Er open-lijk over praten. Stilzwijgen helpt niet, dat maakt het alleen maar erger.'

Ik moest wennen aan de felle tv-lampen, maar ik had er plezier in en vond het leuk om het productieteam te ontmoeten. Het wa-ren erg aardige mensen, die oprecht iets wilden doen, en ze maak-ten een professionele indruk. Wat ze deden was belangrijk, want het was van groot belang dat het publiek eindelijk eens zou horen wat slachtoffers zoals ik te zeggen hadden. Wij waren de spreekbuis van al die vrouwen die gevangenzaten in een donkere stilte.

Toen ik na afloop naar huis ging, had ik het gevoel dat ik iets goeds had gedaan. Ik had gevraagd of ik voor de uitzending de ruwe versie van het programma mocht zien. Ze nodigden me uit om weer naar Londen te komen en de producer gaf me een dvd om thuis te bekijken. Wat ik zag, stelde me gerust, want niemand zou me her-kennen. Dat was het enige waarover ik me zorgen had gemaakt.

Een paar weken later werd de documentaire uitgezonden. Ik keek er thuis naar, samen met Samantha en Chris. Ze vonden hem goed en ze waren trots op me dat ik zo moedig was geweest om eraan mee te doen.

Daarna kreeg ik vaker verzoeken om interviews, meestal via dezelfde liefdadigheidsinstelling. Ik stemde erin toe me telefonisch te laten ondervragen voor een radioprogramma van de bbc op zondagmorgen. Daarna werd ik gebeld door een journalist van een bekend achter-het-nieuwsprogramma op tv. Ze wilden een film maken over mensen die de islam hadden afgezworen en afvalligheid, en hoe afvalligen in ons land werden behandeld.

Ik had een gesprek met de producer en hij zei dat het bijna onmogelijk was mensen te vinden die, zelfs anoniem, wilden praten over afvalligheid. Een Pakistaans moslimgezin uit mijn geboorteplaats had erin toegestemd. Na hun bekering waren ze op straat aangevallen en hun kerk was belegerd door een gewelddadige menigte. De lokale tv-zender had er zelfs opnamen van gemaakt. Ik zei dat ik wilde meewerken, maar alleen als ze mijn identiteit geheim zouden houden.

In het najaar van 2007 maakte ik in Londen, op een bijeenkomst van organisaties die zich bezighouden met moslimgemeenschappen, kennis met Josephine, een voorvechtster van godsdienstvrijheid. Ze was gekomen om ons uit te leggen hoe we onze verhalen via de media openbaar konden maken zonder gevaar voor de moedige mannen en vrouwen die bereid waren om ze te vertellen.

Ik vertelde in het kort over mijn eigen ervaringen, legde uit wat mijn werk inhield en zei dat ik cursussen gaf voor jonge moslimvrouwen. Na afloop kwam Josephine naar me toe en stelde zich voor. Daarna gingen we een keer samen koffiedrinken en algauw sloten we vriendschap. Na verloop van tijd vertelde ik Josephine stukje bij beetje mijn eigen verhaal.

Ze had een liefdadigheidsorganisatie ter bevordering van godsdienstvrijheid opgericht, met een kantoor in Londen, en ze vroeg me bij de opening aanwezig te zijn. Die zou plaatsvinden in de

Frontline Club, een vereniging voor oorlogsverslaggevers in West-Londen. Er kwamen alleen genodigden, dus leek me dat veilig genoeg. Ik was wel een beetje zenuwachtig, want dat soort dingen was nieuw voor me.

Op verzoek van Josephine was ik vroeg. Ze had me gevraagd of ik vooraf met een paar journalisten wilde praten, maar binnen een mum van tijd werden er van alle kanten vragen op me afgevuurd. Josephine kwam als een strenge schooljuf tussenbeide.

'Nee, nee, nee!' zei ze glimlachend, maar met een vastberaden blik in haar ogen. 'Arme Hannah. Niet allemaal tegelijk, dat gaat niet. Jullie mogen om beurten een vraag stellen.'

Ik slaakte een zucht van opluchting. Eerst praatte ik met een verslaggever van *The Times*, en Josephine zei tegen nummer twee dat hij me mee uit lunchen moest nemen, omdat ik nog niet had gegeten. Hij interviewde me bij een currymaaltijd aan de overkant van de club. Daarna was ik te moe om ermee door te gaan, maar ik beloofde de andere gesprekken telefonisch te voeren.

Opnieuw vertelde ik het verhaal over mijn gedwongen huwelijk, mijn bekering tot het christendom en de manier waarop mijn familie me al jarenlang achtervolgde. Ik sprak met geen woord over het misbruik en de mishandelingen, maar wel over afvalligheid en wat dat tot gevolg heeft. Ze waren stomverbaasd en diep geschokt. Hoe konden zulke dingen gebeuren in het Engeland van de eenentwintigste eeuw?

Tja...

Daarna kreeg Josephine talrijke verzoeken om interviews en aan enkele kwam ik tegemoet. Maar uiteindelijk moest ik ermee ophouden. Het nam te veel tijd in beslag en ik had mijn werk ook nog.

Toch was ik nog één keer bereid om mee te werken, aan een radioprogramma van de BBC. Josephine zei dat het belangrijk was, omdat veel beleidsvormers naar dat programma luisterden. Zij ging met me mee naar de studio. De journalist was een blanke vrouw van in de vijftig. Het gesprek verliep vlot, maar aan het eind stelde ze een vraag die me een beetje boos maakte.

'Wat wil je door uit de school te klappen eigenlijk bereiken?'
vroeg ze. 'Veroorzaak je dan niet nog meer problemen?'

Wat een domme vraag! Bedoelde ze dat ik mijn mond moest
houden om de situatie niet erger te maken? Hoe zou ik die meisjes en jonge vrouwen anders kunnen helpen? Hielp ik door te
blijven zwijgen? Was het niet hoog tijd dat iemand 'problemen'
veroorzaakte? Wat had al dat zwijgen en gelaten ondergaan opge-
leverd?

Weer zo'n domme uiting van politieke correctheid, dacht ik
geërgerd. Plus een dosis onwetendheid. Kort daarvoor had ik een
boek gelezen van Arthur Koestler, auteur en filosoof, en de volgende zin was me bijgebleven: 'De westerse beschaving bevindt zich in
een hachelijke situatie omdat men zich niet bewust is van de waarden die men riskeert te verliezen.' Daarmee doelde hij destijds op
het communisme, maar tegenwoordig slaat dat evengoed op de
opkomst van een bepaald soort kortzichtige, onwetende islam – de
islam van mijn vader.

De laatste vraag van de journaliste kwam voort uit de misvatting
waarvan de westerse beschaving zich nog niet had kunnen ontdoen: dat iets als we het negeren en vooral geen 'problemen' veroorzaken, vanzelf zal verdwijnen. De dingen die de eerste zestien
jaar van mijn leven tot een hel hebben gemaakt, zullen nooit vanzelf verdwijnen. Meer dan ooit moeten we de waarden en vrijheden
die we in Engeland en de rest van de vrije, democratische wereld
koesteren, met alle middelen verdedigen: de vrijheid van menings-
uiting en de vrijheid om je eigen politieke overtuiging en godsdienst te kiezen.

De vraag van die journaliste werkte als een rode lap op een stier.
In plaats van me stil te houden om geen problemen te veroorzaken,
wilde ik juist problemen veroorzaken! Ik zou me niet de mond laten snoeren, nooit!

Op dat moment besloot ik dat ik dit boek zou schrijven. Ik haalde de vergeelde getypte vellen tevoorschijn die ik op mijn negen-
tiende had geschreven, en toen ik ze herlas, flitsten er weer allerlei

gruwelen uit mijn verleden door mijn hoofd. Zo veel herinneringen... Waar moest ik beginnen?

Van mijn jeugd kan ik me niet veel meer herinneren. Vage beelden, doffe vegen op een grijze achtergrond. Maar ik herinner me onze straat. Het was een leuke straat. Ik speelde dolgraag op straat.

Epiloog

Dit is mijn verhaal en ik heb het zo nauwkeurig verteld als mijn geheugen dat toestaat. Soms herinneren we ons gebeurtenissen anders dan anderen dat doen, dus neem het me niet kwalijk als ik me soms erg heb vergist. Voor mij gaat mijn leven niet over ellende, maar over liefde. De filosoof Sophocles zei: 'Eén woord bevrijdt ons van alle lasten en pijn van het leven en dat woord is liefde.' Dat geloof ik ook.

Ik was een gevangen vlinder, maar ik ben weggevlogen uit wat sommigen het getto van de moslims zouden noemen, maar wat ik de kerker van de onwetende islam noem. Ik heb mijn vrijheid omarmd: de vrijheid om te kiezen wat ik wil geloven en daarvan te getuigen, en de vrijheid om te leven zoals ik wil, zelfs als anderen het daar niet mee eens zijn. Ik ben een vrije vrouw in een wereld waar veel vrouwen gevangenen zijn.

Ik ben niet de enige vrouw die voor vrijheid heeft gekozen. Ook anderen hebben zich van de islam afgekeerd en zijn daardoor *murtadd* – afvalligen – geworden. Ik draag dit verhaal ook op aan hen. Jezus Christus zei: 'In deze wereld zul je het moeilijk hebben, maar degenen die zich vermannen, staan boven de wereld. Ik schenk jullie mijn vrede, anders dan de wereld.' Ik heb me vermand, ik heb van mijn kansen gebruikgemaakt en me het recht op vrijheid toegeëigend. Anderen kunnen hetzelfde doen.

Ze hoeven alleen maar die eerste, moeilijkste stap te zetten.

Vaak belette mijn angst me voluit te leven, maar ik geloof dat het mogelijk is om allemaal zonder angst en in vrede met onszelf en anderen te leven. Overal waar ik in deze wereld om me heen kijk, zie ik angst: de politiek correcte angst om moslims voor het hoofd te stoten, angst voor islamitisch terrorisme en de angst van moslims dat ze allemaal zijn gebrandmerkt als terrorist. We moeten deze slopende, afschuwelijke vicieuze cirkel van angst die nog meer angst opwekt, doorbreken. De stilte doorbreken is het begin.

In haar boek *Ongelovige* zegt Ayaan Hirsi Ali: 'Ze vragen me of ik een doodsverlangen koester omdat ik deze dingen allemaal zeg. Het antwoord luidt: nee, ik wil graag blijven leven. Maar sommige dingen moeten worden uitgesproken, en er zijn tijden waarin stilzwijgen medeplichtig is aan onrechtvaardigheid.' Zulke mensen inspireren me tot het uitspreken van wat volgens mij de waarheid is. Dr. Martin Luther King zei: 'Ons leven begint te eindigen op de dag waarop we zwijgen over dingen die belangrijk zijn.' Ik ben ervan doordrongen dat ik mijn mond open moet doen en ik ben ervan overtuigd dat we een manier kunnen vinden om samen te leven met mensen die anders zijn dan wij, zonder angst.'

Ik kan niet verzwijgen wat mij is overkomen en wat ontelbare meisjes en vrouwen nog steeds overkomt. Mijn eigen ervaringen waren natuurlijk erger doordat mijn vader een heel wrede man is. Dat had niets met zijn godsdienst te maken. Maar het is ook zo dat de inwerking van zijn wrede gedrag op mij werd versterkt doordat mijn familie en onze gemeenschap het zwijgend toelieten – voor zover ze ervan op de hoogte waren. Dat kwam voort uit de islamitische cultuur. Moslimvrouwen die ik heb ontmoet of over wie ik heb gelezen, hebben dezelfde ervaring.

Om die reden maak ik me zorgen om de toekomst van de moslimgemeenschap in dit democratische land en in alle andere democratische landen ter wereld. Ik maak me zorgen om moslimvrouwen die net als ik in Engeland, elders in Europa, in de Verenigde Staten of waar ook ter wereld in vrijheid willen leven, maar zich niet kunnen bevrijden van de dwangbuis van eer en oneer die hen in hun vrijheid beperkt en de onwrikbare tradities van de gemeenschap waarin ze leven.

Geloof is puur persoonlijk. De vrijheid om te geloven wat je wilt, of niets te geloven, is een van de belangrijkste kenmerken van beschaving. Als we niet langer bereid of sterk genoeg zijn om godsdienstvrijheid te verdedigen, is het fundament van onze beschaving weggevallen. Dan hebben we de weg vrijgemaakt voor onverdraagzaamheid en een totalitair systeem.

Sinds ik dit boek heb geschreven, heb ik lezingen gehouden over mijn leven en de kwesties die ermee gepaard gaan. In Engeland en de Verenigde Staten heb ik soms wel voor vijfduizend mensen gestaan. Eerst kostte me dat veel moeite, maar ik doe het omdat ik niet over onrecht kan zwijgen. En ik blijf ermee doorgaan, omdat ik hou van het leven en van de mensen die deze wereld met me delen.

Ik laat jullie vrede na, mijn vrede geef ik jullie...
Maak je niet ongerust en verlies de moed niet.

Naar: Johannes 14:27

Woord van dank

Ik dank mijn literair agenten in Engeland en de Verenigde Staten voor hun vertrouwen en hun overtuiging dat mijn verhaal moest worden verteld. In het bijzonder dank ik Josephine Tait, voorvechtster van godsdienstvrijheid, wier advies, vriendschap en hulp van onschatbare waarde voor me zijn geweest. Dank je, Tom, je bent een fantastische echtgenoot en levenspartner. Dank je, Lizzie, Mike en familie, jullie hebben me een veilige plek gegeven om te groeien en te genezen. En dank je, Felicity en James, jullie hebben me een uitweg geboden en de poort naar de toekomst voor me opengezet.